U0524481

股票作手回忆录
REMINISCENCES OF A STOCK OPERATOR

【美】爱德温·李费佛 著　刘祜 译

红旗出版社

图书在版编目（CIP）数据

股票作手回忆录 /（美）爱德温·李费佛著；刘祜译.
— 北京：红旗出版社，2017.10
书名原文：Reminiscences of a stock operator
ISBN 978-7-5051-4262-6

Ⅰ.①股… Ⅱ.①爱… ②刘… Ⅲ.①股票投资－经验－美国 Ⅳ.①F837.125

中国版本图书馆CIP数据核字(2017)第180684号

书　名	股票作手回忆录			
著　者	[美]爱德温·李费佛			
译　者	刘祜			
出品人	高海浩	责任编辑	赵智熙	
总监制	李仁国	封面设计	王　鑫	
出版发行	红旗出版社	地　址	北京市沙滩北街2号	
邮政编码	100727	编辑部	010-57274504	
E-mail	hongqi1608@126.com			
发行部	010-57270296			
印　刷	北京鹏润伟业印刷有限公司			
开　本	787毫米×1092毫米　1/16			
字　数	212千字	印张	17	
版　次	2017年10月北京第1版　2017年10月北京第1次印刷			
ISBN 978-7-5051-4262-6		定价　68.00元		

欢迎品牌畅销图书项目合作　联系电话：010-57274627
凡购本书，如有缺页、倒页、脱页，本社发行部负责调换。

目 录
Contents

第一章　华尔街，除了投机还是投机　　001

第二章　与市场较劲，你什么也得不到　　012

第三章　任何事情都有两面，但股市仅有一面　　026

第四章　要赚钱，得先学会怎样不赔钱　　034

第五章　不可丢失自己的头寸　　048

第六章　不要研究个股，要研究大盘　　059

第七章　股票永远不会高到让你无力买进，

　　　　也永远不会低到让你无法卖出　　071

第八章　在多头市场中看多，在空头市场中看空　　078

第九章　投机客必须兼具学生和投机客的双重身份	090
第十章　犯错不可避免	105
第十一章　把事情做对，比赚钱更重要	116
第十二章　股市不可能为你的皮大衣结账	127
第十三章　坚信自己的判断，是投机客的本职	141
第十四章　把握回补空头的最佳时机	152
第十五章　投机，必然充斥着不确定因素	166
第十六章　人们最想得到的是明牌	173
第十七章　红利来自经验，明牌来自研究	187
第十八章　敢想敢做，是投机客应有的素质	199

第十九章 股票投机之所以会成功，

  是因为人们会犯同样的错误　206

第二十章 能脱身时尽早脱身，别总想挽回损失　212

第二十一章 火爆市场会让人赚很多钱，

  但只是账面上的钱　222

第二十二章 如果处于空头市场，抛售股票时要不计代价　235

第二十三章 对所谓"内线人士"抛出的消息，

  要小心对待　253

第二十四章 当某只股票上涨时，

  没必要浪费精力去研究它为什么上涨　262

第一章
华尔街，除了投机还是投机

初中刚毕业，我便在一家证券交易所打工，从事记价员的工作。我对数字十分敏感，在学校时仅用一年时间学完了三年的算术课程，心算是我最擅长的。在营业大厅的行情自动显示仪附近，通常会坐着一位喊价的顾客。而作为在黑板上写字的小工，我的工作就是将他喊出的价格写在营业大厅的黑板上。无论他喊得有多快，我都能记住，不会出现任何纰漏。

办公室里的员工很多，我跟他们的关系不错，都成了朋友。不过，如果市场非常火爆，我要从上午10点一直忙到下午3点，连和他们说话的时间都没有。好在，我并不介意营业时间内一直这样忙碌。

繁忙时，我总是盯着这些数字，脑子一刻不闲地思考着。那些写在黑板上的报价，无外乎就是股票的价格，一股值多少钱之类。于我而言，它们只是些数字，一些永远在变化的数字。吸引我的，正是它们的变化。我不知道变化的原因，对此也不关心。在每个工作日的五个小时和周六的两个小时里，在我的脑海中闪现的都是那些数字无休止的变化。

正是这些培养了我对价格起伏的好奇心。我在数字方面表现出超常的记忆能力，能清晰地记住股票价格变化前的每一个数字。多亏了我擅长的心算，它给我带来很大的便利。

我发现股票价格变化前往往呈现出一些特征，相似的例子数不胜数。对这些例子进行归纳分析，可以帮助我预测行情，14岁的我在心中积累了大量股票价格变化的实例。有了这些积累,我开始有意识地对比股票当日和往日的走势,来验证之前的预测是否准确。不久后,我开始预测未来的价格走势,股票曾经的价格波动是我唯一的向导。我的心里有一本"内部简讯",上面的信息实时更新。我期待着股票价格循着某种趋势上下波动,而我可以准确抓住它变化的那一刻。我想,你能明白我的意思。

比如,你可以利用大盘这个"望远镜"看到哪里的买盘超过卖盘。在股市这个战场上,我用这种方法预测行情的准确率能达到七八成。

最初的这段经历,让我明白了一个道理:华尔街并无新鲜事。人类天生具有投机性,无论今天的股市如何瞬息万变,如何不可思议,都不必惊讶,同样的事情以前发生过,以后肯定也还会发生。这一点,我一直铭记于心。变动什么时候发生?怎样发生?这是我要想办法弄明白的。把这些事情记住,就可以让我获得经验并让经验发挥效用。

这种游戏激发了我极大的好奇心。我想预测每一个热门股票的波动,并且迫不及待地想去操作。于是,我将自己的股市观察写进预备的小本子里。很多人喜欢在本子上模拟投资交易。这种练习赚与赔都无关痛痒,不会因赚几百万而趾高气扬,也不会因赔几百万变成穷光蛋。我所做的则不然,我只记录下自己判断正确或失误的数字,以此推论之后可能出现的价格变化。我最感兴趣的是某只股票接下来的走向,以及验证自己的推测是否准确,或者说验证我是否出现错误。

研究一只热门股票时,只要看到它当天的整个波动过程,我就能判断,这只股票是否还是老样子,符合将要下跌10点或8点之前的惯常表现。我把这只股票和它在周一时的价格记录下来,根据它往日的表现推测它在周二和周三时将有何种变化。等时间到了,就和实际的盘势进行对比。

正是通过这种方式,令我对大盘信息产生了兴趣。价格的波动首先会和我脑子里所记忆的这只股票的数字升降关联起来。波动自然有它的原因,但是大盘并不关注,也不可能去解释这些原因。如今,我已经40岁,依然会像14岁时那样不去做探究。这是因为,我们在两三天,甚至几周或几个月内都不会搞明白某只股票今天为何出现这种波动，追根究底又有何意义呢？

盘势不会影响你的明天，它影响的是你的当下。你要立即采取行动，否则很快会被淘汰。这样的悲剧在股市中屡见不鲜。

你会记得某一天，空管公司（Hollow Tube）的股票下跌了3点，而别的股票都在上涨。到了下周一你读到一则消息，该公司的董事会通过了分红方案，这就是原因。他们对下一步的计划一清二楚，就算他们没有把手中的股票卖出去，也不会购买。如此，股票出现下跌很正常，因为没有内部人买进。

再来说说我做的行情备忘录，这种工作大概持续了半年才结束。忙完工作之后，我并不急于下班回家，而是把对我有用的数字记录下来，研究其中的规律。我经常寻找重复出现的价格，也就是所谓的分析盘势，尽管当时我并没有意识到这些。

一天，我在吃午饭，办公室里的一位比我年龄大些的男孩突然来找我。他压低声音，问我是否有钱。

我对他说："你能告诉我你想干什么吗？"

他回答说："我得到一个非常准确的内线消息，从伯灵顿铁路公司（Burlington Railrood）传出的。我希望找到合作者和我一起玩一把。"

我问他："你说玩一把是什么意思？"在我看来，只有顾客——那些有很多钱的大爷——才有玩股票的资格，才能根据内线消息玩一把。难道不是这样吗？要花费几百美元，甚至几千美元，要富裕到拥有私家马车、有头戴丝绒帽的车夫的程度，才能玩这种游戏。

他说："我就是这个意思，玩一把。不知你有多少钱？""你想要多少？""我的5美元可以购买5股。""你打算怎么玩？"

他回答说："我要去对赌商行[1]（bucket shop）那里，把这些钱当

---

[1] 对赌商行：非正规的股票经纪行。名义上进行股票等类似商品的交易，实际上是对股票、石油等价格进行赌博的机构。——译者注

作保证金,能买多少伯灵顿股票,就买多少。和捡钱没什么区别,我保证这只股票会涨,不久后,我们的资金将翻一番。"

"你稍等。"我说,然后拿出了自己的小本子。

资金能否翻番,我并不太在意,令我好奇的是,他竟如此自信地说,伯灵顿铁路的股价一定会上涨。假如他所言不虚,我应该能在自己所记录的数字中发现相应的趋势。我翻看了自己的小本子,果然不出我所料,伯灵顿铁路的股价又像平时那样,表现出上涨前出现的情形。这么多年来,我始终没有买过什么东西,也没有卖过什么东西,甚至从不和别的男孩子赌博。我意识到自己遇到一个非常好的机会,可以借此判断我的预测——也可以说是我的癖好——是否准确。假如我的备忘录没有什么实际的用途,那预测的结果又有什么说服力呢?于是,我把自己全部的积蓄都拿了出来。他到附近的对赌商行用我们共同的资金购买了一些伯灵顿铁路的股票,两天后卖出,我赚了3.21美元。

有了这个开端,我就开始参照自己的小本子去对赌商行做投机生意。吃午饭时,我可以趁机购买或售出,日复一日,我觉得其实购买和售出性质一样。我玩的不是某一只看好的股票,也不是求助某种理论,而是按照自己的一套规则。我所凭借的只有脑海中的数据。在商行里,交易者们参照刊登在报纸上的股价波动来买卖,这完全是在赌博,我使用的操作方法算是最好的。

不久后,投机生意赚的钱超过了我做记价员的工资,因此我选择了辞职。刚开始,亲友们都不赞成,当看到我的收获后也就不再反对了。我不过是个小男孩,在工作中无法挣到高工资,却可以从自己操作的投机生意中得到丰厚的回报。

我在15岁时赚到第一桶金——1000美元,几个月就赚了这么多。我把这1000美元现金——其中还不包括之前已经带回家的钱——放在母亲面前时,她感到非常震惊。她说从没听说过哪个15岁的小男孩可以白手起家赚到这么多钱,甚至不相信这些钱是真的。母亲十分担心,也很苦恼,她让我把钱存进银行，免得我受诱惑变坏。其实我的脑子里只想继续证明自己的推测是正确的，并没有什么杂念。我只有一个乐趣——用自己的脑袋去想，用实际行动证明自己做出的推测准确无误。对我而言，保证金的唯一意义在于：一次投入10股，证明我的推断准确无误；一次投入100股，则证明我推断的准确度是原来的10倍。这两种做法需要的勇气是一样的。假如我的所有财产只有10美元，要全部投入，远比我已经有100万美元，将其全部投入需要更大的勇气。

总之，我在15岁就赚到很多钱，过上了不错的生活。最初，我在相对较小的商行里交易。这种商行如果出现一次交易20股的现象，大家会怀疑这是约翰·盖茨（John W. Gates）或摩根（J. P. Morgan）匿名的秘密操作。那时候，很少出现商行拒绝顾客来交易的现象，他们没必要这样做，即使在顾客押对宝的情况下，他们依然可以把顾客的钱赚到手。这个行业利润十分丰厚，就算商行老老实实经营（用他们自称的正派方式），也可以凭借股票价格的波动赚取顾客的钱，无须动用太大幅度的反向波动，就能将仅有0.75美元的保证金全部吸走。如果输钱的人意欲抵赖，将永远失去交易资格。

我没有向任何人透露自己的交易秘诀，也没有什么人跟风。不管怎样，这是我一个人的买卖，完全凭借自己的头脑，不是吗？假如我的推断失误，身边的伙伴什么忙也帮不上；假如我的推测完全正确，也没有人能够阻止不断攀升的价格。当然，我有自己的朋友，却始终坚持一个人操作，因为我实在不知道为何要把这一切告诉其他人。

不久后，开始出现这样的状况：我拿着自己的保证金走进商行，对方根本不收我的钱，只告诉我那里不欢迎我。我赢了他们的钱，令他们怀恨在心，还给我取了一个外号——"少年赌客"（Boy Plunger）。我不得不从这一家转到另一家去，就这样不停地周旋，甚至要用假名字。多么严峻的形势！最初阶段，我不得不做些小额交易，仅购买15股或20股，甚至要在他们产生怀疑时故意输钱，再猛地赢他们一笔。不久后，他们意识到，和我做交易要付出惨痛的代价。他们警告我不要再赚他们老板的钱，让我到别的地方去。

我在一家大型的对赌商行做了几个月的交易后，他们突然要赶走我，我便暗下决心：走之前一定要从他们身上大赚一笔。饭店大厅、周边的镇子，以及市区的其他地方，都有这家商行的分号。我走进一家饭店的大厅，向柜台经理询问了几个问题，便开始交易。刚开始，我以自己独特的方式操作一只热门股，总行打来电话恶狠狠地问他操作人是谁。经理问我时，我对他说自己叫爱德华·罗宾逊，家乡在剑桥。他非常兴奋地将这个消息上报了电话那端的大老板，对方又让经理询问我的相貌，我对经理说："你就告诉他，我很矮，也很胖，黑黑的头发，长着大胡子。"然而他还是如实地描述了我的相貌，接着就一直听电话，最后涨红了脸挂下电话，叫我马上滚蛋。

我十分礼貌地问他："他们怎么对您说的？"

"他们说：'我们已经提醒过你，不让你和拉利·利维斯顿（Larry Livingston）做交易，你竟然让他从我们这儿卷走了700美元，真是一个笨蛋！'"总行的人还向他说了一些别的话，但是他没有全告诉我。

我把这家商行的分号挨个儿试了个遍，但他们所有人都认得我，始终不肯接收我的保证金。我进去观看大盘时，甚至还被他们的员工侮辱。我试着在各个分号进行分散交易，隔一段时间去转转，寻找些交易的机会，然而很快还是会被他们认出来。

最终，我只能去大都会证券经纪公司（Cosmopolitan Stock Brokerage Company），这家公司规模非常大，资金十分雄厚。

大都会的交易量非常大，在信用等级上被评为A级，新英格兰地区的所有制造业中心都设有他们的分公司。他们立即答应和我进行交易，几个月内，我在与他们的交易中有时候赚钱，有时候赔钱。最终，我又回到往日的情景。他们的行事风格和小商行不同，没有直接拒绝和我进行交易，但这是因为他们害怕爆出对他们不利的消息，而不是因为他们具有公平竞争的精神。一个人赚了他们的钱不能成为他们拒绝和这个人做交易的理由，否则将让他们颜面尽失。他们强制我缴纳3点的保证金，还逼迫我支付追加保证金，一开始是0.5点，接着是1点、1.5点。这简直是绑架，当然，他们能做得出来，而且很容易办到！假如你想购买一只售价为90美元的美国钢铁公司（United States Steel Corporation）的股票，你的单子上会写："$90\frac{1}{8}$美元购买10股美钢"。假如你缴纳1点保证金，就要保证股票价格不会跌破$89\frac{1}{4}$美元，否则就被清盘。在对赌商行，不会出现顾客被要求追加保证金的现象，也不会出现顾客痛苦地叫来交易员，要求将自己的股票卖出，以保护好自己本钱的现象。顾客判断错误将导致一分不剩。

大都会向我提出要求，交易时必须加码。这种手段很卑鄙，它意味着，假如我在股票价格是90美元时买进，我的单子上将显示"$91\frac{1}{8}$美元购买10股美钢"，而不是"$90\frac{1}{8}$美元购买10股美钢"。我购买这只股票后，就算股价上涨$1\frac{1}{4}$美元，我的交易持平依然要赔钱。并且，加上交易前强制缴纳的3点保证金，如此算下来，同样的钱交易量将减少2/3。我只能按照他们的规矩做，否则就没地方交易，因为只有那家证券公司愿意接收我的单子。

我有时候幸运，有时候倒霉，不过整体而言，还是赢的机会多一些。大都会对我的限制十分苛刻，也许已经超过对其他任何人的。即便如此，他们依然不满足，故意设套给我钻，却被我凭借自己的第六感逃脱了。

我在前面已经说过，大都会是我仅存的希望。在英格兰地区，它是所有证券公司中资金最雄厚的一家，所以他们不限制交易。在每天坚持做股票的众多顾客中，我是最大的顾客，我觉得那里没有任何个人交易者能超过我。他们拥有非常奢华的办公室，看板的长度与营业大厅的长度一样，非常大，显示内容也非常齐全，你能在上面找到所有东西的报价。这里的"所有东西"说的是在纽约和波士顿证券交易所交易的股票，所有能在纽约、芝加哥、波士顿以及利物浦进行交易的东西都有，其中包括棉花、小麦、粮食和金属。

你知道怎样在证券公司做交易吧？你可以告诉营业员想购买哪只股

票，或售出哪只股票，然后把钱交给他，等待他将报价单或报价板上看到的最新价格记录下来。单子上写的还有时间，与证券公司的委托单看上去非常相似。上面详细记录股票的名称、股数、交易日期、时间以及成交价。当你想平仓的时候，你可以跟营业员说。他会将最新的价格记录下来，假如这并非一只热门股票，等报价单上刊登出下一个报价后，再将那个价格和时间记录在你的单子上，在上面签字，然后递交给你。你可以凭借这个单子前往会计那里，支取单子上标明的现金。股票市场形势严峻时，价格也许会超过你的保证金范围，这时交易会自动平仓，你手中的单子变得和废纸没什么两样。

在小型的对赌商行里，人们可以进行小额交易，5 股都行，购买单和售出单颜色不同，只是一张小纸条。这样的小商行有时会蒙受很大损失。比如说，大家在火爆的买空市场中买入量都很大，刚好又赌对了。在这种情况下，证券公司将扣除交易手续费。一只价格为 20 美元的股票，你买入时，单子上写的是 $20\frac{1}{4}$ 美元，此时，你只剩下 3/4 点的下降幅度赌价格上涨。

在新英格兰地区，大都会拥有的客户多达几千个，算得上是一家最优秀的证券公司。我觉得自己是他们唯一害怕的顾客。即便他们提出严苛的保证金要求已经高达 3 点，我也并没有因此减少太多交易量，而是在他们制定的规则下不停地买进或卖出，手中的股票甚至可以达到 5000 股。

好，现在我将告诉你后来发生的一件事。某天，我抛售了 3500 股美国制糖（Sugar），共有 7 张 500 股的大粉红委托单。大都会用的是大张委托单，可以在上面的空白处填写追加的保证金。你缴纳的保证金越少，回旋余地越小，对他们越有利，所以他们不可能要求你追加保证金的数额。在一些小的证券公司，如果你想追加保证金的数额，可以从他们那里领取一张新单子。如此一来，他们就可以再次收取你的手续费，1 点的只能让自己的股票下跌 3/4 点，否则就自动平仓，这 1 点的保证金就会输得一干二净。再次缴纳卖出的手续费，相当于一次全新的交易。

言归正传。我还能想起那一天，我缴纳了 1 万美元的保证金。

刚20岁时,我就赚到了1万美元的现金。你肯定会觉得,只有老洛克菲勒(John D.Rockefeller)才会带着1万美元的现金。我应该把我母亲的话告诉你,她劝我找一份正经工作,要懂得见好就收。我费了不少工夫,告诉她,我的赚钱方式不是赌博,而是判断,好不容易才说服她。1万美元在她眼中是一笔巨款,但是,在我眼中只是更多的保证金而已。

美国制糖价格是$105\frac{1}{4}$美元时,我抛售3500股,营业大厅中一个叫亨利·威廉姆斯的顾客抛售2500股。我已经养成习惯,经常坐在报价机旁边,把自己的报价高声告诉给报价板小工,让他记录下来。和我的推测一样,很快,这只股票下跌了两点,短暂停留后继续下跌。大盘非常疲软,正像我所期待的那样。突然,这只股票意外地表现出徘徊势头。我的内心变得焦虑,开始烦躁不安,觉得应该从市场中退出。当时,美国制糖报出当天的最低价,也就是103美元,不过,我的信心不增反减,总觉得哪里出了什么问题,只是看不出来。如果真的出现什么问题,我又无法判断,就没有办法防止它发生,从市场退出是最好的选择。

我做事情不喜欢冒险,所以我一直都没有冒险。在我还是个小孩子时,做一些事情前,我就要弄明白为什么要这样做。这次我找不到具体的原因,只知道焦虑已经达到无法容忍的程度。我打电话叫来一位熟识的朋友戴夫·怀曼,告诉他:"戴夫,我需要你的帮助,坐在我的位置上,在美国制糖下个股价出现之前,先别急着报价可以吗?"

他答应了我的请求。我从机器旁边的位置上站起,让他坐下报价,然后将7张糖业公司的单子从口袋中取出,来到柜台边的交易员面前。这个交易员负责平仓交易。我在那里伫立,在柜台上倚靠着,在一个交易员无法看到的位置把单子攥在手中,因为我不清楚自己为何要从市场中退出。名叫汤姆·博恩汉姆的职员听到电报机的嘀嗒声之后,立即把头转过去听。我把这一切都看在眼里,觉得他们在设一个圈套,所以不想继续等下去。戴夫·怀曼刚喊出"美国制……"我立即打断他,用非常快的速度将单子放在交易员面前的柜台上,大喊道:"把美国制糖轧平!"由于戴夫还没报完,所以汤姆只能用上一成交价给我平仓。戴夫喊出的价格依然是 103 美元。

我推测此时美国制糖的价格已经跌破 103 美元。奇怪的电报机声响像失控似的嘀嘀嗒嗒，我感觉周围有人在耍花招。汤姆·伯纳姆似乎要等待一个时机，他将我的单子放下，并没有记录，依然在认真地听电报机的声响。我发现这一点后，大声对他喊："你还等什么，汤姆？快把 103 美元的价格写在那些单子上。"

我的喊声传到营业大厅中每一个人的耳朵里，他们开始看我，问发生了什么事情。你应该明白，证券公司挤兑有时就像银行挤兑那样不断扩大，大都会一直营业但并不能说明他们就没有问题。大家习惯盲目跟风，看到一个客户出现疑虑，就都变得疑虑重重。汤姆看上去非常不高兴，不过还是向我走来，在我的单子上面写下"以 103 美元平仓"，接着塞给我那 7 张单子。他看上去满脸不痛快。

汤姆与会计的窗口相隔不足 8 英尺。我还没走到会计那里把钱取出来，在机器附近的戴夫·怀曼便情绪激昂地高喊："美国制糖 108 美元，我的老天！"现在知道已经太晚了，我只大笑着冲汤姆喊："伙计，刚才还不是这个样子吧？"

这是一个圈套。亨利·威廉姆斯和我总共抛售 6000 股美国制糖，我们两个的保证金，加上大厅中抛售美国制糖的其他单子，可以让这家证券公司拥有 8000～10000 股。他们只需要收取美国制糖公司股票 2 万美元的保证金，大都会就有能力在纽约证券交易所中耍花招，通过把我们所有人都刷掉的方式赚一大笔钱。以前，如果证券公司意识到自己手中有很多某只股票的多头[1]单子，经常会寻找一些交易员打压那只股票，直到将所有做多的顾客都刷掉。通过这种方法，证券公司只需要用少量的钱将几百股控制住，便能赚回几千美元，甚至几万美元。

大都会意欲教训我、亨利·威廉姆斯和其他抛售美国制糖的人，他们

---

[1] 多头：证券、商品的投机方式之一，指投机者预测某种证券或商品会涨价，于是大量买进，待涨价后售出，赚取差额。——译者注

用的就是这种方法。经过纽约的经纪商之手，他们将价格抬到108美元，价格立即下跌，将亨利和许多其他客户都刷掉。报纸经常把这种股价莫名其妙地下跌，最后又立即上涨的现象叫作"证券公司的赶市"。

大都会给我设下圈套的事情过去还不到十天，一位纽约的作手竟然从他们手中赚走7万多美元，真是太可笑啦！这个人是纽约证券交易所的会员，在市场上的影响力很大。1896年发生"布莱恩恐慌（Bryan Panic）"时，他抛售所有股票，从此声名远播。他一直不按证券交易所的规则出牌，因为交易所的一些法规使他的某些计划无法展开，这样也避免了他损害交易所其他会员的利益。但是他想，若是从证券公司中带走一些不义之财，也许交易所或警察局都无话可说。他往大都会的总公司和相对较大的分公司调派35名冒充客户的合作者，在提前约定好的时间尽可能购买同一只股票，这种行为得到公司经理的允许。他们得到的命令是，赚到的钱达到约定标准后，就从中撤出来。他首先在同党间宣扬那只股票将要上涨，再去证券交易所的交易厅，在场内交易员的辅助下抬高价格。如果选择的股票合适，把股票价格抬高三四个点非常容易，所以这些交易员还以为他在老老实实做生意。他的合作者按照预先计划，在证券公司赚到钱后，就把股票转成现金。

听人说，不算他的合作者们赚到的钱，他自己赚到的钱就高达7万美元。他多次用这种手段在美国的纽约、波士顿、费城、芝加哥、辛辛那提和圣路易等地赚钱，都是一些规模较大的证券公司。西部联合（Western Union）既不火爆也不惨淡，很容易通过炒作的手段调整股票价格，所以他非常喜欢操作这种股票。这种股票在某个价位时，他的合作者们买进，赢得2点利润后再卖出，全部抛售后又赚3点利润。前几天，我在报纸上读到一条讣闻，写的就是这个人，他变得非常贫穷，也没了名气。假如他在1896年猝然长辞，纽约所有报纸都将在头版至少刊登一篇关于他的专栏。如今，他的讣闻只能被刊登在第五版，而且仅有寥寥的两行字。

第二章
与市场较劲，你什么也得不到

我发现，大都会证券经纪公司已经做好准备，他们将保证金提高到3点，迫使我缴纳1.5点的手续费。我依然没有退缩，于是他们对我采取卑鄙的手段。不久后，他们又私下告诉我，不希望再和我进行交易。纽约证券交易所（New York Stock Exchange）有一个会员公司。随后我下定决心前往那里交易。波士顿分公司的报价必须要用电报的方式传递给我，我想要的是与报价最接近的原始数据，所以我不想在这里交易。21岁那年，我带着2500美元前往纽约，这是我所有的资金。

我曾经对你说过，早在20岁时，我就已经拥有1万美元。那一次，我与美国制糖进行交易，缴纳的保证金超过1万美金。虽然我的交易计划非常周全，但是也有输钱的时候。所幸的是，赢的次数多，输的次数少。如果我完全按照交易计划，交易10次，可以获利7次。在交易前有十足的把握，我就一定能赚钱。我不懂得把握时机，只会在对自己有利的情况下进场。没有足够的智慧坚持自己擅长的游戏，这就是我失败的原因。华尔街上的人都不傻，最后却总有人遭遇失败，也是这个原因。有些人在任何时间、任何地点都做错事情，是彻底的傻瓜。在股市上，也有一种傻瓜，他们觉得在任何时间都可以交易。没有人具备足够的理由可以每天都买卖股票，也不具备充足的知识保障所有操作都能赚钱。

我用自己的亲身经历证明：依据经验进行操作肯定可以赚钱，盲目冒进必定要赔钱。我这种情况应该不是个例。巨大的报价黑板在我面前，电报机嘀嗒响起。所有人都在买进或卖出，手中的委托单有时变成现金，有时成为一张废纸。如此一来，我的理性判断败下阵来，寻求刺激的欲望取得胜利。你的希望寄托在你在证券公司中的保证金上，长期操作很容易被很快刷掉。华尔街上的很多人，甚至某些专家都可能会赔钱。因为他们不顾股市当前的形势，心中想的是一直操作，把自己的工作看成每天往家赚回一笔钱。请不要忘记，我当时只是一个孩子，很多东西都是后来才学到的。15 年后我才明白，有时候要连续两周等待，等看中的股票上涨 30 点才踏实买进。我当时已经无路可走，不鲁莽行事才能重新开始，所以一直等待有十足把握的机会出现。这件事发生在 1915 年，一时无法说清楚，今后有机会我再详细讲述。此时，让我们继续说证券交易所的事情，我连续操作几年时间，终于战胜证券交易所，但是大部分所得还是被交易所拿走。

  这种事情就发生在我眼前，而且不止一次发生。在股票作手的心中，有很多敌人能使你付出惨痛的代价，你不得不和他们抗衡。总而言之，我来纽约时，身上带着 2500 美元。在这里，任何证券交易商都不值得信赖。证券交易所和警察联合，因此，许多证券公司都已经倒闭。我想找一个可以自由交易、不限制金额的地方，因为我的资金实在有限。我不希望自己的资金一直这样少。最初，我想找一个不需要担心不公平交易的地方，于是到一家在我的家乡设立分公司，还是纽约证券交易所会员的公司，我还认识里面的几个职工。如今这家公司早已破产。当时我对其中的一位合作人不满，因此并没有在那里太长时间，就转到富勒顿公司（A. R. Fullton & Co.）。刚去不久，他们就都叫我"少年赌客"，一定是从哪里了解到我早期的经历。年轻的外表有时是一种阻碍，很多人看到我年轻，都想从我身上占一些便宜，这激励我更加努力。在证券公司，工作人员看到我只是个孩子，常常把我当成一个傻瓜，只是来碰碰运气罢了，因此，我经常战胜他们。

  半年不到，我已经走投无路。我觉得，我的交易手续费一定非常多，因为我经常交易，还常常赚钱。我赚了很多钱，不过最终都赔光了。为什么如此谨慎还赔钱呢？因为我在证券交易所赢得太多了。

在交易所中，我的看盘能力毫无用武之地，使用的方法赌的只是股票价格的波动。眼睁睁地看着黑板上的价格，我非常清楚要支付多少钱，买进后又迅速卖出，闪电般地顺利"抢帽子"[1]。我能抓住短期出现的机会，或者降低赔钱的金额。比如，哪只股票将出现1点波动，我看准后就赌这1点，赚到的钱比原来多一倍，甚至只赚$\frac{1}{2}$点，而不是贪得无厌。每天交易100或200股，月末结算时应该可以取得不错的成绩。

运用这种方法也会出现一些困难。实力雄厚的证券公司虽然能负担巨大、固定的损失，但是他们不希望一直赔钱，不希望自己的证券公司中出现一个个性化、总是赚钱的人。

总而言之，完善的交易系统在证券公司中还能使用，但是到了富勒顿公司就失去效力。我在富勒顿公司交易股票时，从报价单上看到美国制糖的价格是105美元，便推测出将要下跌3点。其实，报价单上印出105美元时，证券交易所大厅里的实际价格也许是104或103美元。我把1000股卖出，单子传到交易所大厅时，富勒顿公司的场内工作人员实际执行的价格也许更低。工作人员没把交易回执单递交给我之前，我那1000股的售价是多少？我无法确定。做同一种交易，我在证券交易所中有十足把握赚到3000美元，在证券交易所会员公司那儿也许赚不到一点儿钱。我举的例子比较极端。我一直不知道富勒顿公司的交易系统中，报价单显示的是很久以前的记录。

还有另外一个因素，假如我自己的单子太大，往往压低我的卖单价格。我在证券公司不需要考虑自己的交易带来的影响，但是纽约的规则完全两样。所以我才赔钱。我赔钱的原因不是按照规则操作股票，而是操作股票时缺乏知识。大家对我的评价是很擅长看大盘，不过我知道，就算我的看

---

[1] 抢帽子：是股市上的一种投机性行为。投机者当天先低价购进预计要上涨的股票，然后待涨到某一价位时，当天再卖出所买进的股票，以获取差额利润。——译者注

盘能力达到专家水平，依然避免不了失败的结局。假如我是交易所大厅的场内交易员，也许情况远比这要好，因为我可以通过调整自己系统的方式适应当前的情况。当前假如我的交易达到一定规模，将影响到价格，因此，我的系统依然要给我带来失败。

说得简单些，我对股票投机不太了解，只清楚其中非常重要的一部分，我一直把这一点看作最珍贵的东西。假如我具备每一种能力，依然会赔钱，那门外汉也就没有什么机会从中赚钱了。

不久后，我意识到自己的操作有问题，但是又找不到哪里有问题。我的系统有时非常好，但是也常出现接连失败的情况。我不是一个自以为是的人，很想知道到底哪里出了问题，但是当时我才22岁，很多这个年龄段的很多人都不谙世事。

公司里的人限定保证金数额，我不能按照自己的想法交易，但是他们对我很好，老富勒顿和公司中的其他人对我都很亲切。半年内，我经常交易，把带来的所有钱都输光，在这儿赢的所有钱也都一点儿不剩，反倒欠公司几百美元的账。

我当时是一个从来没有离开过故乡的年轻人，虽然落到走投无路的地步，但是我相信自己并没有错，错的是操作的方式。我这样说，不知是否已把当初的情况讲述清楚？我绝不会因为股市而气愤，不会让大盘左右我的情绪。与市场置气，你什么利益也得不到。

我变得十分急切，不想耽误任何一分钟，想立即继续交易，便找到富勒顿老先生，对他说："借我500美元行吗，老富？"

他反问："你想做什么？"

"我需要一些钱。"

他再次问道："你想做什么？"

我回答说："肯定是用作保证金啊！"

他眉头紧皱，说："借500美元？他们希望你缴纳一成保证金，也就是100股，需要支付1000美元，还不如给你一笔信用额度。"

我说:"我不想要这儿的信用额度,我已经从公司借过一笔钱,现在只希望从你这儿借500美元离开,在外面赢一笔钱后再回来。"

富勒顿问:"你计划怎么赢一笔钱?"

我回答说:"我准备去证券公司,到那里交易。"

他问我:"在本地的吗?"

我回答说:"不在这儿,我没有十足的把握能在这里赢。我已经意识到在这里出了什么问题。不过,我熟悉证券公司的规则,肯定能在那里赚到钱。"

我从他那里借到了钱,然后从这家把我叫作"证券交易恐怖少年"的公司离开。在这里我输光了所有钱。家乡的交易所不愿意和我交易,所以我无法回去。当时,纽约没有人做这种交易,所以也不能去纽约。我听说宽街(Broad Street)和新街(New Street)在19世纪90年代处处都是证券公司,然而,我现在需要时却没有了。我听说圣路易有两家这样的公司,它们在中西部的生意规模最大,分公司遍布几十个城镇。经过片刻考虑,我决定去那里。有人对我说,东部任何一家公司的交易量都没有它们大。他们的业务面向所有人,很有头脑的人在这里也可以自由自在地交易。我甚至听说其中一家公司的老板任商会副主席,不过,也许不是圣路易的商会。不管怎样我拿着500美元去了那里,希望用它赚回一笔资金,好在富勒顿公司交易。这家公司是纽约证券交易所的会员。

我抵达圣路易的旅店之后,先梳洗一番,之后找到两家证券公司,分别是杜兰公司和泰勒公司。我意识到,我有足够的实力战胜他们,不过,还是要小心谨慎,用力求稳健的方式操作。在美国各地的证券公司中,很多人都听说过"少年赌客"的名字,所以我非常害怕被别人认出来,被强迫离开。与专家、赌客相关的所有消息都能传播到他们那里,这一点和赌场很相似。

我首先去了杜兰公司,因为它离我的旅店比泰勒公司近。先做几天交易后等被他们赶出去再说。我进去后非常高兴,因为那是一个很大的地方,看报价板的至少有几百人,别人很难注意到我。我站在报价板前认真地研究,最终选定择出第一只要操作的股票。

我四处望了下,然后交易窗口处一位接单的工作人员正望着我,我便走上前去,问他:"做棉花和小麦交易是在这个地方吗?"

他说:"没错,小兄弟。"

"我能做交易吗?"

他回答说:"有钱就能做交易。"

我表现得像个喜欢说大话的男孩,说:"我有钱,这个小意思。"

他微微一笑,问:"你真有钱?"

我故作生气地问:"如果我有100美元,可以购买多少股票?"

"100美元能购买100股。"

我对他说:"别说100美元,200美元也有。"

他惊叹一声。

我非常爽快地对他说:"200股,帮我买吧!"

他意识到有生意了,开始认真地问我:"购买200股,哪只股票?"

我故意看了一下报价板,似乎要猜得准一些,对他说:"奥马哈公司(Omaha Company),200股!"

他喊了一声"好",把我的钱收下,计算后写出委托单。

他问我:"你叫什么名字?"我对他说:"我叫何利斯·肯特。"

我接过他递来的单子,走到顾客中,坐下,等待股票价格增长。我那天以很快的速度连续交易了很多次,第二天依旧如此,仅两天就赚了2800美元。但愿我能保持这个速度做完这周,等他们发现时我肯定已经赚了一大笔钱。然后,我再到另一家交易所做交易。只要保持这种好运,我就能赚足够的钱回纽约。

我故意装成一副羞答答的模样,于第三天早上又来到窗口旁,希望买入500股B.R.T.公司的股票。工作人员对我说:"老板想和你聊聊,肯特先生。"

我已经意识到,他们肯定认出了我。我问他:"老板想和我聊聊?聊什么啊?"

"这个我就不知道了。"

"我去哪儿找他?"

他指向附近的一扇门说:"请走到那里,那是他的办公室。"

我走进房间,坐在桌子后的杜兰转身对我说:"利维斯顿,请坐!"

他朝一张椅子指去。不知道他是如何查明我的身份的,也许去过旅馆,应该查了旅客登记名单。我最后一点儿希望也没了。

我问他:"您有什么事情找我?"

"小伙子,你听清楚,别在这里跟我纠缠,赶快离开,明白吗?"

我回答说:"我不明白。"

他身形巨大,从旋转椅上站起身,对我说:"利维斯顿,请到我这边来。"他走向门边并将门打开,向营业大厅中的顾客指去。

他问我道:"看到那些了吗?"

"看到那些什么?"

"那些人,一共有300个人,小伙子,你可要仔细瞧着那300个傻子!你知道吗?我和我的家人都靠他们养活。你突然跑进这300个傻子里,仅两天就赚到这么多钱,我两周也没能耐让这300个人赔进去这么多钱。你这样干,我可不答应。生意不能这么做。别在这里跟我纠缠,带上你已经赚到的钱立即离开,我不会让你在我这里再赚一点儿钱。"

"我为何要离开?"

"你前天刚走进来,我就已经发现你,对你的相貌非常反感,那时就已经看出你是一个郎中[1],所以一点儿都不欢迎你。"他指向那名出错的工作人员,接着说,"我喊来那个傻子,问他你干了什么。在听到回答后,我对他说'那个人一定是郎中,我对他很反感'。那个傻子反驳道:'老

---

[1] 郎中:用虚假名字进行股票交易的人。——译者注

板，他只是一个名叫何利斯·肯特的小伙子，想学大人的样子尝试一下股票交易，绝不可能是郎中，没什么问题。'我听信那个傻子的话，最后赔了2800美元。我不想责怪你，小伙子！但是我也不想让我的金库大门继续为你敞开。"

我想分辩，对他说："你听我说——"

他打断我，继续说："我想告诉你，我掌握了你过去的一切，希望你别继续待在这里，我只想与那些傻子做交易。我这个人很大方，你可以带走从我这里赚到的钱，不过你别想继续交易，赶快离开这里，小伙子，我已经识破你的身份，不能继续当傻子。"

我只好带上赚来的2800美元从杜兰的公司离开。我已经下定决心，到泰勒的证券公司做交易。泰勒资金雄厚，设立的赌场也很多。我陷入两难局面，既想先少购买一些，逐渐增加到1000股，又想开始就购买1000股，防止自己交易一天就被赶出来。赔钱能让他们迅速清醒，所以我更倾向于一次购买1000股B.R.T.公司的股票，这样能保证每一股都能赚回四五美元。如此一来，也许会引起他们的怀疑，或购买这只股票的人太多，我的交易就会被拒绝。我认为，少购买一些，把交易分散或许相对更好。

相比杜兰的公司，这里的规模比较小，不过设备还是不错的，顾客的水平也更高一些，非常符合我的预期。我下定决心，准备买1000股B.R.T.公司的股票。我走向窗口边的工作人员，问他："购买B.R.T.公司的股票是否有什么约束？"

工作人员回答说："什么约束都没有。如果你有足够多的钱，可以尽情地购买。"

我把钱从口袋里取出来，对他说："我要购买1500股。"工作人员开始填写单子。

这时，我发现一个红头发的人将那个工作人员推出柜台。他前倾着身子告诉我："我们不和利维斯顿做交易，请回杜兰的公司吧！"

我说："我刚买一些B.R.T.公司的股票，拿到单子再聊这个话题。"

他对我说:"不可能让你从这里拿走单子。"此时,别的工作人员都走到他身后,大家一起看着我。他接着说:"我们不希望和你做交易,希望你永远不要来这里。"

我不能和他们生气,也不想与他们争辩,那样一点儿意义都没有。我只得回旅店结账走人,坐首班火车前往纽约。本想赚一大笔钱回来,泰勒竟然拒绝和我做任何交易,太可惜啦!

我欠富勒顿500美元,返回纽约后,把钱还给他;拿出从圣路易赚到的钱,又开始进行交易。有时好运,有时倒霉,总的来说,还是赚钱多一些。我不需要改变太多东西,只需要记住,到富勒顿公司交易之前,把股票投机想得太简单,很多相关知识有待学习。我似乎对填字游戏很着迷,不填好誓不罢休,一心想找到问题的答案,就像那些填字游戏迷——他们总是在报纸的周日增刊中玩填字游戏。原本以为自己绝不会再去证券公司交易,不过,我还是去了。

我回纽约几个月后,富勒顿的一位老朋友来到富勒顿公司。听人说,他们曾经一起开设过很多跑马场,不过,如今已经没以前那么风光。他们把我介绍给老麦德维先生。他向大家讲述了一个故事,故事中的人物是一些西部跑马场的骗子,这些人刚在圣路易完成一次出色的诈骗,领头的是一位名叫泰勒的赌场老板。

我问他:"泰勒?哪一个?"

"就是那个身形巨大的泰勒。"

我说:"我知道他。"

麦德维说:"那是一个坏家伙。"

我说:"不仅如此,我还要找他算账。"

"什么意思?"

我向麦德维抱怨自己的不满:"对于那些蛮不讲理的人,只能通过赚他们的钱的方式好好教训他们一番。我现在没办法教训他,因为他在圣路易,不过,迟早要教训他。"

麦德维说:"他还没能力在纽约开一家公司,只能在哈波肯开一家。有人说,那家公司拥有雄厚的资金,不限定交易额度。与它比起来,直布罗陀巨岩看起来如小跳蚤的影子一样小。"

我觉得他似乎在说赌场,问他:"那是什么地方?"

麦德维回答说:"证券公司。"

"你肯定那里已经营业?"

"当然,很多人都是这么告诉我的。"

我说:"那不足为信,请你查一下那里是否已经开始营业,以及他们允许的交易额度上限是多少。"

麦德维说:"小兄弟尽管放心,我明天早上亲自去查,回头把结果给你。"

他当真前去调查了。泰勒一心赚钱,做的生意似乎规模很大。当天是周五,股市已经连续一周上涨(别忘了这是 20 年前发生的事),银行报表在周六显示,超额准备金下滑幅度特别大。因此,股票投机客可以利用这个机会打压股市,从证券经纪商那里赚一笔钱,好好教训他们一下。最后半个钟头肯定要出现回档[1],特别是卖得比较火爆的股票。泰勒的顾客最喜欢做这种股票的交易,证券公司也许最希望顾客把这些股票全部抛售,这样就可以连续两次把这些傻子的钱赚走。这种事情真是再好不过,只需要赌 1 点涨跌,操作起来非常简单。

泰勒在哈波肯设立一家证券公司,我于周六早上来到这里。他们的交易大厅非常宽敞,已经装修过,报价黑板十分漂亮。大厅里的工作人员很多,还有一个身穿灰色衣服的警卫。里面有 25 名顾客。

我与经理开始交谈,他问我是否需要帮助,我说不需要,然后对他说,如果走运,相比这里,人们在马场上能赚到更多的钱。赌马没有约束,将所有钱都用来押注也没关系,赚成千上万美元仅需要几分钟。在股票上赚

---

[1] 回档:股市术语,指股价上涨过程中,涨幅过大,而暂时回落的现象。——译者注

钱却需要耗费很多天，而且赚的钱少得可怜。他开始向我详细介绍，说购买股票更安全，有些顾客就赚了很多钱，假如交易额度足够大，也能赚很多钱，那将是一笔任何人看起来都觉得十分可观的现金。他肯定觉得，我将去哪家赌场赌上一把，想何不趁机先从我这里赚走一些钱，再任由我把钱挥霍在赌场里。他告诉我，周六的股市将在12点收盘，因此希望我加快速度，如此一来，我空出整个下午来做一些别的事情。假如我选择的股票赚一笔钱，就可以往跑马场带去更多资金。

  我装作不信任他的样子。他看到我这种态度，一直诱导我。我看了下表，11点15分，对他说："行！"我将几只股票的卖出委托单和2000美元现金交到他手中，他十分兴奋地收起来。他希望我以后常来玩，还说我这次肯定可以赚不少钱。

  交易商觉得哪些股票可以触动跌停板，就把它们打压下去，价格真的出现下滑现象，一切都如我所料。停止前的五分钟内，交易者回补造成的习惯性反弹还没到来，我便将其平仓。

  我赚了5100美元，拿着单子去兑换现金。

  我对经理说："能到这里来，我简直太高兴啦！"随后把单子递到他手中。

  他告诉我："输赢的数额太大了，我没有想到。现在没法为你兑换所有的钱，周一早上再来吧！我向你承诺，到时肯定把所有的钱为你预备好。"

  我说："没问题，不过，我要先带走你们公司现有的资金。"

  他说："请让我先把钱偿还给散户，付清其他单子之后，再还你本钱和剩下的所有资金。"我很清楚，这是一家效益不错的公司，泰勒肯定不会抵赖，所以我的钱一定可以要来。于是，我就在那里等着，让他先把钱付给其他赢家。如果他抵赖，我只能拿走这儿剩余的资金，除此之外，我没有任何办法。我把自己的2000美元本金拿回，他的公司仅剩下800美元，我一并带走。我对他说周一早上再过来。他向我承诺，肯定为我准备好钱。

  我周一到哈波肯时，已经接近12点，发现有一个人在与经理交谈，那个人我在圣路易公司曾经见过，就在泰勒让我回杜兰的公司时。我突然意识到，经理一定给总公司发过电报。骗子对所有人都不信任，所以他们调来一个自己人，特意对此事展开调查。

我对经理说："我要结清其余的钱。"

那个家伙问经理："就是他吗？"

经理回答说："就是他。"然后将一沓现金从口袋中取出。

那个家伙对他说："等一下。"然后转过头来，对我说，"我们已经提醒过你，利维斯顿，我们不想和你交易，你难道没有听到？"

我对经理说："先给我钱。"他将两沓 1000 美元现金、四沓 500 美元现金和三沓 100 美元现金交到我手中。

我对那个家伙说："你刚刚想说什么？"

"我们已经提醒过你，不想让你来我们公司交易。"

我对他说："是啊！所以我才来这个地方啊！"

他冲我大喊："从这里滚开，跑得远远的，永远不要再来这里！"那个身穿灰色制服的私人警卫走来，还故意扮作一副非常轻松的模样。那个家伙冲经理晃动拳头，大喊："早就告诉过你，不要被利维斯顿骗了，你这个可怜虫！大笨蛋！他就是利维斯顿。"

我对那个家伙说："别忘了这不是圣路易，你不能用自己的老板对'贝尔法斯特男孩'那种态度，别想在这儿撒野！"

他大喊："不准你在这个公司交易，快滚吧！"

我对他说："你没资格说这么狂妄的话。假如不让我来这里做交易，这里将一个人都没有。"

那家伙立马换一种态度。

他手足无措地说："小兄弟，听我解释，你讲点儿道理好不好，每天都发生这种事情，我们哪里承受得了？就当帮我们一个忙嘛！利维斯顿，你就发发慈悲吧！假如老板知道赚他钱的竟然是你，准得气得跳起来。"

我向他承诺说："我会手下留情的。"

"请你讲点儿道理走远一些吧！发发善心放我们一条生路。我们刚来到这儿，不能让我们顺利开张吗？"

我对他说："我以后来这里，不想看到你对我这么嚣张。"说完从那里离开，只听到他接连不断地训斥那位经理。在圣路易，他们竟然对我那种态度，我为了报复才赚他们一笔钱。我可以勃然大怒，也可以想个主意让他们倒闭，但是这没一点儿意义。回到富勒顿公司之后，我把这件事告诉给麦德维，然后问他是否愿意去泰勒的公司做一些交易，开始时交易20股或30股，消除他们的戒备，一旦我找到赚大钱的机会，就给他打电话，让他赚一大笔钱。

麦德维带上我给他的1000美元前往哈波肯，按照我的策略成了那里的常客。有一天，我发现价格将要下滑，便让麦德维尽量在交易所的允许范围内抛售股票。那一天，不算给麦德维的提成和他支付的费用，我赚了2800美元。我觉得麦德维私下应该把自己的钱也投进去了。这件事情发生之后，还不到一个月，哈波肯的分公司就被泰勒关闭。总的说来，这家公司因为我的两次交易而亏本。股市迎来一个非常火爆的买空市场，股票价格回档的幅度小到无法刷掉一点儿波动幅度。每一个顾客都做多，不停地赚钱，不停地增加交易额度。证券公司在美国各个地方不断地倒闭。

他们改变规则，在老式证券公司里交易，明显比在靠谱的证券经纪商那里交易更占优势。比如，你的交易可以在保证金快没时自动平仓，减少损失。除了已经投入的本钱外，你不会受到别的损害，单子执行不力的现象也不会出现。除了这一点，还有一点儿优势：在西部，我听说证券公司对顾客非常慷慨，但是纽约的证券公司却不会这样。它们的证券公司限制某些热门股票,只允许顾客赚2点的利润。在10分钟内，无论这些股票是否产生10点的波动，每张单子最多赚2点。美国制糖的股票就是这种情况，田纳西煤铁公司(Tennessee Coal and Iron)的股票也是这种情况。这些证券公司认为，不限制顾客的利润将导致顾客赚很多钱，赔钱时只赔一点儿，赚钱时也许能赚10点。在很长一段时间内，所有此类证券公司都拒绝接收一些股票的单子，甚至那些规模很大的也是这样。1900年举行大选的前一天，美国所有证券公司都禁止顾客购买股票，因为登上总统职位的肯定是麦金利（Mckinley），股民以三比一的赌注选麦金利。周一买股票肯定能多赚3～6个点，赌布莱恩（Bryan）能被选上，同时买进股票，也一定能赚钱。所以当天所有证券公司都不肯接收单子。

我不得不终止与他们之间的交易，因为他们不肯做我的生意，要不这样我恐怕还只知道股票可以赌几个点的幅度，不明白原来股票投机这么复杂。

第三章

任何事情都有两面，但股市仅有一面

犯了错误的人，要花很长一段时间，才能从中总结出经验。有人说，所有事情都有两面，不过股市仅有一面——判断哪只股票最正确，而不是哪只股票要上涨，哪只股票要下跌。在股票投机中，我在技术上花费的时间，远不及牢牢记住这条原则花的时间多。

听别人说，一些人为了验证自己的判断是正确的，就把假想的资金投入到虚构的股市里，通过这种方法寻找乐趣。有时，这些伪赌客能赚几百万美元，转眼变成一个大赌徒。下面这个故事就与此类似：

有这样一个人，他计划第二天与人进行决斗。

他的助手问道："你算得上是一位神射手吗？"

准备决斗的人说："与我相隔二十步的酒杯，我能把它的握柄射断。"

他似乎非常谦虚。他的助手表情没什么变化，对他说："这很好，不过，酒杯要是拿了一把装有子弹的手枪瞄准你的心脏，你依然可以把它的握柄射断吗？"

我一定要用自己的钱来验证我的观点。我从亏损中学到的经验是：没有充足的把握断定自己不会被迫退缩前，不可能开始前进，也就不可能采取行动。我这样说，不是为了告诉你不可以在犯错时减少损失。我们应该减少损失，但是不能为了减少损失而优柔寡断。我一生错误不断，经常亏损，但是从中学到了很多宝贵的经验，知道哪些事情不该做，不然今天就无权站在这里发表意见了。我深信自己还有机会，但同样的错误绝不可以再犯第二遍。

只有相信自己，相信自己推断的人，才能依靠股市生活，所以我不盲目相信明牌。购买股票时，假如我按照史密斯的明牌选择，就只得从他那儿打探消息，依赖他。到了卖出时间，假如史密斯在外度假怎么办呢？因此这个做法不可靠，太依赖他人的消息，你赚不了很多钱。经验告诉我，除了依靠自己的判断，任何人都无法通过一直向我提供明牌的方式，使我得到更大的回报。五年的经验足以教会我如何明智地交易，做出明确的判断，然后赚很多钱。

我也许没你想象中的那样经验丰富。我想告诉你，经过这么长时间，我依然没有非常特别的投机方法。破产的滋味很煎熬，我曾经多次破产，与华尔街上所有破产的人一样，我也曾非常落魄。投机要耗费很大的精力，非常累，如果投机客不想很快失业，就不得不时时努力。

早期在富勒顿公司的失败经验告诉我，要做的事情其实非常简单——换个角度看待投机。我当时只知道学会证券公司里的东西，不知道进行股市交易前还有很多东西有待学习。证券公司里的经历让我自以为战胜了股市，其实不过是战胜了这种证券公司而已。我在证券公司中得到的最宝贵的东西是看盘能力，还有强化记忆力。在早些年的股市交易中，我就是凭借这两点取得胜利。我没有训练过自己的头脑，知识匮乏到令人震惊，所以助我成功的不是我的头脑，也不是我的知识。从股市的实际操作中，我学习经验，这场游戏毫不留情地鞭挞着我。

我已经对你们说过，首次来到纽约时，证券公司不肯和我交易，我不得不寻找一家靠谱的经纪商，那时的情景，我至今都能想起。有一个小弟，他曾经在我第一次参加工作的那家公司中，如今已经成了哈丁公司（Harding Brothers）——纽约证券交易所会员的员工，我决定去找他。

早晨，我来到这个城市，还不到下午1点，就已经到这家公司开户做交易准备。

　　还没有告诉过你，到那里交易时，我还是把在证券公司里的经验完全照搬过来。我在证券公司中做的交易，只是找一小段有把握的价格变化，赌股票价格的波动幅度。证券公司与交易所有什么不同之处？没有人告诉过我，也没有人给我指出一个正确的方向。即便有人指出我用的方法不正确，我还是会通过实际操作验证自己的判断。所以能让我在犯错时承认自己错误的，只有赔钱这一件事情。赚钱时，我才是正确的，这就是投机。

　　股票交易有一段时间曾经非常火爆，那时大家都精神高涨，我立即有一种自由自在的感觉。在我眼前，是那非常熟悉的报价黑板。人们彼此交谈，15岁之前，我已经知道这些语言的含义。我在第一家公司做过的工作，也是一生中唯一的一份工作，如今有一个小兄弟也在做。很多顾客依然是那副熟悉的样子，他们望着报价板，在机器旁站着报价，或聊一些和市场相关的话题。那里的机器和我熟悉的机器明显没什么两样。通过交易伯灵顿铁路公司的股票，我在股市中赚到第一笔钱——3.12美元，我现在呼吸的空气和那时候一样，报价机器和交易员都一样，所以游戏的规则也一样。不要忘了我才22岁，在我看来，这种游戏已经非常熟悉。

　　我在报价板上发现一只股票，它的波动看上去能从中赚一笔。我买进100股，花费84美元，半小时内又以85美元的价格卖出。此时，另一只股票也被我看中，我如法炮制，在非常短的时间内赚了3/4点，刚进入股票市场，就获得胜利。

　　在那家很有名气的证券交易所会员公司中，我第一天就交易1100股，在两个小时内损失1100美元，第一次操作就损失掉近乎一半的本钱，请不要忽略这一点。在这场交易中，有些股票赚了钱，不过，我依然在那天的出场中损失1100美元。

　　我没发现自己哪里有问题，觉得自己的举措非常正确，所以没有忧虑。假如我选择的证券公司是那家很熟的大都会，肯定可以实现盈利。损失 1100 美元后，我得出一个清晰的答案：这一切都是机器的问题。只要操作人员没有问题，忧虑是毫无必要的。我当时 22 岁，盲目无知这个缺点真是致命。

我在几天后告诉自己说："机器没有按照我的设想运作，所以我要停止在这里的交易。"然而，这一点并没有引起我的重视，我没有认真研究原因，又开始交易。有时走运，有时倒霉，最终输得精光。我曾经说过，我从富勒顿那里借来 500 美元。在证券公司里，我总能赚到钱，所以我带着从圣路易赚到的钱回来。

交易时，我更加小心，一段时间内成绩非常好。稍微有些钱，又有了一些朋友，我的日子变得好起来，生活也很快乐。别忘了我当时还不到 23 岁，在纽约只身一人就能轻松赚到钱，觉得自己对新的报价机已经逐渐熟悉。

我的勇气让证券交易所大厅感到震惊，考虑到他们的实际执行，我的行动更加小心。我依然按照大盘的形势，不考虑一般的原则，在做这些时没发现自己在操作上存在任何问题。

1901 年，我开始走运，赚了一笔钱，而且对年轻人而言不是小数目。不知你是否还能想起那段美好的日子？美国创造出的繁荣昌盛前所未有，产业进入整合期，资金也开始合并，迈入一个超前的时代，大家都开始投资股票。听人说，在过去的鼎盛时期，华尔街每天的股票交易量是 25 万股，每天股票易主的金额高达 2500 万美元。1901 年，每天的交易量高达 300 万股，很多人都能盈利。纽约来了一群百万富翁，他们被称作"钢铁帮"，相比喝醉酒的水手，这些人对钞票的爱惜程度高不了多少。股票市场是他们最满意的地方。在华尔街，很多大作手的赌资都创历史新高，"和你赌 100 万美元"是他们的口头禅。著名的约翰·盖茨和他的朋友约翰·德雷克（John A. Drake）、洛亚尔·史密斯（Loyal Smith）等人，以及里德·利兹·摩尔（Reid Leeds Moore）这些人，将自己手中的钢铁股票售出一部分，用卖出的钱在公开市场中买入洛克岛（Rocck Island）的股票，购买量超过总量的一半。施瓦布（Schwab）、菲利普（Philps）和"匹兹堡帮"（Pittsburgh Coterie）也是一些大作手，还有许多人，虽然他们在这场股票易主的操作中最终赔钱，但是别人一直把他们当大作手。你的一切股票都可以拿来交易。由于吉恩（James R. Keene）的炒作，美国钢铁公司的股票非常火爆，仅仅几分钟内，一位交易员就把10万股售出。那真是一段美好的日子。有些炒作的成功案例令人惊讶。交易股票时，不需要纳税。所以当前看不到这种繁荣的末日。

我一段时间后听到，股票的惨境将要到来。一些经验丰富的人说，除他们之外所有人都已经发疯，不过，正是这些发疯的人能赚到钱。我对前景不太看好，因为我也很清楚，股票价格涨到一定程度就会停止，疯狂购买股票的场景将终结。每次把股票卖出，我一定赔钱，幸亏速度比较快，否则将赔更多钱。我希望股票价格下滑，不过，我可以在买进时获利，抛售时赔钱，以这种方式小心翼翼地操作。在这次大好形势下，我很年轻，交易量也非常大，但是我并不如你们想象的那样挣钱多。

看盘能力告诉我，大家的购买导致很多股票都已经停止上涨。不过北太平洋铁路（North Pacific Railway）的股票价格依然在节节攀升，因此，我不抛售北太平洋铁路的股票。如今，我们已经清楚原因，坤恩-勒布-哈里曼帮（Kunh-Loeb-Harriman）不断吸走北太平洋铁路的股票，有普通股，也有特别股。我没接受证券公司中任何人的建议，坚持买入并长期持有1000股北太平洋铁路的普通股。我在股价上涨到大概110美元时盈利30点，出售后赚了一笔钱。在证券公司中，我的存款余额接近5万美元，目前为止，这是我赚到的最大一笔钱。这对我而言是一次很大的收获。正是在这个公司，几个月前我输光了所有的钱。

哈里曼集团告诉摩根和詹姆斯·希尔（James J. Hill），希望能加入伯灵顿-北方大铁路-北太平洋铁路集团（Burlington-Great Northern-Northern Pacific），你还能想起这个吗？摩根集团希望紧紧抓住控制权，于是命令操盘手吉恩买入5万股北太平洋铁路。有人告诉我，吉恩让罗伯特·培根（Robert Bacon）把单子的交易额改成15万股，银行照此情况办理。吉恩将交易员艾迪·诺顿（Eddie Norton）调派到北太平洋铁路集团中，买入10万股这种股票，之后又订一个大约5万股的单子，正式开始了一场著名的垄断。股市于1901年5月8日收盘，金融巨子之间的战争正式开始，整个世界都知道这件事情。在这个国家，还是第一次出现如此强悍的财团彼此对抗。一个是所向披靡的铁路大王哈里曼，一个是不可撼动的金融巨子摩根。

　　5月9日清晨，我手中没有任何股票，只有大约5万美元的现金。我曾经对你说过，长期以来，我一直看空股市，如今终于找到机会。很明显，接下来将要发生的是令人畏惧的下跌，正是低价买入的好机会。股票价格将迅速上涨，低价买入的人能够取得丰厚的利润。没有福尔摩斯的帮助，我们一样能得出这样的结论。在股票价格上涨和下跌之间，我们将找到实现盈利的机会，能得到一笔丰厚的资金，有足够把握实现盈利。

　　所有事情都在我的意料之中。我的做法没有错，最后却输得分文不剩，这都是因为一件不同寻常的事情。假如这件非同寻常的事情从未发生，人们彼此之间将没什么不同，生活中的乐趣将不复存在。股票交易将变成数字上的加减法，大家将成为记账员，勤奋、耐心地工作。推理可以开发人的大脑，思考一下，我们必须做许多工作才能保证推理的正确性。

　　如我所料，市场变得特别火爆，成交量非常大，从未出现如此大幅度的震荡。我发出许多指令，很多单子都是市价出售。我看到开盘价后非常高兴，股票价格下跌的场景令人畏惧。我的交易员如所有交易员一样能力突出，做事小心谨慎、认真负责，但是股票价格下跌20点以上后，交易员才处理我的卖单。由于交易非常火爆，交易回执的速度特别慢，市场上的价格出来很长一段时间后，报价单上的数字才出现。报价单上的价格是100美元时，我下令卖出股票，但是交易员实际卖掉的价格是80美元。相比前一天完胜的收盘价格，卖出的股票价格可以下跌三四十美元。我空单出售的股票价格与以前打算买进的那种便宜货价格一样。股市不可能一直下跌到穿过地心直达中国，因此，我决定做多，立即回补空单。

交易员帮我买进时，他们按照的是场内人员拿到我的委托单后的市场价格，而不是我抛售或做多时的价格。与我推断的价格相比，他们给出的价格平均高15点，谁都无法忍受一天赔35点。

下注时，我的依据是报价单上显示的数字，所以一直把它看成最好的朋友。这一次，报价单欺骗并打败了我，它比市场上的实际价格要低。印出的价格和实际价格之间存在差距，因此我遭受了很大损失。我曾经被这种事情打败过，这一次又经历了更大的失败。从当前的情况看，仅依赖看盘明显不行，尽管交易员都在严格执行我的报价。当初我为何没能发现自己的问题？没有找到补救的办法？

我没有考虑报价单的执行情况，进行无间断的交易，这种继续买进、卖出的行为比无法洞悉市场更倒霉。我想方设法打败市场，不希望只打败哪个价格，所以，我一定要和市场赌，始终不肯做限价交易。投机有一条通用法则：当我觉得股票价格将要上涨时就买进，当我觉得股票应该卖出时就卖出。这条规则帮我脱离危险。照搬我在证券公司中的方法，效率非常低，却切实可行。如此下去，我将一直不懂股票投机的真正内涵，而是用现有的经验赚取稳妥的利润。

每次我想限定价格，报价便要下跌到市场价格，尽可能减少市场价格交易存在的不足，股票价格离我越来越远。我经常遇到这种情况，所以不想再限定价格。经过很多年的学习，我才明白一个道理：应该赌股票将要出现的大波动，而不是赌股票的那些小浮动。至于为什么，我没法对你说。

5月9日，我经历了很大的打击，调整方法后继续大量交易，不过依然存在不足之处。我赚到一些钱，足以让我过上不错的生活，若非如此，也许我能更早地从市场中学到经验。我喜欢结识朋友，也乐于享受快乐的生活。正如几百个富裕的华尔街人士那样，那年夏天我前往新泽西海岸避暑。既要弥补损失，又要保障生活，我赚的钱还无法满足这个要求。

我的交易并没有停止，这不是因为我非常固执，而是不知道自己的问题所在，更不可能解决好问题。为了让你清楚我在通往赚钱的路上经历了什么，我反复介绍这一点。如同相比火力猛烈的连发步枪，我的旧猎枪和气枪子弹对抗大型猎物的效力已经不大了。

那一年，秋天刚到，我便又一次把钱输光，觉得这种游戏是不可能玩赢的，于是开始讨厌它，希望从纽约离开，到其他地方做一些别的交易。14岁，我开始交易；15岁，我还是一个孩子，便赚到第一个1000美元；21岁，我第一次赚到1万美元。好几次我赚到的钱都高达上万美元，但是最终又都输掉。在纽约时，我曾经赚到几千、几万美元，后来又赔光。我赚到的最高数额是5万美元，仅两天就全部输完。我没有别的交易可做，对其他游戏也不了解，很多年后又回到起点，甚至比起点更惨。因为我沾染上了一些陋习，喜欢奢侈的生活，很依赖金钱，尽管这让我频频出错，而又充满忧虑。

第四章

要赚钱，得先学会怎样不赔钱

我返回自己的家乡。刚回到家，我便一心想赚钱回华尔街，因为整个美国，只有在这个地方，我才能进行大量交易。等今后掌握游戏的规则，我将无法离开这个地方。一个做出正确判断的人，希望用自己正确的判断得到一切应该获得的东西。

我的希望非常渺茫，却依然在想方设法，希望重回证券公司。证券公司大量减少，有些经营人我从未见过。有些这种公司还能认出我，把我拒之门外，根本不管我来的目的是进行交易，还是做一些别的。我把事情的真相告诉他们：在家乡赚到的所有钱，都已经在纽约输光，我没有以前想象的那么博学；已经没有任何理由拒绝我交易，因为我将是他们很好的生意。无论怎么样，他们都不肯接纳我。新开的证券公司的老板非常不靠谱，针对那些有推断能力的客户，他们只允许交易20股。

那些相对较大的证券公司从常客那里赢了很多钱。我需要一笔钱，便找一个朋友去一些公司进行交易。我在里面无所事事地看着大家，想方设法说服接单员允许我做一些小额度的交易，哪怕只有50股，但他就是不允许。我和朋友创造出一套暗语，看好一种股票后，让他去买，不过只能赚回很少的钱。没过多长时间，我的朋友再下单子时，证券公司开始埋怨。我的朋友某天想出售100股圣保罗铁路的股票，他们却不肯给操作交易。

我们后来才知道，我们在门外交谈时，被一个顾客看到，他向这家证券公司通风报信。我的朋友要将100股圣保罗铁路的股票卖掉，来到工作人员面前时，那个工作人员告诉他说："任何卖圣保罗铁路股票的单子，我们都不允许，也不再接受你的单子。"

我的朋友问："乔，究竟发生了什么，怎么会这样？"

乔回答说："没什么，就是不做你的生意。"

我的朋友装作一副十分生气的样子，将我给他的100美元（面值全是10美元）递过去，说："瞧仔细点儿，这一样是钱，都在这儿。"我故意表现出一副若无其事的样子。很多顾客都围拢过来，将两个正在争论的人围了起来。大声说话的声音吸引了他们，每次看到证券公司与顾客之间发生争吵，这些人便围拢过来，希望探出一些信息，对公司的财物情况做个了解。

乔担任经理助理的职务，他从窗口后面一直走到我朋友的身旁，看了看我们两个。

他慢条斯理地说："你这人真是有意思，你的朋友利维斯顿没出现之前，你总是连续几个小时都看着报价板，什么事情都不做，如今他来了，你一下就忙碌起来，真是太可笑啦！你做的事情也许是为了自己，不过我们知道利维斯顿在为你传递消息，所以不允许你继续在我们公司交易，我们不能上这个当。"

我的财路就这样断了。除去日常花销，我赚到的钱还有几百块。此时，我更加希望赚充足的钱重回纽约，所以不知道如何使用这笔资金。我认为，下次肯定有更好的表现。我有一些时间，可以静下心来好好想想自己那些很笨的操作方法，当时，拉开一些距离更便于看清楚事情的真相。目前最需要的是赚到钱。

旅馆大厅中有些我认识的人，大家都在谈论股市，这些人经常交易。一天，我对他们说，谁都无法战胜股市，因为交易员执行单子的方式不行。像我这样用市场价格交易的人，更不可能战胜股市。

有人询问我指的是哪些交易员。

我回答说："美国国内最优秀的交易员。"他又问我具体是谁。他肯定不会相信，我与最好的经纪商有过接触，这一点我能看出来。

我说："纽约证券交易所的所有会员公司都包括在内。并不是说他们缺乏诚信，也不是说他们粗心，而是你以市价下单买进和拿到交易回执之间的这段时间内，这只股票需要花费多少钱，你并不知晓。相比股票上涨10点或15点的情况，股票上涨1点或2点的情况更普遍。交易者在单子执行方面受到影响，对较小幅度的波动无法把控。我希望永远都留在证券公司中交易，只要能得到他们的允许。"

和我交谈的是一个叫罗伯茨（Roberts）的人，看起来非常友好，这是我第一次见到他。他把我拉到一旁，询问我和别的公司是否做过什么交易，我告诉他没做过。他声称自己与一些公司比较熟，它们有的是棉花交易所、农产品交易所的会员，有的是一些小证券交易所的会员。在执行委托单时，这些公司非常重视，也十分谨慎。他们与纽约证券交易所的会员公司联系密切，都是一些规模非常大，也非常精明的会员公司。通过个人的影响力，他们每个月可以做到几十万股的成交量，远比别的顾客获得的服务要好。

他说："他们最拿手的是做外地业务。他们对小客户非常照顾，用同样的态度、同样的精力对待交易10股和交易1000股的客户。他们具有突出的能力，也讲究诚信。"

"正常情况下，证券交易所要从他们那儿抽走1/8点佣金，他们还怎么盈利呢？"

他冲我眨了下眼，说："缴纳1/8点的手续费，他们是应该这么做，不过——你应该明白。"

我说："不错，不过证券公司不愿意做一件事情——退佣金。证交所主管不希望会员与外地人进行交易时，收取比1/8点更低的手续费，他宁肯会员去谋杀、纵火或重婚。会员公司严守这条制度才能保障证券交易所的生存。"

我曾经和证券交易所的人打过交道，他肯定已经看出这一点，所以才说："我要告诉你，每过一段时间都会出现一家正规的证券交易所会员公司被要求停止营业一年，就是因为不遵守这条规则，难道不是吗？有很多办法可以退佣金，谁都不会发现。"也许，他从我的脸上看到疑惑，接着说，"这些通讯公司在一些业务上不只收取 1/8 点的手续费，还额外收取 1/32 点的手续费。在这一点上，他们提出的条件很宽松。他们遇到特殊情况，或发现不常来交易的顾客时，才要求额外收取手续费。如果不这样做，他们肯定要赔本。难道他们做生意的目的只是保障自身健康？"

此时，我已经明白，他肯定是要为那些骗子经纪商招揽生意。

我问他："你了解的哪家证券公司最可靠？"

他说："我知道的那家经纪公司在全美国规模最大，它设立的分公司遍布美国和加拿大的 78 个城市。我就在那个地方交易。他们的生意做得特别大，假如不正规，怎么可能这么多年还在做？"

我支持他的看法，对他说："非常正确，在纽约证券交易所里的股票，他们也做吗？"

"肯定做，有场外交易，也有美国或欧洲的所有交易业务。其中有小麦、棉花和粮食，你想做的所有交易都有。各个地方都有他们的通讯员，这些通讯员是每一家交易所的会员，分别是用自己的真实姓名命名的会员和私密会员。"

此时，我已经弄明白一切，不过我想骗骗他，让他接着往下说。

我说："没错，不过，一定要有人，单子才能执行，你说的并不能改变这一点。市场形势如何变化，世界上的任何人都没有把握，甚至不能保证报价和交易所大厅里的实际价格相差不多。你看到这儿的报价后提交委托单，等把电报发到纽约时，已经失去一部分珍贵的时间。我最好的选择是还回到纽约，就算输钱，最起码也是输给一家可靠的公司。"

"输钱？我们从没听说过这种情况，我们的顾客都已经习惯赚钱，这个我们可以保证。"

"你们的顾客?"

"我有一些股份在这家公司,他们一直对我很好,给我带来很多收入,所以我愿意帮他们介绍一点儿生意。你肯去那儿吗?我可以把经理介绍给你认识一下。"

我问他:"这家公司的名字是什么?"

他把公司的名字告诉我。我对这家公司有点儿了解,很多报纸都为他们做广告,声称他们把热门股票的内幕告诉给顾客,帮助顾客获得了很大利润。这家公司最善于做这种事情。他们不同于平常的证券公司,属于对作公司,专做买空和卖空。他们自称证券经纪商,其实是在单子上耍阴谋,大家被他们精心策划的骗局蒙蔽,把他们错看成从事合法生意的正规经纪商。在这一类公司中,他们的历史最久。

今年,相继有几十家此类经纪商破产,这家公司当时是这些经纪商的鼻祖。在原则和方法上,他们没什么不同,由于大家对他们常用的手段已经非常了解,如今他们变换欺骗大家的手段,在细节上做出调整。

他们经常发出一些明牌,告诉大家哪只股票应该买进,哪只股票应该卖出,发出几百封电报引导大家选择买进或卖出的股票,这一招来自老式赛马场报冠军马明牌时用到的伎俩。公司拿到买进和卖出的单子后,将通过一家可靠的证券交易所会员公司交易 1000 股这只股票,得到一张正规的交易回执单。如果有人无礼地怀疑他们,声称他们在客户的单子上耍手段,那人就会看到这张交易回执单。

他们以让顾客得到实惠的名义,在公司中设立炒作小组。大家可以自由加入,向他们提供书面授权,他们便拿着客户的钞票,以客户的名义自作主张地代替客户进行交易。面对这种情况,即便是最爱闹事的顾客,赔了本也得不到法律的支持。为了拉拢顾客,他们在账面上做多一只股票,动用老式证券公司的手段,将几百个客户的那点儿保证金洗得一干二净。所有人都是他们最好的欺骗目标,包括那些女人、小学教师和老人。

我对这个介绍人说:"我要认真想一下,因为我痛恨每一个经纪商。"

我怕他继续和我纠缠，说完这话便远离了他。

我对这家公司进行调查，发现他们的客户有几百人。他们那里传出的事情都很常见，虽然如此，顾客赢钱却拿不到钱的现象，我一个都没有发现。我不知道以前谁在这家公司赢过钱，不过我的确赢过。当时市场有利于他们，也就是说，假如出现一笔危害到他们利益的交易，他们也许会认账。最终，这类公司大量破产。在美国，骗子经纪商破产的风暴多次到来，正如以前发生多家银行挤兑的现象，很多银行的顾客看到一家银行破产，因为害怕而赶忙把自己的钱取出。在如今的美国，从证券公司中退休的老板也不少。

我从这家骗子公司中没有听到让人忧虑的事情，不过已经清楚，他们的行为完全属于急于求成，而且一直如此，我听说他们并非一直都很诚信。他们常常要求那些想要急于赚钱的傻子们签订书面协议，让公司把这些傻子们的钞票骗走，这是他们最擅长的手段。

我遇到一个人，他向我讲述了一个故事：一天，他发现这家公司给一些顾客发了600封电报，希望他们买进一只股票，却又向另一些顾客同样发了600封电报，强烈建议他们卖出同一只股票。

我告诉讲这个故事的人："我了解这种手段。"

他说："对，不过他们第二天又给这些人发电报，希望他们轧平所有股票，转而交易另一只股票。我向公司中的资深合伙人询问：'我明白你们第一步是怎么回事，但是不明白第二步。你们顾客中的一些人在账面上起初肯定能赚钱，不过最终所有人都会赔本。你们发出这种电报，难道不会洗掉所有人？这究竟是什么好计谋？'

"他回答说：'顾客无论何时何地，通过哪种方式买进哪只股票，都一定会赔钱。这些赔钱的顾客将不再和我进行交易，既然如此，我要尽量从他们那里多赚一笔钱，然后换一批新的顾客继续做交易。'"

我必须承认，这家公司的商业道德不是我的关注点。我非常痛恨泰勒公司，所以才报复他们，这一点我已经告诉过你。不过，这家公司并没有引起我的任何反感。他们也许是骗子，或者不像别人说的那么黑暗。做任何交易，我都不希望由他们来替代我，也不希望依据他们的内幕消息，更不会落入他们的骗局。我只希望赚到一些钱回到纽约，带大量现金到一家交易公司进行交易，不用害怕突然有警察过来检查——证券公司经常有警察突击检查。也不用担心邮政主管机关进行扫荡，将你的资金冻结，否则，经过一年或半年时间后，即便是运气好的人一块钱也只能剩下八分。

我决定探查一下这种交易公司，看一下与合法的经纪商相比，他们提供的服务优势在哪里。供我充当保证金的钱很少，不过这种在委托单上做手脚的公司对这一点要求相对宽松，几百美元也能在他们公司做很大的交易。

我曾经到他们公司和经理进行交谈，被他看出是个经常交易的人，在纽约证券交易所会员公司开过户，并且输光所有带去的钱。他把我当成一个十足的傻子，或痴迷于股票的人，所以不再向我承诺，只要我允许他们代替我进行交易，肯定可以在一分钟内赢100万美元。他觉得我一直在赔钱玩股票，一直给经纪商带来稳定的收入。这类人为那些在单子上做手脚的经纪商提供稳定的收入，也为那些只赚手续费的经纪商提供稳定的收入。

我对经理说，我做交易时，经常依据市场价格，参考报价机上显示的数字，所以不希望拿到交易回执单的价格与显示价格有任何不同，必须要严格执行我的单子。

他故作诚恳，向我承诺说，他们答应我提出的任何条件，只要我认为是正确的。他说，在这个行业内，他们拥有技艺最高超的人才，希望我见证一下他们的水平，所以希望与我做交易。其实他们最有名的就是对单子的执行能力。接到交易回执单时，如果价格和报价机器的价格存在差别，将有利于顾客，不过，他们肯定不肯承诺这一点。他们非常信任自己的交易员，假如我在他们的公司开户，将保证我用电报上的价格进行交易。

这意味着我在他们那里交易其实和在证券公司中交易没什么区别，也就是说，我可以依据下一个报价进行交易，他们允许我这样做。当时，我冲他摇了摇头，告诉他暂且不开户，不过我开户时会通知他。我不想给他一种急不可耐的印象。他竭力怂恿我，声称那天的形势非常适合赚钱，希望我立即开户。其实，那天的形势非常差，价格的波动幅度很小，特别适合他们拉拢顾客。他们想通过炒作明牌股的方法令价格产生很大的波动幅度，将所有顾客的钱都洗得一干二净。我费很大劲才脱身离开。

我把自己的名字和地址都留给经理。此后，我不断收到电报和信件——这些已经提前缴纳过费用，催促我趁着某些股票或某只股票上涨的机会一起参与，他们声称自己获得消息，一个内线集团计划把这只股票的价格抬高50点。

我开始忙碌，四处探听，尽可能从多家经纪商那里得到消息，他们也是做对赌交易的。我认为只有在周围的几家证券公司中交易，才能从他们那里赚到我想要得到的那笔丰厚的资金。

我竭尽全力，对所有信息有了认识，然后在三家公司开户。我租用一间非常小的办公室，装上直通线路，和这三家经纪商直接保持沟通。

为了避免吓到他们，我开始时的交易额非常小。总体而言，我是赚钱的。他们果断地对我说，希望与有直接线路通向他们公司的顾客做更大的交易，不希望客户是一些吝啬的人。在他们看来，我做的交易越多，赔的钱也就越多，被洗得一分不剩的速度就越快，因此，他们将赚更多的钱。假如这些经纪商的交易对象是平常的客户，这是一种非常有道理的理论，因为平常的散户很难在资金上维系太长时间。资金赔光的顾客无法继续交易，处境艰难的顾客将四处倾诉自己的不满情绪，通过闹事损害公司的利益。

在本地，有一家公司和我保持联系，他们的线路可以直接联系纽约的联络人——也属于纽约证券交易所会员。我将一个显示股票价格的机器装在办公室，开始小心谨慎地进行交易。相比证券公司，这种交易没多大不同之处，只是速度有点慢。

我有把握在这场游戏中获胜，事实确实如我所想。我无法保证10次全胜的战绩，不过，整体上还是赢多输少，每一周都赚钱。我又过上非常舒适的生活，经常存一些钱，希望能带更多资金返回华尔街。我又在自己的小公司里装了两条通信线路，直接与另外两家空壳交易证券商相通，总数量已经有五条。

我的计划有时出现错误，股票趋势偏离该有的模式和曾经的轨迹，往相反的方向发展。我的保证金很少，所以他们没能力给我造成致命的打击。我和证券商保持友好的关系，在账目和记录方面，他们经常和我做出不同的数字，两者之间的差额正好损害我的利益。看上去非常凑巧，其实不是。我经常为自己争取利益，最终，常常用我的方法算账。我猜测，他们肯定觉得我赚到的钱就像贷款，只是暂时属于我，迟早有一天，从他们那里赚到的钱，将再次回到他们手中。

他们赚钱的方式是做手脚，或设计骗局，十分卑鄙。证券商按照一定比率赚走一些钱，这引起他们的不满。傻子一直都在赔钱，他们下在股票上的赌注永远不能被称为投机。你觉得他们应该进行非法交易，也就是你自称的合法交易，然而事实并非如此。有一句老话叫"赢得客户，就能赢得财富"，这句话非常正确，不过，他们好像并没有听说过这句话。简单的作假方法还不能满足他们的野心。

趁我不注意时，他们欺骗过我很多次，运用的欺骗手段也非常老套。我的交易金额比正常情况少时，他们就想办法陷害我。我批评他们，说他们卑鄙，甚至更差劲，他们不承认。最终，我又开始交易，和平时没什么区别。对骗子而言，抓住他的把柄没有关系，只要你继续和他们进行交易，他就不和你计较，甚至尽量配合你，非常大度。

最终，我决定给这些骗子一个教训，否则我攒钱的正常速度将因为他们施加诡计而受到损害。假如我操作一只从来没有火爆过的股票，将引起他们的怀疑，所以，我挑选出一只曾经火爆过的股票，它被人炒作过，如今已经变成冷门股票。我同时在五家证券公司下单购买这只股票。接到单子后，他们等待报价单打印出下一个报价，我让那家证券交易所会员公司发出一张单子，把那只股票中的100股以市场价格出售。我非常着急，请他们立即执行。等卖单送到证券交易所大厅时,你能想象将出现什么现象。这是一只冷门股,走势非常缓慢,一家证券商希望尽快卖出,他和外地有联系,别人手中肯定掌握着小成本股票。报价单必然要打印出这笔交易的价格,也就是我用5张买单买进的价格。因此,我做多400股这只股票,买进的价格相对比较低。那家通讯证券商向我咨询,想知道我是否听到什么内部消息;我告诉他确实如此。我在市场收盘前向那家可靠的公司发出一张委托单,请求他们立即帮我将那100股买进,我不想做空,所以不惜一切代价。他们向纽约发出电报,很快,这张买进100股的单子造成价格迅速攀升。我把单子发给这五家朋友,请他们将我的500股卖出。通过这种方法,我得到了非常满意的结果。

他们没有采取任何补救措施,所以我把这种手段多次运用到他们身上。他们咎由自取,我却不敢竭力惩治他们,每一次的操作量都是100股,幅度超过2个点的情况非常少。在这种方法的帮助下,我能存更多钱,为下一次前往华尔街做好准备。有时,我会变换一下操作过程,首先将一只股票放空,不过,我不会做得太过火。每次操作,我都能盈利600美元或800美元,对此,我非常满意。

有一天,这种游戏被玩出一定的境界,股票价格波动的幅度达到10点,这是我没有想到的事情。当时,我没有如往常一样操作100股,而是刚巧在一家经纪商那儿操作200股,而在其他四家证券公司里依然操作100股。这种现象非常理想,甚至令他们无法忍受,变得如一条小狗那样愤怒,开始通过通信线路抱怨。我去找那位迫切想让我开户的经理,也就是那位经常对我做手脚,每次都被我抓到,却不与我计较的经理。从他所在职位的角度考虑,他当时说的话确实是在吹牛。

他冲我大喊:"我们绝不给你一分钱,因为有人在这只股票的市场上弄虚作假。"

"我购买这只股票时,你们允许我入场,当时的市场上没有人弄虚作假吧?如今我要出场,你们一样要允许,公平的人不会抵赖,是这样吧?"

他大喊:"不错,我们就是要抵赖!有人做手脚,这一点我可以肯定。"

我问他:"做手脚的人是谁?"

"有人!"

我问:"他们给谁做手脚?"

他回答:"我肯定是你的朋友做的手脚。"

我对他说:"你要明白一点,自从开始操作股票那天,这个城市里的很多人都知道我是一个人在孤军奋战。我不想发怒,所以现在给你一个建议,找人把那笔钱拿给我。你最好听从我的建议,这是为你好。"

他继续大喊:"有人做手脚,所以我绝不给你钱。"

他的话让我反感,因此,我对他说:"现在就把那笔钱给我,就在这儿!"

他继续大喊我是个骗子,过了一会儿,还是不得不把那笔现钞支付给我。在别的公司,我没有遇到这种粗鲁的行为。一家公司的经理始终在研究我是如何操作这些冷门股票的,我把一只股票的买进单提交给他时,他也偷偷摸摸地为自己买一些,赚了一笔钱。这些人往往已经运用技术手段在法律上保护好自己,所以不怕顾客告他们诈骗。他们十分谨慎地处置自己在银行里的钞票,不肯将任何资金置于被查封的危险之中,但是,他们害怕我把他们的盈利器具查封。顾客在经纪商那儿赔钱没什么大不了,所以,就算大家知道他们非常精明,也伤害不了他们。假如顾客赚到钱,却遭遇他们的抵赖拿不到钱,将给他们造成致命的打击,因为这是投机客法典中最恶劣的犯罪行为。

这只股票猛涨 10 点,让我在五家证券公司中都赚到钱,但是,我无法再用同样令人满意的手段教训这些骗子。他们高度关注那些小手段——欺骗那几百个可怜虫的小手段。我的交易恢复正常,不过,我的系统并非每次都适用于市场的情况。我下单的金额遭到他们的束缚,无法赚很多钱。

我这样做了一年多,在这些证券公司中,动用能想出的所有手段交易股票获利。我买了一辆汽车,不再节制自己日常的开销,生活得有滋有味。

赚一笔钱和生活,这两样我都需要。在市场上,我做头寸[1]赚来的钱很多,花不完时就存一部分。做错就没钱可花,因为没有盈利。我已经告诉你,我存的钱已很充足,无法在这五家证券公司中继续赚大钱,因此,我决定重返纽约。

我有一位朋友,他也是做股票交易的。我邀请他和我一起开着我的汽车前往纽约,得到他的同意后,我们结伴踏上旅途。抵达纽黑文时,我们停下吃晚饭。我在旅馆中遇到一位旧相识,他也做股票交易。他向我讲述一些事情,说市区中有一家规模非常大的证券公司。

我们从旅店离开,往纽约方向开去。我开向那家证券公司所在的那条街,想看一下它的外表是什么样子。找到这家证券公司之后,我们抵御不了诱惑,想停车看一看它里面是什么样子。这家证券公司没有特别豪华的设备,不过,我们对看板并不陌生。那里聚集着顾客,股票正在交易之中。

那里的经理给人一种做过演员的感觉,像在发表竞选演讲。他的言辞很能打动人,说早安时,就像耗费十年这么久,用显微镜找到早晨的妙处,将他的发现连同蓝天、晨曦和公司在银行里的钱一并变成赠送给你的礼物。我和朋友开着美丽的汽车,十分畅快地来到他面前。我给人的感觉是年龄还不到20岁,我的朋友也非常年轻,他一定把我们当成两个耶鲁大学的学生。没等我告诉他我们不是学生,他便口若悬河地发表演说,他说,看到我们,非常开心,希望我们找一把舒服的椅子,然后坐在上面,肯定能发现那天早晨的市场非常友好。其实市场希望增加大学生的零花钱,历史上那些有头脑的大学生从来没有觉得零花钱够花。如今刚好碰上非常友好的市场,不如花很少的钱来一次投资,也许可以赚到几千美元。股市给你们的回报超过所有人零花钱的数额。

证券公司里的这个人非常热情,他迫切希望我们进行交易。既然如此,我觉得应该交易一次,否则就太遗憾了。我听说,很多顾客都在股市中获

---

[1] 头寸:金融、商业领域的通用语,指款项、资本的数量,头寸既可以是自己拥有的,也可以是借来的。——译者注

得特别大的利润，于是，我对他说，我接受他的建议。

刚开始，我投入的资金很少，赚钱之后，我开始一点点提高投入的资金。我的朋友模仿我进行交易。

当天晚上，我们在纽黑文度过。第二天早上，9 点 55 分我们来到那家热情的证券公司。那位演讲家看到我们后，觉得那天肯定轮到他赚钱，所以非常欢喜。可是我那天挣到将近 1500 美元。我们第三天早上进去后又遇到那位伟大的演讲家，请他将 500 股糖业公司的股票卖出。他犹豫片刻，默默地答应了我们的请求。这只股票的价格下降的幅度超过 1 点。我完成交易，将单子递给他，总共赚 500 美元，我还有 500 美元的保证金。他将 20 张面值 50 美元的钞票从保险箱中取出，非常缓慢地数了三次，最后又当着我的面数了一次。这些钞票好像与他的手指牢牢地粘在一起，似乎有胶水从他手指中冒出来。最终，他把钱递给我。他的两条手臂环抱，始终咬着下嘴唇，眼睛直勾勾地盯着我身后窗户的最上方。

我对他说，我要将 200 股钢铁公司的股票卖出。他似乎没听到我说话，身子并没动。我又说一遍，不过，这次我说的是 300 股。我等着他回话，只见他转过头看着我，舔了舔嘴唇，咽着口水，一副将要发动进攻的模样，就像政客实施了 50 年的暴政遭到反对派的威胁。

我手上拿着钱，他冲这些钱摆摆手说："带走这些垃圾！"

我不明白他说这话什么意思，问他："带走什么？"

他用一种令人感动的语气说："大学生，你们计划去哪儿？"

我对他说："去纽约。"

他大概点了二十次头，对我们说："很好，太好啦！你们打算从这儿离开，非常好！如今我知道你们这两个家伙了，知道你们并非学生，已经明白你们是做什么的了。"

我非常客气地问："你真的知道吗？"

"我知道你们两个，"他稍作停顿，猛然间非常生气，冲我们喊，"你们是学生？肯定是新入学，刚上一年级吧！你们这两个家伙，美利坚合众国上下所有人都没你们狡猾!"

  他自说自话,我们不理会他走开了。也许,他对金钱的重视度不够,所有专业赌徒对金钱的重视度都不够,游戏中到处都是钱,迟早有一天会轮到他赚钱。我们耍他,使他的自尊心受到损害,所以他才如此气急败坏。

  我第三次尝试返回华尔街,当时就是这样的情景。我始终都在研究自己的经验出了哪些问题,希望知道在富勒顿公司为什么输钱。刚20岁时,我第一次赚到1万美元,却输得分文不剩。我不分时间常年交易,不按照自己的系统,交易时不依据自己的研究和经验,这就是我赔钱的原因。我一心只想赚钱,却不明白时机到了才能赚到钱。大概22岁时,我已经赚到5万美元,但是,5月9日那天,所有的钱都输得一干二净。我知道那次为什么会这样了,因为报价单比大盘落后,那段时间令人畏惧,股市波动的幅度第一次如此剧烈。从圣路易返回后,或者说经历了5月9日的恐惧后,我已经无法找到自己赔钱的原因。我总结了一下自己的理论,觉得可以补救在操作中犯下的一些错误,不过需要用实际操作来验证。

  在这个世界上,任何东西都不如输光所有钱的教训大,你将学到哪些东西不能做。先明白不赔钱的禁忌,然后再学习赚钱的方法。你应该明白这个道理吧!你知道学习了。

第五章
不可丢失自己的头寸

有些被叫作股虫或股痴的人可能会做错，原因固然很多，但是太专业化也是一个非常重要的因素，因为它意味着固执，需要付出很大代价。投机游戏不只是数学，也不只是一些规则。就算主要的行为法则十分严谨，也需要运用一些数学之外的东西，哪怕是简单的看盘。其中有一种是股票的走势，我把它叫作股票行为，它可以让你在总结已有例子的基础上，推断股票的走势。假如一只股票的走势不寻常，就不要交易，在没找到出现问题的正确原因前，你无法判断这只股票接下来的走势。看不出问题所在，就不能推测，也就赚不到钱。

这门学问年代久远，一定要关注股票的走势，研究股票以前的表现。首次来到纽约时，我在一家证券商的公司中遇到一位法国人，他经常提到自己的图表。我原以为他是公司找来帮忙的，后来才发现他是一个感动人心的演讲家，有超强的说服能力。他发表言论说，只有数字不会撒谎，因为它根本不具备撒谎的能力。他依据自己的绘制的线路图推测市场中股票的走势，能通过分析线路图解释很多现象。比如，在很有名气的艾奇逊特别股（Atchison Preferred）多头炒作中，席恩为何能做出正确的选择，在南部太平洋铁路炒作集团（South Pacific Railway）中，他为何又做出错误的选择。各个时期里的交易者相继运用这个法国人的系统，最终都回到原先那种情况，依然使用不太科学的方法获利。他们声称，凭借自己的运气，他们可以少赔一点儿钱。有人告诉我，法国人曾说，这些图表曾得到席恩的绝对认可。不过这种方法无法运用于火爆的市场，因为它的速度太慢。

后来出现一家公司，他们推出股票价格的日线图表。想知道哪只股票近几个月以来的走势，只需要看一下图表就行。顾客把这只股票的走势图与大盘的走势图做一番对比，把这些规律记住，便可以断定，那些运用缺乏科学性的方法购买的股票是否有上涨的机会。这种图表被他们看成一种资料，具有辅助作用。如今的很多经纪商都有这种图表，有股票图表，也有各类商品的图表，都出自统计专家之手。

可以这么说，那些有能力看懂图表的人，可以得到图表的帮助；也可以说，从图表中获得信息的人，可以得到一定的帮助。平常的"线仙"[1]很容易固执，他觉得股票投机只是底部和头部，以及主要和次要的震荡。假如他过于自信，肯定要赔光。有一个人，他的能力非常高，毕业于一家很有名气的技术学院，是一名数学家，与人合作开设过一家著名的证券交易所会员公司。

他创作出各类图表，对包括股票、债券、谷类、棉花和货币市场在内的各种市场价格走势进行认真细致、小心翼翼的研究。多年以前，他就对有关指数和季节性走势进行探讨、研究。总的说来，能研究的东西，他都研究过。他做过多年股票交易，依据就是自己的图表。其实，他的方法是运用一些非常高明的平均法。我听他们说，世界大战爆发之前，他常常赚钱，直到一切规则都被战争摧毁。我还听说，他和自己的一大帮追随者损失了几百万美元，最终被迫离开交易市场。看准股票，将形成多头市场；看不准股票，将形成空头市场，就连世界大战都无力改变这一点。想赚钱的人只需看清股票走势。

在讲述时，我并非故意偏离主题太远，不过，每次想起刚去华尔街的

---

[1] 线仙：指那些经常研究股票线图的人。——译者注

那几年，我就不由自主这样做。当时不了解的东西，如今我已经弄明白，也想到因为缺乏知识犯下的错误。寻常的股票投机客每年都犯同样的错误。

第三次返回纽约时，我的交易非常频繁，我希望在证券交易所会员公司战胜股市。我没奢望如在证券公司中一样有突出的表现，不过我觉得，过些时候也许有很好的表现，因为可投入交易的资金非常多。我已经发现，我的最大问题是，不能正确区分股票赌博和股票投机。我的看盘经验长达七年，天生适合这种游戏。我运用这些资金为自己赢来一笔钱，也赢得非常高的利率。我如往常一样，有时赢钱，有时输钱，不过赢钱的机会更大一些。赚更多钱时，花的钱也就更多，并非很容易赚钱的人才这样，而是很多人都习惯这种做法，只要不是守财奴，都这样。有些人天生能赚钱，也天生能花钱，如罗素·赛奇（Russell Sage）一类人，他们与世长辞时，拥有的财富令人震惊。

早上 10 点到下午 3 点，我专心做事，希望战胜股市；3 点之后，我专心享受自己的生活，每天都是如此。不过，请不要误以为我会因为享受生活损害交易，永远不会。选择错误才是我赔钱的原因，我不会因为狂放不羁和安逸享乐而赔钱。精神疲乏和喝酒致使手脚酸麻，将影响交易，所以我绝不让它发生。我如今依然坚持晚上 10 点之前上床睡觉的习惯。睡眠不足无法在交易时做出正确的判断，所以我年轻时没有熬夜。我觉得，不需要牺牲掉生活里的美好事物，因为我赢钱比输钱多。市场常常不停地供应这些美好事物。我用专业和冷静的态度对待自己的谋生手段，因此慢慢有了自信。

做股票交易时，我首先改变的是把握时间。在证券公司里可以等待有把握的机会，赚 1 点或 2 点，但是在这里不能这样做。我需要提前很长时间研究股票价格的震荡幅度，才能在富勒顿公司中抓住机会，也就是说，我一定要推测将要发生什么，股票价格的走势将如何变化。这听着很平常，不过你应该明白并不简单。我对游戏的态度已经改变，这才是至关重要的。我从游戏中逐步学到，赌股票价格的波动和推断股票价格的走势有很大差别，赌博和投机也有很大差别。

研究市场时，我投入的时间一定要多于一个小时，我在世界上规模最大的证券公司中并没有认识到这一点。产业报告、铁路盈利，以及财务和商业统计，都能引起我的好奇心。我的交易非常频繁，所以，他们把我叫作"少年赌客"。我喜欢对股票价格的波动进行研究，假如得到某样东西可以提升我的交易回报率，我绝不会对这样东西心生厌倦。在还没解决问题之前，我就要明明白白地告诉自己：找到解决方法后，我一定要验证自己的方法是否正确。我自己的钱是唯一能验证某种解决方法是否正确的东西。

如今看来，我的进步好像非常缓慢，不过我已经尽快学习知识，赚钱的概率更大就能说明这一点。如果我输钱的概率更大，一定可以激励我付出更大的努力坚持研究。还存在很多错误，我一定要把它们找出来。假如我赔了很多钱，就缺少资金验证我改进后的交易方法是否有效，所以我怀疑赔钱是否真的有意义。

对我在富勒顿公司赚钱的操作方法进行研究之后，我发现自己对大趋势和市场走势做出的判断基本上不会有错误，但是却没有得到应有的回报，不如判断市场正确时得到的钱多，原因是什么？

部分失败和部分胜利可以提供同样多的知识。

多头市场刚出现，我就已经看准，为了验证，我做了一些股票交易，结果股票价格果然上涨，和我的推断完全一致。当时所有事情都非常顺利，不过，我是否还可以做些什么？我还很年轻，心中躁动不安，前辈建议我稳住自己的心。我接受这个建议，决定不再那么莽撞，交易股票时力求稳妥。大家都明白，得到利益就停止交易是最稳妥的办法，也是唯一的办法，等回档到来时，再把自己的股票买回来。我的做法就是这样，常常在获得收益后便停止交易，一直等待尚未出现的回档。我在那儿坐着，等待股票价格上涨的幅度超过10点，凭借这种稳妥的做法，我已经顺利得到4点利润。所有人都说，获得利益后立即停止交易就不可能输光，的确不可能输光，但是，在多头市场中获得4点利润同样不可能发财。

由于我力求稳妥，只赚到2000美元，可原本应该赚到两万美元。我赚到的钱非常少，注意到这一点后，我又注意到其他事情，原来傻瓜也有各不相同的等级，划分的依据是他们经验的多少。

所有人都很清楚，连新手自己都明白：新手什么都不知道。不过，他的下一级或第二级的人却觉得他是对很多事情都很了解的人，甚至其他人也有同样的感觉。他是一个做过研究的经验丰富的傻瓜，市场不是他的研究目标，更高级别的傻瓜发表的市场评论才是他的研究目标。新手犯的那种错误，第二级傻瓜明白怎样躲避，不会被这些错误损害其利益。证券经纪商整年衣食无忧，并非得益于毫无经验的新手，而是得益于这种第二级傻瓜。这类人平均大概能坚持3年半的时间，第一次在华尔街交易的人却只能坚持3～30周。第二级的人常常引用著名的交易格言和各种游戏规则，他非常了解口才很好的老手提到的一切禁忌，却忘记最重要的一条禁忌——不能做傻瓜。

第二级的人自认为智齿已经长出，总是在下跌时买进，一副很有经验的样子。他在等待股票价格下跌，判断自己是否获得利益的方法是股票价格总共下跌多少。多头市场中的十足傻瓜一点儿都不了解规则，也不明白以前的例子，不切实际的希望促使他稀里糊涂地买进。他赚到的钱最多，不过，等回档现象出现时，将带走他赚到的所有钱。二级傻瓜在交易时小心翼翼，总是跟随那些经验丰富的人。我当初自以为是，用的也是这种方法。我明白，我在证券交易公司的交易方法一定要改变，我要用这种改变来解决当前遇到的问题，尤其是那种被经验丰富的交易者赞誉的方法，这种方法具有很大意义。

很多人都一样，我们可以称这些人为顾客。能老老实实说华尔街没有欠他们债的人很难找到。在富勒顿公司可以见到各个等级的股民，都是往日见过的。其中有一个非常特别的老头子，他的年龄比其他顾客大很多。还有一点，那就是他永远不主动向别人提建议，赢钱后也不炫耀。别人说话时,他是一个很好的倾听者。他永远不问说话的人是否得到什么内幕消息,似乎对探听消息并没有太大的兴趣。有人把内幕消息告诉他时,他则常常表现得非常客气,向那人表示感激。假如消息是真的,他将多次感谢那个告诉他消息的人。假如消息是假的,他也并不埋怨。他做交易是依据明牌,还是对明牌不管不顾,谁都不清楚。公司的人都说,这个老头是个大富翁,有能力做很大的交易,不过并没有为公司提供太多手续费,最起码所有人都没有见过他为公司提供太多手续费。这人名叫帕特里奇(Partridge),胸膛宽广,下巴经常在胸口上贴着,穿梭于各个房间,所以人们都偷偷地喊他"火鸡"。

有些顾客喜欢听别人的建议,做的事情一旦失败,好可以让别人承担责任。他们经常找老帕特里奇,对他说,有一个内线人士,他朋友的朋友希望他们交易某一只股票。他们对帕特里奇说,他们还没有依据这个明牌进行交易,希望他可以提供一些建议,告诉他们该如何是好。帕特里奇不理会他们的明牌是买进还是卖出,都给出一样的答案。

顾客讲述完整个事情后,疑惑不解地说:"我该如何是好?请给我一个建议。"

老火鸡脸上露出友善的笑容,将头偏向一边,盯着这位股民朋友,终于令人感动地说:"这是牛市,你应该明白这一点。"

我多次听他说:"这是牛市,你应该明白这一点。"似乎他将一个无价的护身符交给你,给你提供一个100万美元的保险单。不过,我不明白他是什么意思。

一天,一个人冲到公司,交给工作人员一张委托单,又来到帕特里奇身旁。这个人叫埃尔默·哈沃德(Elmer Harword)。约翰·范宁正在讲述一个故事,帕特里奇十分有礼貌地倾听着。约翰说,一次,他听到吉恩向一位交易员下单,就随着他买进100股,才赚了3点就把股票卖出,没想到这只股票却在3天内上涨24点。真是一个令人伤感的故事,约翰最起码已经是第四次讲了。老火鸡似乎第一次听说,脸上带着笑意,很同情他。

埃尔默没向约翰·范宁表示歉意，就径直来到老火鸡身旁，对他说："帕特里奇先生，我听朋友说克莱麦斯汽车股票（Climax Motors）将要回档，所以刚才我把它卖掉了。等它的价格回落后，我再买回来。假如你还有这只股票，最好像我一样把它卖掉。"

埃尔默满脸疑惑地看着老火鸡，他曾经给老火鸡提供明牌，建议老火鸡买进。那些非专业人士或免费提供明牌的人常常觉得，在明牌的结果还是未知数之前，接受明牌者的身心都供他们支配。

老火鸡对埃尔默充满感激，谢谢他没有忘记这个老头，对他说："哈沃德先生，我要继续持有这只股票。"

埃尔默告诉他："如今你已经盈利，应该把它卖掉，等回档出现时，再把它买进。"埃尔默表现得如同刚为老火鸡写了一张存款单，但是他并没有发现老火鸡脸上表现出感谢之意，于是继续说，"刚才，我已经卖光所有股票。"

听他的声音，看他的样子，就算是比较保守的判断者，也会觉得他已经将1万股都卖出了。

帕特里奇先生摇了摇头，充满歉意，他压低声音说："不行，这样做不行。"

埃尔默大喊："你说什么？"

帕特里奇先生非常为难地说："这样做真的不行。"

"我曾经给你明牌，建议你买进，是吧？"

"是的，哈沃德先生，我对此表示衷心地感激，不过——"

"你先听我说，10天之内，难道那只股票没有上涨7点？"

"上涨了，小兄弟，我对此深表感激，不过，我没有勇气把这只股票卖出。"

埃尔默的脸上满是疑惑，许多提供明牌的人都用这样的表情对待接受明牌的人。他问："你不卖出？"

"不能卖出。"

埃尔默更加靠近他，问："怎么就不能卖出？"

老火鸡说："因为它是多头市场！"他似乎觉得自己提出的解释很长，也非常详尽。

埃尔默很失望，也非常气愤，他说："没错，它是多头市场，我像你一样明白这一点，不过，你应该卖出你手中的股票，等回档来临时，再低价买进。"

老帕特里奇十分为难地说："小兄弟，假如我现在把那只股票卖出，我的头寸就没了，也就无依无靠了。"

埃尔默·哈沃德摊开双手，摇了摇头，他希望得到我的支持，便走到我身旁，对我说："请问，你明白什么意思吗？"低沉的声音像是在演戏。

我保持沉默，他继续对我说："我提供一只明牌给他，他买进500股克莱麦斯公司的股票，获得7点盈利。回档早就应该出现，所以我希望他卖掉，等回档来临时再买进。你听听，他听了我的建议后，说的是什么话！假如卖出这只股票，他将失业，这话什么意思，你理解吗？"

老火鸡打断他的话，对他说："哈沃德先生，很抱歉，我并没说自己将失业，我说的是我的头寸将失去。谁都没能力承担失去头寸的后果，约翰·洛克菲勒也不例外，你活到我这个年龄，经历我经历过的那些好运和惶恐之后，必然能明白这一点。希望这只股票出现回档，这样你就能再次买进这只股票，价格也不会太高。不过，我交易时，一定要依据自身多年的经验，因为我付出惨痛的代价才总结出这个经验，绝不能再付出一次代价。我就像钱已经进了自己的账号那样感激你，你不要忘记这是多头市场。"他说完后离去。埃尔默留在原地，充满疑惑。

对我来说，老帕特里奇的话意义不大。我开始思考，为什么曾经多次看准市场大势，却没能赚到本该属于我的钱？直到这时才明白他说的是什么意思。随着研究的深入，我越来越觉得这个老头非常有智慧。很明显，他年轻时也犯过同样的错误，对自己的人性弱点很了解。他自身的经验让他明白，这是一种很难抗拒的诱惑，常常需要付出惨痛的代价，所以，他拒绝这种诱惑。我一样付出过惨痛的代价。

我觉得，明白他说的话是什么意思之后，我的知识有了很大提高。老帕特里奇经常对顾客说"别忘了这是多头市场"，我终于清楚，他想说的是，个股股票价格的波动不能让他们赚大钱，也可以说，解盘[1]不能让他们赚大钱，评价、估算市场和市场大势才是正确途径。

有一件事情，我在这里要说一下。我在华尔街很多年，曾经赚过几百万美元，也输过几百万美元。我要说的是，我赚到大钱的原因不是我的想法，而是我坚持不采取行动。正是坚持不采取行动让我赚到大钱，希望你能明白这一点。对市场做出正确的判断是一件很正常的事情。在多头市场中，你总能发现一些人开始就做多或做空。我认识许多人，他们能在恰当的时间做出正确的判断，在利润最大时，他们开始进行交易，但是并没有赚到钱，正如我当初一样。做出正确的判断，却不采取任何行动，这样的人很少见，这种事情很难做到。股票作手想要赚很多钱，必须明白这一点。有一个事实：股票作手没有操作知识时，赚几百美元很难，明白如何操作时，赚几百万美元却相对容易。

原因是，他也许已经做出正确的判断，但是在市场如他所愿时，他却失去耐心，或产生怀疑。在华尔街，很多人并非傻瓜，甚至不是第三级傻瓜，却因为这个原因赔钱。他们很聪明，却不能坚持，所以，打败他们的是自己，而不是市场。老火鸡坚持按照自己的判断做事情，是非常正确的选择。他很有智慧，也有足够的耐心和勇气坚定自己的信念。

对我而言，不顾股市的大震荡忙着交易，造成的危害是致命的。所有人都无法做到把握住每一个起伏，在多头市场里唯一能做的是买进并长期持有，直到觉得多头市场即将终结。不要研究明牌，也不要研究影响股票价格的特殊因素，而要研究整体的趋势，永远忘掉自己的每一只股票，一直到你看见或你觉得市场形势出现转变为止。你只有用自己的智慧和眼光

---

[1] 解盘：对影响股市的政策面、资金面、基本面、技术面、消息面等进行综合研究、判断。——译者注

才能做到这些，不然我的建议将显得非常愚笨，就像告诉你低价买进高价卖出一样。所有人都只能学会一种最有用处的事情，那就是不要试着抓住第一档或最后一档。在这个世界上，价格最高的就是这两档。股票交易者在这两档的花费多达千百万美元，用这些钱建一条高速公路，足以横跨美洲大陆。

交易时，我不再像以前那样傻，研究自己在富勒顿公司的交易后发现的一种现象：在最初阶段的交易中，我很少赔钱，所以我决定在最初阶段就加大赌注。我非常坚信自己的判断，不过我经常受到他人的意见和自身的动摇的损害。一个人，做出判断，却不坚定自己的判断，不可能在这场游戏中走得太远。整体而言，我学到的东西是，对整体形势进行研究，承接头寸并持之以恒。我可以坚持等待，看到股票价格下降时依然不怀疑自己的判断，认定这种局面持续时间不会太长。曾经，我将10万只股票全部卖出，预测将要出现大反弹现象。我的判断很正确，这次稳健的大反弹一定会到来，给我造成100万美元的损失。我看到一半的利润被洗掉，依然非常坚定，没打算采取首先回补，等反弹时才将所有股票卖出的做法。我很清楚，假如我采取这种方法，我的头寸也许将失去，也就不可能赚大钱。为你带来丰厚回报的正是那些幅度较大的震荡。

我的经验来自自己犯下的错误，从犯下错误到弄明白犯错的原因，期间要耗费很长一段时间，从弄明白犯错的原因到正确判断错误，期间还要耗费更长时间，所以我很久后才学会这些道理。当时，我非常年轻，经济条件又比较优越，因此可以通过别的方式弥补。我的看盘能力符合当时的市场形势，赚到的大多数钱都由此而来。刚来纽约时，我常常赔钱，非常令人窝火，如今已经好多了。还不到两年，我就3次破产，想到这一点，便知道我根本无法为现在稍好的情况感到骄傲。我要对你说，最好的学校就是破产。

我始终都在享受生活，所以资金增加的速度并不是太快。和我年龄相仿、品位相似的人拥有的一些东西，我都希望拥有，例如汽车。我不明白，有能力从市场赚钱时,为何要节制自己的物欲呢?只有在周日和节假日时,股票市场才停止交易,情况原本就是这样的。每当我找到赔钱的原因,或发现别的赔钱原因和现象时,就把一条新的禁忌写进自己的资产表中。我的资金逐日增加,利用这些资产的最有效方式就是在生活中不节省。我总结出一些非常有意思的经验,不过,也并非都非常有意思。假如让我把这些经验事无巨细地一一说明,我肯定说不完。其实我很容易就能想起某些事情,在交易时,这些事情给我带来实质性的帮助,丰富我的交易知识,让我认识到自己。

第六章
不要研究个股，要研究大盘

我于1906年春天在大西洋城度过了一个短暂的假期。为了换个环境好好休息一段时间，我把所有股票都卖出。顺便说一下，刚开始时，哈丁公司是我的经纪商，我又回到那里，开始频繁交易。我的交易量达到三四千股，相比我20岁时在大都会证券公司的交易量，这个数字并没有高出太多。不过，在证券公司赌1点的波动需要的保证金，不同于经纪商帮我在纽约证券交易所中交易所需的保证金。

你还记得我告诉你的那个故事吗？一次，我在大都会将糖业公司的3500股股票全部卖出，第六感却突然让我觉得哪个地方出现差错，应该取消这笔交易。这种奇怪的感觉常常出现，我交易时经常凭这种感觉。不过，我经常嘲笑自己的这种感觉，觉得这是一种冲动，任由所有此类的冲动支配将失去我的头寸，是一件非常愚蠢的事情。我觉得，抽太多雪茄烟或睡眠不够才会出现这种感觉，它源于神经过敏或精神疲惫等诸如此类的事情。我暗示自己，不要在意这种冲动，要坚定信念，却总是后悔。有十几次，我并没有遵循自己的第六感进行交易，第二天去市区时发现，市场上的势头很猛，也许会出现上涨现象，我会在心里告诉自己，因为冲动卖空，是一种很傻的行为。然而，一天之后肯定会出现非常严峻的下跌趋势。某个地方肯定出了差错，假如我没这么聪明、没这么理智，肯定能赢很多钱。很明显，这都是心理问题造成的，不是身体上的问题。

有一件事情对我影响很大，我想说一下。那是1906年春天，当时，我和一位朋友正在大西洋城享受一个短暂的假期，那位朋友也经常去哈丁公司交易。我当时一心度假，对股市毫无兴趣。我常常为了享受生活放弃交易，不过如果股市非常火爆，我的头寸又非常大，我就不会这样做。我还能想起，当时是多头市场，未来的经济形势一片大好，在股市中，增长速度稍微降低了一些，但是依然人气高涨，一切迹象都表明：市场即将进一步走高。

一天早上，我们用过早餐，将每一份从纽约发来的早报阅览一遍。海鸥将活蚌抓起，飞到20英尺高的空中，又将其扔到湿硬的沙滩上，把蚌壳打开，然后享用它的早餐。我和朋友已看倦了这一幕，于是来到木板铺成的大路上，在那个地方，白天我们可以做一些非常刺激的事情。

中午还没到，我们步履缓慢地走在路上，猛然间嗅到一股夹杂着咸味的空气。哈丁公司开设的一家分公司，坐落在这条木板铺成的大路上，每天早上，我们都要进去看一看开盘情况。我在这家公司什么都没做，只是因为习惯才进去，没有别的事情。

我们看到，市场形势很好，交易频繁。我的朋友以很低的价格买进一只股票，认定这只股票的价格将要上涨。他对我说，持有这只股票，等它的价格上涨，这种做法非常明智。他说的话没有引起我足够的重视，我不想附和他。我看着股价报价板上股票价格的波动，发现大多数股票都呈上涨趋势。当看到联合太平洋铁路（Union Pacific）时，我认为应该把这只股票卖出。卖出这只股票只是我的感觉，但是我无法说明具体的原因。

我目不转睛地盯着报价板上最后一个价格，直到所有数字以及报价板上的其他东西都消失。我想把太平洋铁路的股票全部卖出，但是不知道为什么会产生这种想法。

我一定表现得非常奇怪，所以站在我身旁的朋友猛然碰了我一下，问我说："你怎么啦？"

我回答道："不知道。"

他问:"瞌睡了吗?"

我回答道:"不,不是瞌睡。"

我计划把那只股票全部卖出,凭借自己的第六感,我一直赚钱。

我走到桌子附近,桌子上面放着很多本空白的委托单。朋友跟在我后面。我将一张委托单填好,然后递交给经理,将联合太平洋铁路的股票以市场价格卖出 1000 股。我填写单子并递交给他时,他保持笑容。等看到单子时,他只是看着我,脸上的笑容已经消失。

他问我:"真要这样做吗?"我只是看了看他,他便急匆匆地走向发电报的工作人员。

我的朋友问我说:"你要做什么?"

我对他说:"我要把这只股票卖掉。"

他冲我大喊:"把什么卖掉?"假如他的是多头,我的为何是空头?这肯定有什么阴谋。

我回答说:"把联合太平洋铁路的 1000 股股票卖掉。"

他情绪激昂,问我:"为何要卖掉?"

我摇头示意不知道为什么。他拉起我的手走到外面的走廊,来到一个不被其他顾客和无关人士看到、听到的地方。他一定觉得我有明牌。

他问我:"你听到什么消息了吗?"

很多股票都是他的最爱,联合太平洋铁路的股票就是其中之一,在这家公司中,他赚了很多钱,对未来的形势也非常看好。他情绪激昂,看好这只股票,却希望得到可以卖光这只股票的明牌。

我说:"我没有听到任何消息。"

他的脸上明显带着怀疑,问我说:"真没听到?"

"我真没听到任何消息。"

"可你要卖掉所有股票,为何要这样做?"

我对他说:"我真的不知道为什么。"我已经对他实话实说。

他说:"老实交代!别跟我来这套。"

他很清楚，交易时，我经常能找到交易的原因。当前的市场非常火爆，我竟然将联合太平洋铁路的 1000 股股票全部卖掉，肯定有什么非常好的理由。

我又一次告诉他说："我真的什么都不知道，只是感觉有什么事情要发生。"

"有什么事情要发生？"

"不知道要发生什么，我无法告诉你任何原因。我只清楚一点，就是一定要把那只股票放空，甚至要再放空 1000 股。"

我返回营业厅，下单又卖出 1000 股。我已经放空 1000 股，假如这是一个正确的选择，就应该多放空一些。

我的朋友不敢下决定随着我放空，继续问我："有什么事情可能会发生？"假如我对他说，我得到消息，太平洋铁路的股票价格将下跌，他肯定不问我听谁说的，也不问我为什么会下跌，立即随着我放空。他又一次问我："有什么事情可能会发生？"

我回答他说："有 100 万种可能，我无法给你一个确切的保障，没有未卜先知的能力，什么原因都给不了你。"

他说："没有任何依据，你竟然把那只股票放空，你肯定是个疯子，彻头彻脑的疯子。为何要放空，你难道就没有什么理由吗？"

我回答说："我只清楚一点，我想把这只股票放空，但是的确不知道为何会有这样的想法。"我想放空这只股票的念头十分强烈，因此，我又将 1000 股卖掉。

我这种做法对自己的朋友非常残忍。他将我的手抓住，对我说："你必须跟我一起离开这儿，否则你会把所有股票都放空的。"

我已经放空足够多的股票，情绪足以安定下来，于是，我没有等待 2000 股的交易回执，便随他离开那里。就算有充足的理由，把这么多股票放空对我而言也已经足够。市场非常火爆，什么消息都没听到，也没有发现任何可以翻空[1]的理由，把这么多股票放空确实很过分。我想起自己曾经多次有这种放空股票的冲动，但是却没有这样做，最后总是后悔。

我把这些事情告知自己的朋友，有些朋友对我说，这叫下意识，内心的感受让我这样做，而不是什么第六感。艺术家做一些事情，却不知道做这些事情的原因，就是因为这种内心的感受。也许，许多微妙的因素累加在一起，才让我产生这样的感觉。单从某一个因素来看，任何意义都没有，把他们累加起来却力量巨大。我的逆向心理也许是被朋友缺乏理智的看多心态激发出来的，大家把联合太平洋铁路的股票宣扬得非常好，所以我选择放空这只股票。为何会产生第六感？我无法告诉你，只清楚一点：股票价格上涨时，我从哈丁公司在大西洋城的分公司走出，将联合太平洋铁路的3000股放空，心中却没有为此产生一丝忧虑。

最后的2000股将以什么价格卖出？对此，我非常好奇。吃过午饭，我们走进公司，大盘形势十分火爆，联合太平洋铁路的股票价格变得更高。

你能发现，我的朋友非常庆幸自己没有卖出任何股票。他对我说："这下你要倒霉了。"

第二天，股票价格又上涨一些，我只听到朋友说的一些风凉话，别的什么都没有。不过，我坚信放空联合太平洋铁路的做法没什么不对。我坚信自己是正确的，没有任何焦虑感，只是不知道为何会这样。当天下午，联合太平洋铁路的股票价格停止上涨，这只股票在收盘前开始下跌，不久后就下跌到比我那3000股平均成交价低1点。我更加坚信自己的做法很正确，这种感觉促使我放空更多股票。我赶在收盘之前又将2000股放空。

就这样，我依据自己的第六感，将联合太平洋铁路的5000股股票放空。在哈丁公司分公司，我的保证金有限，只能放空这些股票。度假时，放空这么多股票对我而言不是一个小数目，于是，我取消自己的假期，于当天晚上返回纽约。有没有什么事情将要发生？谁都不知道，我觉得自己应该

---

[1] 翻空：原来是多头的投资人，看坏行情，不但把多头的股票卖掉，而且还借股票放空。——译者注

去现场看看，以便在必要时及时采取措施。

第二天，旧金山发生大地震的消息传来。这是一场大灾，令人畏惧。股市开盘时，价格只下跌几点。多头市场的力量显现出来，传来消息时，大家不会独立做出反应。看吧！任何时候都能看到这种现象。比如，在多头的基础非常健全时，不管是否如报纸上刊登的那样有多头炒作现象，一些消息产生的效果常常比华尔街偏空[1]时产生的效果弱。这一切的决定性因素是当时的人气。在这个事例中，大家都不想推测灾难有多严重，所以华尔街股市并没有任何反应。当天结束之前，股市出现反弹现象。

发生灾难时，我的股票还没有下跌，因为我已经将5000股放空。我的第六感的确非常棒，不过并没有为我的银行账户增加存款，甚至没有增加账面盈利。我将联合太平洋铁路的股票放空时，和我同在大西洋城的朋友非常高兴，也非常遗憾。

他对我说："哥们儿，第六感确实很重要，不过，人气和资金都偏向多头一方，他们肯定是最后的赢家，与他们对抗有什么好处？"

我告诉他说："等等看吧！它们需要时间。"我说的是股票价格。我很清楚，这次损失非常大，联合太平洋铁路公司受到的损害肯定最重，所以我不可能回补。华尔街非常盲目，我看到这种情况很生气。

他以肯定的口吻对我说："等等看？它们有了时间，你的皮和熊皮将毫无区别，都会被太阳晒干。"

我问他："你计划做些什么？南太平洋和别的铁路公司蒙受千百万美元的损失，单凭这个就要买进联合太平洋铁路的股票吗？等他们偿还所有损失，还有什么能力发红利？你也许会说，大家把这个问题想得过严重了。不过，这不能算作理由，你不能买进这只铁路股票，就因为它已经受到很大的损失。难道不是吗？"

我的朋友说："你说得没错，不过我要告诉你，市场和你说的不一样。

---

[1] 偏空：导致股票价格下跌的因素偏多，许多人看空。——译者注

大盘什么时候撒过谎？"

我说："大盘的确不撒谎，但是并非立即就显示出来。"

"我要告诉你，黑色星期五即将到来前，有人曾经和吉姆·菲斯克（Jim Fisk）聊天，列举出10条合理的理由，声称黄金的价格将下跌。他的话使自己更有信心，最终对菲斯克说，他计划将几百万美元的黄金卖出。吉姆·菲斯克看了他一眼，说：'卖吧！把它们都放空吧！我将去参加你的葬礼。'"

我说："没错，假如那个人把黄金放空，肯定可以赚很多钱。我建议你也将一部分联合太平洋铁路的股票放空。"

"我不这样做，我赚钱是靠不跟风，不随大流。"

第二天，传来更翔实的报道，股票价格开始下跌，此时，下跌还没达到应有的幅度。我明白，股票马上要大幅度下跌，太阳下的任何东西都无力阻挡，因此，我又将5000股放空。此时，很多人都对形势有了清晰的认识，我的交易员非常乐于提供帮助。这并非因为他们莽撞，也不是因为我莽撞，我对大盘做出这样的推断合情合理。一天后，股票价格正式下跌，造成很大震荡。我只能全力以赴，希望比较幸运，于是加码一倍，将1万股放空。除此之外，我不知道还能做些什么。

我只觉得自己做了一个非常正确的决定，觉得这是上天赐予的大好时机，并没有考虑别的因素。重要的是如何把握机会，于是，我将更多股票放空。我知道，把这么多股票放空，不需要太强的反弹，就可以把账面盈利洗干净，甚至把所有本金洗干净。如今，我已经不记得自己是否想过这件事情，不过，就算想过，也不会改变当时的行为。其实，我的操作非常保守，而非毫无理智地豪赌。大地震已经发生，任何人都无能为力。想要恢复倒塌的建筑物，任何人都不可能分文不用，在一夜之间做到这一点。在接下来的几个小时内，把世界上的所有钞票都运来也无济于事。难道不是这样吗？

我并非在鲁莽地赌博,既不是死空头[1],也没有被胜利冲昏头脑,更不会觉得因为旧金山的大多数地区已经从地图上消失,国家便要沦为一片废墟。我绝没有这样想过,也不认为将发生恐慌。第二天,我就采取全部回补的措施,从中赢得 25 万美元。截止到当时,这是我几天内赚得最多的一笔钱。这场大地震在前两天并没有引起华尔街的注意,他们宣称这是由于第一批电报没有引起大家的恐惧,但是我觉得是由于他们要改变大家对股票市场的看法,需要耗费很长一段时间。即便是那些专业的交易者,多数时间都表现得迟钝、目光短浅。

我无力给你一个科学的解释,也不能随便给你一个解释,只能对你说我是怎么做的,这样做的原因,以及这样做的后果。我关心第六感中的奥秘,更关心因为第六感而赢得的 25 万美元。它意味着遇到合适的机会时,我能交易的股票量比以前多出很多。

那年夏天,我到萨拉托加温泉度假,股票市场又引起我的关注。我没有劳累到对市场漠不关心的程度。在那儿,我熟知的每一个人都曾经频繁地交易,或正在进行频繁的交易。股市自然成为我们经常谈论的话题。这群人中的一些人会让你觉得他们是胆量很大的工作人员,就算与脾气急躁的老板交谈也吆五喝六的。你的确会有这种感觉,不过,他们口头上如此。

在萨拉托加,哈丁兄弟公司开设了分公司。这儿有很多他们的客户。把公司设立在旅游胜地能带来非常高的广告效应,所以我觉得广告价值才是真正的原因。我常常去这家公司,和很多人在一块坐着。经理来自纽约总公司,是一个非常好的人,他到这儿来是为了向朋友和陌生人提供热情的帮助,如果可以,顺便联系一些业务。在这个地方,各种各样的明牌到处都是,有赛马和股市的,也有跑堂的。这家公司很清楚,我不听信任何明牌,因此,经理并没有走到我身边,在我耳边低语他刚才从纽约总公司得到什么消息。他只是递给我一份电报,告诉我说"这份电报是他们刚才

---

[1] 死空头:总觉得股市行情不好,就算股市行情好,股票价格不断攀升,依然不敢买进的投资人。——译者注

发过来的"，或者说一些类似的话。

我把观察报价板，以及研究、判断各种现象当成一种程序，所以市场肯定会引起我的关注。联合太平洋铁路算得上是我的好伙计，我发现它呈现一种即将上涨的趋势。虽然价格非常高，不过似乎仍有人在买进这只股票。我已经连续关注这只股票许多天，只是始终没有交易。我对这只股票观察得越细致，越发现有人在买进，这是一个大人物，他有大量资金，也深谙操作方法。我觉得他的买进手法非常高明。

断定这一点之后，我就开始以160美元左右的价格买进。这只股票的形势依然很好，因此，我接着以每次500股的额度买进。这只股票的形势随着我的买进变得更好，但是并没有急速上涨，这令我感到非常踏实。我发现，这只股票必然有一个大的涨幅，盘面显示它肯定会有这样的表现。

经理和纽约有直通线路，他突然来找我，说纽约向他们发来一个消息，问他们我是否在公司，他们回复说在。纽约方面又发来一封电报："把他留下，对他说，哈丁先生希望和他聊聊。"

我承诺会等着他，接着又买进500股联合太平洋铁路的股票。哈丁先生希望和我聊些什么？我猜不出，只觉得他肯定不聊生意上的事情。我的保证金很充足，远高于买进时需要的保证金额度。经理一会儿就来到，他对我说，哈丁先生（Ed. Harding）希望和我在长途电话中聊，已经在等我。

我说："你好，艾德。"

他对我说："你一定疯了吧！究竟在玩什么花招？"

我说："你是否也疯了？"

他问我说："你要做什么？"

"你在说什么？"

"那只股票你怎么买这么多？"

"难道我的保证金不足以支付？"

"和保证金无关，是希望你不要做一个大傻子。"

"我不知道你说这话是什么意思。"

"你为什么买进这么多联合太平洋铁路的股票？"

我说："因为它在上涨。"

"上涨什么啊！你在他们那儿肯定是最受关注的人。你知道吗？内部人员正在倒货给你。千万别上了他们的当，这样做远不如在赌马中输钱。"

我对他说："谁都没有骗我，我没和任何人聊过这只股票。"

他驳回我的话，说："现在还有出货[1]的机会，你要抓住，不要奢望每次交易这只股票时都能遇到奇迹。这些黑心的家伙正在成吨地倒货给你，用这么高的价位做多这只股票，简直是一种罪孽。"

我坚定地说："大盘的形势告诉我，他们正在买进。"

"我求你了，拉利，尽快撤出，立即卖掉所有股票，不要变成一个傻子。看到你买进的单子时，我的心脏病都快发作了。这只股票有崩溃的危险，随时都有可能。我已经尽到自己的责任，拜拜！"他把电话挂断。

哈丁非常聪明，他的消息特别灵通，心肠特别好，是个真正的朋友，不偏向任何一方。还有一点更重要，他可以凭借自身的地位探听到许多消息。经过对股票形势的多年研究和一些微妙的迹象，总结往日的经验，我得知联合太平洋铁路的股票必将大幅度上扬，所以我才买进这只股票。我并不清楚自己发现什么变化，不过，我可以肯定一点：一定有一个手段高明的内部炒作集团在搞鬼，他们让大盘形势呈现一种虚假现象，所以我才觉得有人在买进股票。也许是因为哈丁歇斯底里的大喊，制止我犯下一个已经被他断定的致命错误，我才动摇。不需要怀疑他的才智，也不需要怀疑他的动机。我决定听从他的建议，但是我无法告诉你为何做出这个决定。

我将联合太平洋铁路的所有股票抛售一空。假如做多缺乏理智，那么不放空也一样缺乏理智，因此，我将所有做多的股票卖出，之后又将4000股放空，大部分是以162美元的价格卖出。

第二天，联合太平洋公司董事宣布配股[2]一成。刚开始，华尔街上的

---

[1] 出货：在价格较高时，偷偷卖出。——译者注
[2] 配股：指上市公司向原股东发行新股、筹集资金的举措。——译者注

所有人都怀疑这个消息的真实性。这类似于无路可走的赌徒孤注一掷的举措。每一家报纸都在批评董事。华尔街上的每一位专家都在摇摆不定,此时,市场突然变得火爆。成交量高到令人震惊的地步,联合太平洋铁路遥遥领先,创出最高的价格。仅在1小时内,一些业内交易员就赚了很多钱。我记得有一个反应迟钝的专家,因为犯错赚了35万美元。他一周后将席位售出,又在一月后成为农场主。

配股一成的事情从没有出现过,听到这个消息时,我已经意识到自己有多倒霉,这都是因为我听信小道消息,不听信自己的经验。那位朋友是一个大公无私的人,常常能清晰地认识自己的行动,他的怀疑使我产生了动摇。

联合太平洋铁路的股票创下新高,看到这一点之后,我告诉自己:"我真不该把这只股票放空。"

我的所有资金都以保证金的形式压在哈丁公司。得知这件事情之后,我没有高兴,也没有变得固执。显而易见,我的看盘能力非常正确,但是我非常笨,竟然听信哈丁的话,思想上动摇了。指责他们只能浪费宝贵的时间,没有任何价值,损失已经造成,后悔没什么用处。因此,我下单子回补空头头寸。我以大约165美元的市价买进4000股联合太平洋铁路的股票,这个价格使我赔3点。哈丁公司的交易员帮我完成回补之后,我以172美元和174美元的价格买进一些股票。拿到交易回执我才发现,受哈丁热心劝阻的影响,我损失了4万美元。这种代价对没有胆量坚定自己信念的人而言已经非常低,算是花很少钱买了一个很大的教训。

大盘显示,有人买进的价格更高,所以我并不忧虑。这种波动现象非常少见,董事们从来没有采取过这种措施,这一次,我准备做自己该做的事情。我下了首单,回补4000股空头头寸,那时,我已经下定决心,要依据大盘显示的情况追求利润,事实上也确实是这样做的。我将4000股股票买进,到第二天早上又把它们卖出,既弥补了原先损失的4万美元,又赚了大概1.5万美元。假如哈丁没有为我节约资金,我肯定能赚更多钱。

他给我很大的帮助，我坚信自己从这次事件中得到了教训，学到一个交易者必须要学会的东西。

　　我的意思是，学会了遵循自己的想法，而不是不听信明牌。也就是说，我开始变得自信，可以告别往日的交易方法。在萨拉托加，这次是我最后一次依据兴趣和运气操作。从那时开始，我就不再研究个别股票，而是开始研究基本形势。我竭尽全力使自己在观念的投机学校中上升到更高的年级，这非常艰难，也十分漫长。

第七章

股票永远不会高到让你无力买进，也永远不会低到让你无法卖出

假如有人希望知道我是看多，还是看空，我将毫不犹豫地告诉他。但是有人问我是买进，还是卖出某个股票时，我绝不开口。空头市场中的每一只股票都将下跌，多头市场中的每一只股票都将上涨。我说的是平常的情况，而不是战争造成的空头市场，军火股不会出现上涨现象。大家往往希望别人告诉他应该买进或卖出某一只股票，而不是告诉他是多头市场或空头市场。他们是一些不想工作和思考的人，只想不劳而获，甚至不愿意计算从地上捡了多少钱。

我不会这么懒惰，不过我发现，相比研究大盘，研究某一只股票更简单一些。我一定要改变，事实上也做到了。

股票交易有哪些重要因素，也许大家很难弄明白。我常说，应该在股票上涨时买进，这是买进股票最稳妥的方式。以很低的价格买进，或以很高的价格卖出，并不是最重要的，买进或卖出时把握时机才是最重要的。我因为看空而把股票卖出时，肯定是比上一次更低的价格，买进时的情况却截然相反。我一定是逐渐向上买进，交易股票做多时也是向上买进，而不是卖出。

我举个例子，如果我此时正在买进一只股票，它的价格是110美元，我首先买进2000股。假如股票价格在我买进后上涨到111美元，我的股

票价格也就上涨了1点，因此获得利润，这最起码证明我的交易暂时没有问题。我的交易没有问题将促使我进场第二次买进2000股，等价格再次上涨后，我将第三次买进2000股。如果价格上涨到114美元，我会觉得自己的购买量已经充足。如今，我拥有足够的股票进行交易。我以平均$111\frac{3}{4}$美元的价格做多6000股，如今这只股票的外盘[1]售价为114美元，此时我已经停止买进。我觉得，它已经涨了一定的幅度，价格肯定要下跌，因此，我首先要观望一下，看一下回档之后市场将有什么样的表现。也许，价格将跌落到我第三次买进时的价格。如果涨了一个幅度之后，股票价格跌落到$112\frac{1}{4}$美元，又出现反弹现象，我就要在反弹价格达到$113\frac{3}{4}$美元时，下单以市场价格买进4000股。假如用$113\frac{3}{4}$美元能买到这4000股，就可以断定市场出了问题，于是，我下一张卖出1000股的单子做个试验，观察一下市场如何消化它。市场价格是$113\frac{3}{4}$美元时，假如我挂进[2]4000股，以114美元的价格买进2000股，$114\frac{1}{2}$美元的价格买进500股，其他股票价格始终呈现上涨趋势，我最终以$115\frac{1}{2}$美元的价格买进500股，此时，我已经意识到自己的判断是正确的。挂进这4000股的情况让我意识到，在一定的时间买进一定量的某只股票的做法很对。交易时，我已经对大盘走势进行研究，发现走势很好。我始终不奢望以非常低的价格或非常简单的方式买进股票。

我还能想起曾经听过一个故事，是关于"老怀特"（Deacom S.V.White）的，当时，他称得上是华尔街上最大的作手之一。他是一位非常善良的老人，在市场的熏陶下，变得睿智、勇敢。我听到的故事中说，在顶峰时期，他的一些交易手法非常高明。

这个故事发生在早年，那时，美国制糖公司的股票常常很火爆，作为公司总裁，哈弗梅耶（H.O.Havemeyer）的声势非常大。与老前辈聊天时，

---

[1] 外盘：外盘是以卖方卖出价成交的交易。——译者注
[2] 挂进：挂进是挂单买进的简称，是以低于现价、卖出价的价格委托买进，用在不急于成交、控制成本的情况。——译者注

我发现哈弗梅耶（H. O. havemeyer）和他的那些伙计们拥有的财产和智慧多到令人震惊的地步，能保证他们非常顺利地炒作自己的股票。他们向我透露，哈弗梅耶在那只股票上多次教训小交易员，其次数甚至超过别的内线人员在其他股票上教训交易员的次数。所以这些内线人员炒作时，场内交易员帮助他们的可能性很小，阻碍他们的可能性却很大。

一天，有一个人冲到办公室，他与"老怀特"相识，非常高兴地说："'老怀特'，假如我得到好消息，将立即对你说，请向我承诺，假如这个消息对你有用，你要帮我买进几百股。"他稍作停顿，等"老怀特"给出肯定的答复。

"老怀特"的样子像是在深沉地思考，那是他惯常的模样，他说："不知道我是否已经对你说过，我非常乐意拿钱购买对我有好处的信息。"

"好，我已经把信息带来。"

"老怀特"非常客气地说"很好"。那位传达消息的人勇敢地说："那就好，'老怀特'先生。"他靠近"老怀特"，"此时，哈弗梅耶在买进美国制糖公司的股票。"他的声音很低，其他人根本无法听到。

"老怀特"非常平静，问他："你确定？"

听了这个回答后，那个传递消息的人有些着急，他严肃地说："先生，我确定，他在尽自己最大的能力买进。"

"老怀特"又问道："你真的确定吗，老哥？"

"'老怀特'，我真的已经确定，那个内线炒作集团正在尽最大能力买进。这件事情关系到关税，美国制糖公司的普通股将要比特别股的价格还要高，一定可以赚大钱，至少可以赚 30 点。"

"老怀特"看盘时要戴着一副老式的银框眼镜，他透过这副眼镜认真地看着那人，问："这是你的真实想法吗？"

"这是我的真实想法吗？当然不是，我根本不用去想，我已经断定会是这样。'老怀特'，假如此时哈弗梅耶和他的伙计们买进美国制糖，他们一定会盈利 40 点，否则绝不罢手。在他们还没来得及买进足够的股票之前,市场也许就会火爆起来,到时我绝对不会震惊。相比一个月之前,经纪商手中的筹码已经减少。"

"老怀特"漫不经心地随声附和道:"他在做什么啊?买进美国制糖吗?"

"那不是买进,而是迅速扫货[1],甚至不考虑价格。"

"老怀特"只说了一句话:"真是这样?"

就这一句话,足以让那个传递消息的人愤怒,他说:"先生,真是这样,我已经断定这是一个好消息。"

"你确定?"

"确定,你会用这个消息吗?它应该非常有价值。"

"我会用的。"

那个传递消息的人有些怀疑,他问道:"什么时候用?"

"老怀特"说:"现在就用。"然后大喊,"法兰克!"当时法兰克正在隔壁的房间中,他是"老怀特"最有智慧的一名交易员。

法兰克回应道:"先生,来啦!"

"你去交易大厅,将美国制糖的股票卖出1万股。"

传递消息的人大喊:"卖出?"他的声音很凄惨,连慌慌张张往外走的法兰克听到后都停下来。

"老怀特"亲切地说:"没错。"

"我怎么对你说的?哈弗梅耶是在买进!"

"老怀特"非常平静地说:"老哥,我知道,你确实是这么说的。"他转头对交易员说,"法兰克,加快速度!"

法兰克急匆匆地赶去下单,那个传递消息的人涨红了脸。

他非常气愤,说:"我把你当成我的朋友,觉得你是一个正直、没有私心的人,所以才到这里给你传递消息,那是我知道的最好的消息。我希

---

[1] 扫货:指大量购买。——译者注

望你行动时参考这个消息。"

"老怀特"打断他的话，平静地说："我已经采取行动。"

"但是我已经告诉你，哈弗梅耶和他的伙计们在买进。"

"是的，我已经听到。"

那个传递消息的人急得大叫："买进！我是怎么告诉你的？是买进！"

"老怀特"在报价机器附近站着，看着报价单，安慰他说："没错，买进，我明白你的意思是买进。"

"那你为何要卖出？"

"老怀特"点了点头说："没错，我要卖出1万股。"

"老怀特"什么话都不再说，一心一意地观察报价单。传递消息的那个人走到他身边，想知道这个多疑的老头究竟在看什么。他站在"老怀特"背后，看到一名工作人员手拿一张单子走过来，很明显，那是法兰克送来的交易回执单。"老怀特"只看了一下。看到报价单，他已经发现自己委托单的交易情况。

之后，他对自己的工作人员说："向他传达，继续卖出美国制糖的股票，1万股！"

"'老怀特'，我向你承诺，他们的确是在买进这只股票。"

"老怀特"十分平静，他问道："哈弗梅耶先生亲口对你说的吗？"

"他不肯告诉别人任何事情，怎么会告诉我呢？他甚至不愿意帮助自己最好的朋友赚一分钱。不过，我肯定这个消息是真的。"

"老怀特"正在观察报价单，他将一只手举起，说："别激动啊，伙计！"

传递消息的那个人很气愤，他说："假如我知道你做的事情和我的建议截然相反，我肯定不会浪费咱们俩的时间。不过，你要付出惨痛的代价回补这只股票时，我也不会幸灾乐祸的，反而为你感到遗憾，'老怀特'，我打算去其他地方，按照我的消息采取行动，希望你别介意。"

"我采取的行动就是根据这个消息。我觉得，我对市场还是了解一点的，也许不如你和你的朋友哈弗梅耶了解得透彻，不过毕竟还是了解一点。

我应该更聪明地利用你传达的消息，经验告诉我应该这样做。像我一样在华尔街混这么长时间的任何人为我感到遗憾，我都十分感激。伙计，别那么紧张。"

那个人特别敬佩"老怀特"的推断和勇气，所以只是盯着他看。

工作人员不久后走来，向"老怀特"递交了一张交易回执单，"老怀特"看过之后说："让他买进 3 万股美国制糖的股票，现在就去，买进 3 万股。"

工作人员迅速离开，传递消息的那个人盯着头发灰白的老滑头"老怀特"，准备埋怨他。

"老怀特"温和地说："伙计，我很相信你告诉我的话，甚至把它当成你亲眼看见的。就算那话是哈弗梅耶本人对你说的，我依然要这样做。只有运用我刚才使用的那一种方法，才能鉴定是否有人如你所言——像哈弗梅耶和他的伙计们用的那种方法买进股票。第一次很容易就卖出 1 万股，还算不上得出确切的结论，但是第二次又很容易就卖出 1 万股，而且价格还更高，这 2 万股被人买进，表明的确有人愿意买进所有流通的股票。此时，买入者是谁已经不是特别重要的事情。因此，我回补我的空头头寸，甚至做多 1 万股，这表明你带来的消息非常好。"

传递消息的那个人问："有多好？"

"老怀特"说："我们公司将给你 500 股，就按照买入这 1 万股的平均价格。伙计，下次别那么紧张，再见！"

那个传递消息的人说："'老怀特'，我高看了自己的能力，你把自己的股票卖出时，能否顺带把我的也卖出？"

就是这么简单的道理，所以我始终没有用很低的价格买进股票。买进时，我始终都在想办法采取有效的方法，以改进我的操作方向。很明显，有人想买进这些股票时，它们才能卖出去。

假如你交易的数额非常庞大，请务必牢记上面这些话。一个人对所有形势进行研究，做交易计划时小心翼翼，并遵循计划进行交易，他交易的股票额度非常大，还在账面上积累大量利润，那么不能轻易卖出。市场买进5万股不像买进100股那么简单,你不能奢望如此。想要卖出,一定要等到市场愿意买进。机会肯定会出现,到那时,将等到需要的买盘[1]。一定要等待时机,在这种机会出现时将其抓住。不能在想要卖出的时候就卖出,而是要等到适合卖出的时候再卖出。只有观察和尝试,才能把握时机。弄明白市场是否可以消化掉你卖出的股票,有十足的把握才能采取行动,全部买进或卖出的行为都是非常愚蠢的。不要忘记,股票的价格永远不会高到让你无力买进,也永远不会低到让你无法卖出。进行第一笔交易之后,一定要等到确实赢了钱,再继续进行第二笔交易。要运用你的解盘能力等待和观察,判断什么时候开始最合适。时机是否合适,直接关系到能否取得成功,许多事情都是如此。我用很多年,耗费几十万美元,才弄明白这一点有多重要。

尽管加码能比不加码赚到更多的钱,我却不赞成连续加码。例如,如果一个人只能买进500股,我不建议他一次性全部买进,投机者不应该做出这样的举措。假如他的目的是赌博,我只能建议他不要赌。

如果他第一次买进100股,随即就发现自己赔钱了,难道还应该继续买进更多股票吗?他应该立即发现自己的错误,最起码要明白短期内确实错了。

---

[1] 买盘:以比市场价格高的价格买入。——译者注

第八章

在多头市场中看多，在空头市场中看空

萨拉托加于 1906 年夏天发生联合太平洋铁路交易的事件，从此之后，我更加怀疑内幕消息的真实性，也可以说，无论别人的态度多么友好，个人能力多么强，我都不相信他们的建议、推断和怀疑。这不是我的虚荣心在作祟，而是各种事情都已经表明，我的看盘能力比周围的很多人都更准确。相比哈丁公司的普通顾客，我更能彻底摆脱投机偏见。我不再像以前那样认为放空比做多更有利，反过来也是这样。我只坚持一点，那就是决不能出现错误。

还是个孩子的时候，我就常常通过研究事实得出自己的结论。我只能用这种方法。从别人建议我看的那些事实中，我得不到任何结论。不知道你是否明白，总之那些并非我自己的事实。你要知道，一旦我相信了一些事情，那就是彻底相信了。我看好大盘形势，所以才做多股票。我不会让自己的持股和先入之见取代我的思考。就是因为这个原因，我才常常说，我永远不和大盘争论。假如市场上突然出现一种和你作对的现象，即便很是无理，你就与市场置气，无异于得了肺病却归咎于自己的肺。

我在慢慢进步，已经彻底意识到，看盘只是股票投机的一个部分，除此之外，还有许多别的因素。这种观点无疑让我断定，最重要的是促成你交易的市场具有什么样的性质，其他所有事情都比不上这一点。我逐渐明白，只有在大震荡中，才有赚大钱的机会。引发大震荡的因素很多，但事

实表明，内线集团的炒作和金融家的技巧并非是维持大震荡的原因，基本形势才是。无论谁想阻止它，在背后力量的推动下，大震荡将迅速被推动到最后。

自从发生萨利托加事件之后，我的认识更加成熟，也可以说是看得更清晰：潮流促使整个股市震荡，因此，某个操作方法或某只股票的研究工作不再如往日想的那样重要。思考时站在震荡的角度，就不会限制交易，一个人就可以交易整个股市里的股票。一些股票的卖出数量比总股数的某一个比率高时，继续持有空头头寸就非常危险，股票的持有者、持有方式和股票的所在地，共同决定这个比率是多少。假如持有足够的资金，就算将持有的股票卖出100万股，依然不会遭遇轧空的危险。早些年，空头可以帮助内线人士赚许多钱。他们充分利用人们对垄断和轧空的恐惧心理，从中赚取了丰厚的利润。

在多头市场中看多和在空头市场中看空明显是最应该做的事情。你一定觉得这话非常可笑，但是我一定要对这个原则进行透彻的理解，才能推断实际执行这个原则是否具有可行性。交易时要学会以这个原则为前提，明白这个道理耗费了我很长时间。我一定要提醒你，这样才算对自己公平，要知道当时我的资金还不充足，投机时无法运用那种方式。大震荡意味着赚很多钱，假如你的交易额度非常大，希望做大笔操作，就要把一大笔本金存在经纪商的账号上。

我日常的生活费用常常要从股市中赢得，至少我是这样认为的。由于这个原因，我无法加大资金投入，随着股市震荡进行交易。通过这个方法，可以取得很高的利润，不过耗费的时间相对较长，交易成本立即变得高昂。

我变得更加自信，给经纪商留下的印象也不再是偶然会走运的"少年赌客"。他们从我身上得到许多手续费，如今，我也许会变成他们的明星客户，这种价值比我实际的交易额多出很多。所有经纪商都把赚钱的客户当作自己的资产。

对大盘走势的研究无法再令我满足，从那时开始，我的关注点不再只是个别股票的起伏,而是从各不相同的角度对这种游戏进行研究。我的研究工作开始转向重要的原则,而不是报价;开始转向基本形势,而不是价格波动。

我长期研究每日的信息。每一个交易者都采取这种做法。这些信息大多是谣言,其中一些信息是为了误导别人,一些信息是作者的个人见解。有名的评论周刊对基本形势的评价也无法令我满意。财经记者的意见往往也与我不同,他们觉得从事实中总结经验是一件无足轻重的事情,但是我觉得这件事情至关重要。在时间方面,我们的推断方向存在很大不同,我觉得,与其对过去的一周进行分析,不如对今后的一周进行推测,因为它更重要。

我这些年一直很倒霉,一直被一些东西困扰,如缺乏经验、年轻以及缺乏资金。如今,我非常高兴,这是一种把惊天的秘密揭开之后的感觉。我对这种游戏有了新的认识,它解释了我为何一直无法实现在纽约赚大钱的梦想。现在,我的资产、经验和自信都非常充足,我急切地希望试一试这把新钥匙,却忽略了门上的另一把锁,也就是时间。这种大意非常自然,我要像往常一样交纳学费,每进步一点儿,都必须以交纳一些学费为代价。

我研究 1906 年的情况时,发现未来的资金遍布危机。因为世界上大部分真实的财产已经被破坏。早晚有一天,所有人都将意识到压力,所以谁都无法向他人提供帮助。出现这种艰难的生活,不是因为要拿标价 1 万美元的房子换取一车厢标价 8000 美元的赛马,而是因为大火已经彻底把房子烧掉,铁路上发生的车祸导致大部分赛马丧命。实用的现金在炮火中化成灰烬,千百万美元被提供给南非那些没有生产力的士兵,这意味着英国投资者不会像以前一样支援我们。制造商、农民、商人,以及工人和大富豪,所有人都受到旧金山大地震、大火和其他灾难的冲击,给铁路造成极大的损失。在我看来,任何事情都无法阻止崩盘。到了这种地步,只能将所有股票放空。

我曾经对你说过,交易方向还没有决定之前,我已经意识到刚开始的交易常常能赚钱。如今,我准备大量放空。真正的空头市场必然会出现,我坚信自己可以赚一笔大钱,它将是我投入股市之后赚得最多的一次。

市场稍微下跌之后,又逐渐稳步回升。我的账面不再有盈利,赔的钱更多了。一天,突然出现一种情况,似乎所有空头都无法存活,可以好好讲一下空头市场的故事了。痛苦让我无力继续忍受,于是,我开始回补空仓。幸亏这样做,否则我的资金甚至不足以购买一张明信片。我的皮衣大部分都已经丧失,幸运的是,最终存活下来,所以还有机会再战。

我犯下错误,不过,究竟在哪儿出错?我在空头市场中对后市不看好,将股票放空,这些都是非常正确、明智的做法。放空的速度过快让我付出惨痛的代价。我的头寸没错,操作却出现差错。市场越来越向无力阻挡的崩盘靠近。因此,我等待反弹丧失力量停下时,在手中锐减的保证金允许的范围内全力放空。这一次,我的选择很正确,但是只有一天的期限,第二天,新一波的反弹出现,我再次遭受很大损失。我研究大盘的形势,回补空仓继续等待。遇到合适的时机时,我又一次放空,这一次,股票价格开始下跌,然后又出现奇怪的反弹现象。

市场似乎在全力逼迫我继续回到证券公司,做那种简单的交易。我这次的操作属于首次利用最新的计划,并非仅观察一两种股票,而是对整个市场的形势进行研究。我觉得,只要坚持不懈,必然取得胜利。我曾经告诉过你,我应该在市场下跌时逐渐将空头头寸放空,不过,当时还没有做出一步步加码的系统。如此一来,我的保证金就不会受到太大损害。你能发现,我注意到一些事实,但是还不知道如何把这些事实协调好。观察不够全面只给我带来阻碍,却没有给我提供帮助。

我多次意识到,研究自己的错误后,我获得利益。最终,我发现不在空头市场中失去自己的头寸非常重要。应该时刻研究大盘形势,判断什么时候适合操作。假如你在最初阶段就正确,就不会严重损害到自己获利的头寸,继续坚持也将变得非常容易。

如今我更加坚信自己的观察非常准确,希望和爱好已经丝毫无法影响我的观察。我可以用很多自己的工具对看到的事实进行验证,通过各种方法验证我的观点是正确,还是错误。1906年接二连三的反弹对我的保证金造成极大的损害。

我将要27岁,已经做了12年的交易。危机即将来临,我首次凭着这种危机进行交易时,就意识到自己一直在用望远镜。自从首次看到预示着暴风雨即将到来的黑云,一直到凭借大崩盘获得利益,其间历经的时间比我想的长得多,我甚至开始怀疑自认为看得很清楚的东西是否真的存在。我们收到很多警告,利率短时间内迅速飞升,但是还有一些金融巨子谈论时非常乐观,最起码他们对新闻记者是这样说的。股票价格反弹的现象随后出现,这意味着末日预言不可信。我不看好后期市场是一种基本性错误,也许,这只是一种持续时间很短的错误,放空的时间开始得太早了吗?

我已经肯定,开始的时间太早了,不过我也做不了主。市场下跌的现象紧随而至,我的机遇到了。我竭尽全力放空,股票随后却反弹到一个非常高的价位。

我的资金被全部洗光。

就这样,我的判断很对,却遭遇破产。

你要知道,这件事情非常令人震惊。当时的情况是:我发现前方有一大堆钞票,上面插着一个牌子,上面写着很大的字:请随便拿。有一个车斗停在钞票堆附近,车斗两边写着"利维斯顿运输公司"几个大字。我手中拎着一把崭新的铁锹,没看到任何人,也可以说,没人与我抢着挖金矿,比别人更早看到钱堆就这点好处。当时,其他人关注的是棒球赛、汽车以及房产等,如果他们转换角度,也许能看见这些钱。付款时,要使用我看见的那些钞票。我首次看到这么多钱在眼前,于是,我飞快地扑过去。可是还没来到这堆钱旁边,对我不利的形势已经出现,我扑倒在地。那堆钱还在原地,但是我的铁锹和那个货车都已经消失。竭力一扑的时间过早,最后不得不付出惨痛的代价。

我迫切想要证明给自己看:我看到的钞票绝非梦幻泡影,而是真实存在的。我意识到自己发现了钞票，幻想自己的先见之明带来的利益，便不顾我和这堆钱的距离还有多远。我不应该着急扑上去，而应该慢慢走过去。

就是这种情况。我应该凭借自己的看盘能力，暂停行动，推断是否达到全力放空的时机，但是我没有这样做，表现得太过急迫。就是因为这个经历，我才明白：在空头市场上，就算你在最初阶段已经对后来的市场不看好，并且你的判断非常准确，也要等待一段时间，断定不会遭到发动机回火[1]的威胁之后，再开始大量放空。

我这些年始终坚持在哈丁公司交易，交易额度多达几千、几万股，因此赢得他们的信任，彼此保持友善的往来。在我看来，他们肯定觉得我短时间内又能做出准确的推断。他们很清楚，我操作时习惯全力以赴，只要抓住重新开始的机会，就会迅速恢复，挽回曾经遭受的损失。我的交易让他们赚了许多钱，还会继续让他们赚更多钱，因此，我的信用度居高不下，依然可以在那儿交易。

我遭遇连续打击，自信心因此受挫，也变得更加细心。我已经意识到，其实，我与大崩盘的距离更近了。大赌到来之前，我只能等候并保持警惕，这不是亡羊补牢，有十足的把握才能做下一次尝试。不犯错误的人能在1个月之内将整个世界占为己有。犯错的人应该吸取教训，否则不可能得到有价值的东西。

在一个晴朗的早上赶到市区，我坚信自信又回来了。我发现，每一家报纸的金融版上都刊登着一则广告，这则广告是一个非常清晰的标志，在大赌没有到来之前，我曾经无头无脑地等待的就是这个东西。这是一个通知，说太平洋北方和大北方两条铁路将发行新股票。买进这种股票要用分期付款的方式，这是为股东提供方便。在华尔街，这还是一种新奇的方式，我从这一点想到，即将到来的比厄运更为严峻。

---

[1] 回火：发动机做功后，废气应由排气管排出，但有的故障会使废气倒灌回发动机，叫作"回火"。——译者注

多年来，大北方特别股有一个非常可靠的利多[1]消息，宣称将再次切开一个含权[2]的甜瓜，比较走运的股东有机会以票面价格买进大北方铁路发行的新股。市场价格常常比票面价格高得多，所以这是一项非常有价值的权利。此时的货币市场特别吃紧，就算是这个国家中势力最大的银行，也没有十足的把握敢于担保股东有充足的现金买进这些廉价的东西。在大北方，特别股的市场价格大概是330美元。

刚到公司，我就向艾德·哈丁透露："是时候放空了，快看那则广告！我应该在这个时候开始放空。"

他看过之后，我向他指出自己如何看待银行家说出的话，但是他很难发现大盘将要崩盘。市场常常先出现大反弹现象，所以他觉得应该先等一下，再将大笔的空单挂出[3]。价格也许会在等待中下跌，但是交易将更有保障。

我对他说："艾德，越拖延开始的时间，越导致开始后出现严峻的崩溃现象。这个广告是自白书，银行家已经在上面签字。他们担忧的东西，也是我希望的东西。这是希望我们抓住空头的信息，是我们需要的所有东西。这时，假如我拥有1000万美元，我将全部做赌注。"

我多说了几句，和他争辩。从这则新奇的广告中推断出的唯一一个道理，并不能完全令正常人满意，公司中的很多人都不是特别满意，但是我觉得已经足够。我将一些股票放空，只卖出很少一部分。

圣保罗铁路公司突发善心，于几天后发布一则通告，称准备发行新证券，我已经无法想起是哪一种，可能是股票，也可能是权利证书。这一点无足轻重，重要的是，我刚看到这则通告，就注意到一件事情：大北方铁路和北方太平洋铁路的宣传活动是以前进行的，交钱的日期定在了这两家

---

[1] 利多：股市用语，又称利好，指消息有助于提升股价。——译者注
[2] 含权：指附送红股或配股权利的股票。——译者注
[3] 挂出：挂出为股票术语，挂单卖出的简称，指以高于现价、买入价的价格委托卖出。——译者注

缴款日期之前。这已经非常清晰了,他们的行为类似于手拿麦克风宣布,圣保罗铁路要打败其他两家铁路公司,把华尔街仅剩的一些流通资金抢过来。很明显,圣保罗铁路的银行家非常担忧,害怕无力为三家公司提供足够的资金。他们没有谦让地说:"亲爱的兄弟,你先来!"资金短缺将带来什么影响,银行家对此很清楚。在铁路公司特别需要资金时,出现资金短缺现象将导致什么后果?

一定是放空。大家密切关注股票市场,只能看到非常少的东西,眼睛里盯着的只是那一周的股票行情。有智慧的股票操作手与常人不同,他们看到的比较多,那一年的情况都会出现在他们眼前。

我不再疑惑,也不再优柔寡断,而是立即做出决定。我在当天早上首次投入战斗,依据的正是今后一直遵循的方针。我下定决心,价格到330美元左右时,就把大北方特别股放空,还计划在高档时将其他股票放空。等我把这个想法告诉哈丁时,他并没有阻拦我。曾经的错误让我付出了惨痛的代价,也带来宝贵的经验,让我可以更加明智地放空。

不久后,我又有了信誉。这可能是出于偶然,也可能是因为其他原因。在证券商那里做出正确的判断才能占有这个优势。我对影响整个股市的因素进行分析,没有依赖第六感,也没有依赖看盘手段,而是依靠冷静地判断,所以判断得非常准确。我的依据是必然出现的情况,而不是猜想,不需要再凭借勇气放空股票。我看到的只是下跌的股票价格,对别的情况一概不知,只能依据这一点交易,别无他法。

整个股市都非常低落。不久后,反弹开始出现,人们告诫我说,股票下跌的势头已经过去,大户们明白融券[1]余额大得令人震惊,于是决定死命地轧平空头等。我们这些空头将因此亏损几百万美元。大户的确没有仁慈过。告诫我的人一片好心,我常常感激他们,不和他们争辩,否则他们会觉得我不知好歹。

---

[1] 融券:又称出借证券,指证券公司向投资者出售的自有股票,或客户投资的股票。投资者在到期后需返还同种类和数量的证券,同时还要支付利息。——译者注

那位随我前往大西洋城的朋友非常悲痛。大地震发生后,他知道存在第六感。我明智地选择依据自己的冲动将联合太平洋铁路放空,从中获利25万美元,所以他只能相信第六感。他甚至声称:这是神动用了神力,正是这种力量使我放空这只股,而他当时看好这只股票。在萨拉托加,我第二次交易联合太平洋铁路的股票。个股价格的波动将影响股票的价格,所以与个股相关的所有交易,他都可以了解到,自然也可以了解到这一点。推测到每一只股票都将下跌时,他开始发愁,不知道什么人需要这种消息,也不知道向他人提出什么样的建议。

老帕特里奇常说:"你要知道,这是多头市场。"我突然想到这句话,似乎这句话在明智的人看来是非常好的消息,其实就是这样的。有一点让人疑惑不解:人们在股票剧烈下跌15点或20点,蒙受很大损失后,却依然舍不得离开,等待出现3点反弹。股价已经跌落到最低价,价格将开始上涨。

一天,我的朋友问我说:"你是否已经回补?"

我回答说:"回补?给我一个这样做的理由。"

"这是世界上最好的理由。"

"什么理由?"

"赚钱啊!股价已经跌落到最低价,你不觉得那些下跌的价格肯定要回升吗?"

我回答道:"没错,股价跌落到最低价后将回升,不过它不会立即回升。股票一息尚存,还没有真正死亡,它们的尸体还不会马上漂浮到水面上,很多天之后才会。"

我的话被一位习惯联想到一些事情的前辈听到,他说:"威廉·特拉弗斯看空时,曾经与一位看多的朋友相遇,他们二人彼此交流了对股市的观点。这个朋友问:'股市非常坚挺,不知道特拉弗斯先生为何不看好后市?'特拉弗斯不赞同他的观点,告诉他说:'没错,很坚挺,硬邦邦的样子像死尸。'特拉弗斯去一家公司,要求工作人员把他们的账单拿来看一下，工作人员问他道：'你在我们公司有股份吗？'特拉弗斯回答道：'我应该告诉你，是的，不过我将这只股票放空了两万股。'"

反弹的力度一天比一天弱，我竭尽全力放空。每当我将几千股大北方铁路特别股放空时，股票价格都会跌落几个点。我把其他稍显疲软的股票也放空一部分。每一只股票都出现下跌现象，只有雷丁公司这一只股票例外，让人很纳闷儿。

其他股票都急剧跌落时，只有雷丁公司一只股票如直布罗陀岩石一样岿然不动。大家都说，有人为了囤货，已经把这只股票扫光。这只股票的表现确实像是如此。经常有人警告我不要放空雷丁公司的股票，否则就意味着自杀。如今，证券公司里还有一些人像我一样，他们对所有股票都不看好。只要有人暗示将雷丁公司放空，他们就情绪激动，大喊救命。我将雷丁公司的股票放空一部分，把空头头寸牢牢掌握在自己手中。那些特定股票受到强有力的保护，我无力向它们发动进攻，只能寻找、攻击相对薄弱的股票。看盘时，我发现从其他股票中赚钱更简单一些。

雷丁公司多头炒作集团实力十分雄厚，我听说过很多关于他们的故事。朋友告诉我，这个集团的低价股非常多，与当前的市场价格相比，其实他们的平均持股成本更低。这个集团的重要成员和银行联系紧密，保持着友好往来，他们动用银行资金买进大量雷丁公司的股票。只要价格不降下来，他们就可以与银行一直保持紧密的关系。其中有一个成员，他的账面利润超过300万美元，大幅度下跌也无法损害他的利益。就这样，这只股票一直没下跌，与很多空头对抗。场中的交易人员隔一段时间就要拿1000股或2000股测验一下这只股票，却无法撼动它，只能回补空头头寸，关注别的更容易赚钱的股票。我观察这只股票时，也经常卖出一些，卖出的额度不是依据自己的喜好，而是以自认为没超过新交易规则允许的范围为标准。

假如我早些年发现雷丁股票很强劲，也许会上当。研究大盘走势后，我告诉自己不要理会这只股票，但是我的理智不允许我这样做。据我推测，无论炒作集团是否在背后操作，股市必将出现全面下跌的现象。

自从在证券公司中交易，我就经常一个人操作，多年来一直保持这个习惯。我一定要依靠自己的观察和研究，因为我的大脑就是这样工作的。我要说的是，我第一次判断出股市走势时，觉得自己在世界上有很多最强大、最真挚的盟友——也就是基本形势。在我的一生中，第一次出现这种感觉。盟友们大力支持我，他们动员预备队的速度偶尔会比较缓慢，不过，只要有一些耐心，他们就是可以信赖的。我赚钱的依据是不可更改的形势，而不是看盘技巧或第六感这些靠运气的事情。

坚持自己的推断，并严格执行，确保不出差错，这才是最重要的。我的盟友认为大体形势将下跌，但是雷丁公司对这个要求毫不理会，简直是在侮辱我们。雷丁公司好像一切都风平浪静，股票价格保持不变，这种局面真令人气愤。这只股票从未出现下跌现象，是所有股票中最适合放空的一只。这个炒作集团持有许多股票，假如资金匮乏的现象更加严峻，他们将无力维持当前局面。届时这只股票将要下跌，和别的股票没什么不同。炒作集团和银行家交朋友，迟早要和那些没有朋友的普通人一样悲惨。假如雷丁公司的股票没有出现下跌现象，表明我的推断失误，事实和逻辑都出现差错。

我觉得，华尔街担忧这只股票被放空，这只股票的价格才保持不变。因此，有一天，我分别向两位交易员提交一张放空4000股的单子。

这只股票已经被人垄断，放空就意味着自杀，但它遭受空单的打击后，价格照样直线下跌，你应该看一看那种惨状。股票价格是111美元时，我再次放空几千股。过了几分钟，股票价格跌到92美元，我顺利回补所有的空头头寸。

经历这件事情之后，我生活得非常开心，于1907年2月顺利回补所有的空头头寸。大北方铁路特别股和别的股票都下跌60～70点，我从中赚了很多钱。我觉得，大盘走势已表现出近期的展望，所以才全部回补。根据我的推断，股票价格将大幅度上涨，但是我没有十足的把握改变操作方向。当初，我不考虑季节和情形是否合适，坚持每天交易，结果从证券公司中首次赚的1万美元因此赔光。我计划坚持自己的观点，不再犯那种错误。你应该记得，不久前，我发现大盘将要崩跌，机会还没到来就急忙放空，最后输得分文不剩。如今，我又赢很大一笔钱，适时撤出才是正确的选择。曾经的反弹让我赔很大一笔钱，我不希望下一次反弹再将我所有的资金都洗掉。佛罗里达州可以同时满足我两个愿望——钓鱼和休息，因此我没有停歇，直接前往佛罗里达州。

第九章

投机客必须兼具学生和投机客的双重身份

我心情舒畅地航行在佛罗里达州的外海，兴高采烈地垂钓，离股票远远的，生活十分美好。一天，一些朋友在外海上开着汽艇冲到我的船旁。其中一位朋友带来一份报纸。我本来对刊登在报纸上的消息不感兴趣，事实上，我已经很多天没有读过报。朋友把报纸带到游艇上，我无意间瞥一眼，发现股市出现了大反弹现象，涨幅已经超过10点。

我对朋友说，我希望随他们一同登岸。时不时出现适当的反弹很正常，如果空头市场依然存在，偶尔有适度反弹很合理，但是空头市场还没有结束，如今，华尔街、愚蠢的大众、丧失希望的多头力量对资金形势不管不顾，或自己，或放纵他人，已经把价格抬高到一个离谱的额度。我觉得这种做法非常过分，必须要看一下市场情况，虽还没决定是否要采取行动，但是很想看一下报价黑板。

我的经纪商哈丁公司在棕榈滩设立了分公司。进去之后，我发现许多人都认识。大部分人都根据大盘走势进行交易，在一片看好声中沉溺，期待立即采取行动。他们选择了一种不需要考虑长期走势的方法，因此不必看得太远。我曾经讲述过，如何在纽约的证券公司中成为著名的"少年赌客"。人们习惯将一个人赚到的钱和交易额吹嘘得很大。在这个分公司中，大家都知道我在纽约做空赚很多钱，如今，他们希望我再次大量放空。他们觉得，反弹将持续很长一段时间，我有义务与反弹抗衡。

前一段时间，我承受的压力特别大，因此原本想要休息一下，希望到南边的佛罗里达州垂钓。我发现股票价格反弹的幅度非常大，觉得没必要继续休假，就登上岸。开始，我不知道需要做什么，不过如今已经知道，一定要把股票放空。只有用钞票这种老方法可以证明我的判断是没有错误的。把股市放空是恰当、严谨的举措，能获得利益，甚至能表现得很爱国。

从报价板上，我最先看好的是阿纳康达公司（Anaconda）的股票，预计它的价格将超过300美元。很明显，肯定有一个集团在背后大量做多这只股票，所以它才一直上涨。有一个长期以来一直成立的理论：股票价格不会停在整数上。例如，一只股票第一次上涨到100、200或300美元时，还会继续上涨很大一段幅度。因此，股票冲破关卡时，你买进往往就意味着赚钱。股票价格上涨到空前高的程度时，缺乏勇气者已不敢买进，这种股价波动的经验却可以让我参考。

阿纳康达拥有的股票类型是1/4股，也就是说，别的股票面值为100美元，它的面值只有25美元。要想达到其他股票的100股，需要400股阿纳康达的股票。我觉得它不会停留在300美元，而是继续上涨，也许不久后就上涨到340美元。

我依然不看好后市，但是请不要忘记，我也是依赖大盘的交易者。我很清楚，假如我的推断正确，阿纳康达很快就会出现波动，速度快的动作常常能引起我的注意。我的耐心已经培养出来，已经学会无动于衷，但是我比较热衷于速战速决。阿纳康达绝不可能是牛皮股，我买进这只股票只是因为它的价格突破300美元，我需要证明自己的推断是否正确，这种欲求十分强烈。

此时，从大盘上可以看出，买盘已经超过卖盘，所以股价也许要持续长幅很长一段时间。应该首先观察一下，然后再放空，这样才比较合适。等待的同时，我也许应该赚一些钱。阿纳康达这只股票迅速增长30点，就可以实现这个目标。我已经看空整个股市，只看好阿纳康达一只股票，所以买进了3.2万股阿纳康达股票，相当于8000股整股。作为小型投机股，这只股票非常适合，但是我明白自己的初衷，只想赚点儿钱，为我今后的放空增加一些保证金。

美国北部于第二天受到暴风雨或别的因素的影响，收发电报的线路中断，我只得在哈丁公司等候消息。在不能交易时，人们习惯在一块闲聊，谈论各种各样的猜想。我们随后拿到那天仅有的一个报价：阿纳康达股票的价格是292美元。

我在纽约与一位交易员相识，他和我待在一块。我做到8000股整股的消息已经被他得知。我们看到报价时，他明显表现得非常吃惊，我据此推测，他肯定做多了。这只股票当时是否又下跌10点？他无法确定。从阿纳康达上涨的趋势判断，它下跌20点也是很正常的事情。我把自己的真实感觉告诉给他，说："约翰，不用害怕，明天就好了。"他看着我，摇了摇头。他比我更了解自己是什么类型的人。我开怀大笑，在公司等待一些报价传来。阿纳康达股票的价格是292美元，我们当天只得到这一个报价。这意味着我的账面损失已经接近10万美元，我一心想着速战速决，活该付出这么大的代价。

电报线路于第二天恢复，我们和往常没什么区别，又得到报价。阿纳康达的开盘价格是298美元，随后上涨到$302\frac{3}{4}$美元，不久后，它的价格开始下跌。别的股票也没有将要上涨的趋势。假如阿纳康达跌回301美元，我觉得只能断定整个大盘走势都在作假。阿纳康达的股价直接上涨到310美元才算正常，出现回档现象表明我上当了，以前的例子欺骗了我。知错就改是犯错的人唯一能做的事情。我买进8000股整股，希望上涨30到40点。这次犯错不是首次，也不是最后一次。

阿纳康达当真下跌到301美元。电报交易员有直接通往纽约总公司的线路。股价刚下跌到这个价位，我就悄无声息地走到电报交易员身旁，压低声音告诉他说："将我的8000股阿纳康达股票全部卖出。"我不想让任何人知道我在做什么。

他抬起头，一脸恐慌地看着我，我冲他点了点头说："所有的股票都卖出！"

他的表情就像马虎的交易员因为执行错误的命令而让他赔了几百万美元，他对我说："好的，利维斯顿先生，难道你要按照市场价格卖出吗？"我只对他说："不必多问，只管卖出！"

吉姆和奥利弗这两个家伙来自布莱克家族，他们也在现场，不过距离我特别远，自然没法听见我和交易员之间的谈话内容。这是两个非常富裕的家伙，花钱像流水，在芝加哥时，他们因炒作小麦而声名远播，如今是纽约证券交易所的大作手。

我从电报操作员那里离开，走向我在报价板前的位置，奥利弗·布莱克冲我点头微笑。

他说："你肯定要后悔，拉利！"

我停下脚步，问他："你什么意思？"

"明天你肯定会重新把它买来。"

"买来什么？"我只告诉电报操作员要卖出股票，其余的人应该一概不知的。

他一直微笑着说："拉利，到时候你将以320美元的价格把阿纳康达的股票买回来，这样做真是欠考虑。"

我故意装糊涂，问他："什么欠考虑？"

布莱克说："以市场价格将你的8000股阿纳康达股票卖出，你竟然执意这么做。"

我很清楚，他是个非常精明的人，交易时常常能搞到内线消息。可是，我不明白他为何对我做的交易如此了解。

我问他："奥利，你从哪儿搞到的这个消息？"

他大笑几声，对我说："我从查理·柯拉泽那儿搞到的消息。"他指的是电报操作员。

我说："他在原地根本没有动。"

他笑着说："你们说的悄悄话，我自然听不到，但是我知道了他为你发给纽约总公司的电报。多年前，信息出错使我陷入非常激烈的争吵之中，因此我掌握了发电报的技术。自从那时开始，我做事情就如你刚才那样，当面向操作员下单时，我想检验一下操作员是否按照我的吩咐发送消息。他以我的名义发送的东西，我要搞明白。阿纳康达会上涨到500美元，你把它卖掉肯定要后悔。"

我说："奥利，这一波不会。"

他瞪我一眼，说："你挺自信的。"

我说："并非因为我自信，而是报价单这么告诉我的。"这儿没有机器和报价单，但是他明白我说的是什么。

他说："我听说，一些顾客看报价单时不看价格，竟然像看火车时刻表似的，只看到股票的出发时间和到达时间。他们已经被关进精神病院了，里面的墙壁四周都是软垫，再也不会伤害到自己。"

此时，一个小兄弟递给我一张便条，我什么都没说。他们替我卖出5000股，价格是29934美元。我很清楚，我们的报价比市场慢半拍。我看到报价板上显示的价格是301美元，下单子给操作员。我敢肯定，当时纽约证券交易所中的实际价格相对低一些，由于这个原因，假如有谁肯以296美元的价格买进我的股票，我将非常高兴地答应他。我始终不限定交易的价格，这种情况说明我的选择是正确的。如果我把卖出价格限定为300美元，将发生什么情况？什么时候都无法脱手。我肯定无法脱手，先生，你想脱手时，务必脱手。

我买进的价格大概是300美元，他们以$299\frac{3}{4}$美元的价格帮我卖出500整股，又以$299\frac{5}{8}$美元的价格卖出1000股，以$299\frac{1}{2}$美元的价格卖出100股，以$299\frac{3}{8}$美元的价格卖出200股，以$299\frac{1}{4}$美元的价格卖出200股，以$298\frac{3}{4}$美元的价格将最后一些股票卖出。哈丁公司派最聪明的场内交易员，耗费15分钟才卖出最后1000股。他们不想看到股票价格迅速下跌。

我得到最后一张卖出交易回执单，于是开始放空股票，自从上岸之后，我最想做的就是这件事情。市场出现奇怪的反弹现象，非常适合放空，所以我必须放空。人们又开始看好，但是大盘走势显示，反弹已经终结，不用想就知道放空更稳妥。

第二天，阿纳康达开盘的价格跌破296美元。奥利弗·布莱克希望再次出现反弹，很早就来到证券公司，计划在股价上涨到320美元时卖出。他是否做多？做多多少股票？对此，我一无所知。只知道他看到开盘价格后，脸上没了笑容，整整一天都没发现他笑。这只股票再次下跌，我收到交易回执单时，发现已经没有市场。

任何人需要的都只是这种证明。我的账面盈利经常让我意识到自己是正确的，每过一个小时，我正确的概率就更大一些。因此，我又开始放空，将所有股票都放空。在空头市场中，每一只股票都将下跌。第二天是周五，也是华盛顿诞辰纪念日。我将大量空头头寸放空，无法继续在佛罗里达州垂钓。棕榈滩非常偏远，电报往来的过程中耗费很多宝贵时间，所以我必须回到纽约，那里需要我。

我从棕榈滩离开，返回纽约。周一要等候火车，我只得在圣奥古斯丁（Saint Augustin）休息3个小时。圣奥古斯丁有一家证券经纪商，等待火车时，我理所当然要去那儿看一下大盘走势。从上次交易日开始，一直到现在，阿纳康达的股票价格已经跌落很多点。其实股票一直下跌，直到秋季的大跌后才停止。

我返回纽约，大概做空四个月。市场常常出现反弹，和往日没什么区别。我经常回补，之后再放空。说得准确一些，我没有稳定在不采取行动的状态。不要忘了，旧金山大地震后，出现了大崩盘现象，我那次赚了30万美元，最后却赔得一干二净。我做出正确的判断，依然分文不剩。经过逆境的洗礼，终会迎来顺风顺水的日子，就算无法好到极限。如今，我小心翼翼地交易。赚钱只有一个方法，那就赚钱本身。想要赚很多钱，就要在合适的时机采取正确的措施。这个行业中的人要考虑理论，也要考虑现实。投机客不可只是学生，还要兼具学生和投机客的双重身份。

我的表现很棒，但是，如今我已经发现，其实当初的操作存在瑕疵。

市场随着夏季的到来而变得死气沉沉，很明显，在深秋前，不可能做非常大的交易。我熟识的所有人都已经前往欧洲，或计划前往欧洲。我觉得，这对我有利，于是出清[1]一切空头头寸。后来我也乘船前往欧洲，此时，我赚的钱已经超过75万美元，算得上是一笔丰厚的资产。

我在埃克斯莱班（Aix-Les-Bains）度过了一个非常悠闲的假期。只要资产充足，很多朋友和熟人都在这里，大家都希望过一段这样的生活，这是一个不错的地方。在艾克斯很容易实现这个梦想。我从没想过前往华尔街，因为那个地方太远，我觉得，美国任何一个度假胜地都比不上这里。我有充足的钱，足以保障我很长一段时间的生活，不需要听所有和股市相关的交谈，也不需要进行交易。我有把握回去后赚很多钱，远比那年夏天我在欧洲花费的钱多。

一天，我从《巴黎先锋报》上发现一则电报，是从纽约发过来的，说冶铁公司（Smelters）宣称发放更多股息。有人利用炒作的方式把这只股票的价格抬高，市场出现非常强劲的反弹。我当时在艾克斯，听到这个消息后，意识到事情都即将改变。这个消息的意思是，多头集团还在与大势抗争，仍在垂死挣扎。他们很清楚与常识和诚信抗争有什么后果，竟然耍阴谋炒高市场，希望赶在遭遇暴风雨袭击之前倒出股票。也许，他们觉得危险不会如此严重，或者不觉得危险如我想的那样即将来临。华尔街的大户经常一厢情愿，像政客，也像平常的傻子。投机客会因为这种态度丢掉性命，我绝不能这样做。印股票的人，或努力承销[2]新公司的人，也许尚有足够的资金陷进这种一厢情愿的糊涂境遇中。

总的来说，我已经清楚，这次空头市场中的每一个多头炒作都将以失败告终。看到这个电报之后，我明白令我满意的只有一件事情，就是把冶

---

[1]　出清：需求价和供给价持平时，所有人都可以用这个价格买到所需的东西，或者卖掉想卖掉的东西，这种市场就是出清的。——译者注

[2]　承销：发行人通过证券市场筹集资金时，需要证券经营机构帮它销售证券。证券经营机构凭借在证券市场上的信誉和营业网点，在有效的时间内将证券销售出去，就叫承销。——译者注

铁公司的股票放空。为什么这么说呢？银根严重紧缩将使大家陷入恐惧、慌乱之中，他们竟然提高配股比率，这类似于内线人士跪下来求我放空。这种事情很令人气愤，正如有人在你还是个小孩子时向你挑战。他们在挑战我，除了放空这只股票，我别无他法。

我发出电报，将冶铁公司的一些单子放空，还向我在纽约的一些朋友提议，希望他们也放空。经纪商将交易回执单递交给我时，我发现他们的卖出价格比我在《巴黎先锋报》上看见的价格低 6 点，这一点印证了所有事情。

我原计划月末去巴黎，于三周后乘船回纽约，收到经纪商用电报发来的交易回执单之后，我立刻前往巴黎。抵达巴黎的当天，我给船运公司打电话，乘上第二天开往纽约的快船。

在这种情况下，纽约最适合放空股市，所以我比原计划提前一个月回到纽约。供我充当保证金的现金已经高于 50 万美元。我回来是因为我是个讲道理的人，而不是因为不看好后市。

短期利率随着银根越来越紧而逐渐变高，股票价格越来越低。我已经预料到这种情况，所以将更多股票放空。刚开始，我因自己的远见输光所有钱，但是现在却毫无差错，赚了很多钱。我终于以交易者的身份走上一条正确的道路；需要学习的东西还很多，但是我明白自己该做些什么；我不会继续犯错误，也不会继续使用愚蠢的方法；在这种游戏里，解盘是不可或缺的一部分，开始的时机和坚持自己的头寸都非常重要。这些才让我感觉快乐。我有一个最大的发现：想要推测未来可能发生的事情，必须对整个形势进行研究、估算。我开始重视用努力研究和清晰思考的方法帮自己取得胜利，而不是靠盲目赌博或擅长操作的技巧，说得简单一些，我已经明白一定要为自己的资金考虑。我看到，所有人都愚蠢地交易。他们必须要为自己愚蠢付出代价，主管会计一直保持高度警惕，肯定记得给你清款单。

我的操作取得很大胜利，我的经纪商取得丰厚的回报。人们开始极力吹捧，说股票崩盘、下跌都是我的功劳。很多陌生人经常走过来向我表示祝贺。我首次和他们谈起看淡市场时，他们都把我看成一个发疯的失意者，觉得我是在赔钱之后故意抱怨。我赢了很多钱，却丝毫不说当初这件事，他们觉得这是最奇怪的地方。在他们看来，我推测到银根吃紧是一件非常小的事情。从他们的角度看，我取得了令人震惊的成绩。我经纪商的会计在账簿的贷方把我名下的盈利写完后，足足耗费了1/3滴墨水。

朋友曾经对我说，许多证券公司里的人都在引用哈丁公司"少年赌客"的话，声称我运用各种手段威胁那些尝试抬高多档股票价格的多头集团。形势非常清晰，股市以相对较低的水平寻找支撑，发生这种情况很长一段时间后，这些多头集团依然想把多档股票的价格抬高。如今他们仍然在议论我采取的几次掼压[1]措施。

过了9月下旬，货币市场用麦克风警告全世界。人们不愿意将手中剩下的投机头寸卖掉，相信会发生奇迹。一位交易员把10月份第一星期发生的事情告诉我，让我羞愧难当，觉得自己做的都是小儿科。

你应该还能想起，以前交易大厅中的资金借贷在资金调度站执行。银行询问大概还需要贷款多少资金，才能偿还短期贷款的公司。从可供贷款的资金考虑，银行对自己剩下的头寸数额非常清楚。有几家经纪商做的主要业务是短期放贷，他们掌握着这些银行的资金操作权。当天的新利率将于中午前后公布。一般情况下，这个利率是截至当前为止放贷的平均利率，放款业务的交易方式是公开竞价，所以，所有人都明白基金是什么样的形势。从中午开始，一直到下午2点前后，贷款业务往往不多。下午2点15分是交割时间，经纪商可以在这个时候对当天的资金情况有一个确切的了解，把资金调度站中剩下的资金借给其他人，或满足自己所需要的资金。一般情况下，这种业务在大庭广众下展开。

刚进入10月，一天，我之前提起的那位经纪商来找我，对我说，资

---

[1] 掼压：采用不正当措施，将股票价格打压下来。——译者注

金调度站有一些非常有名的经纪商,他们贪婪地盯着所有资金,计划全部抢走。经纪商当前的局面十分严峻,资金调度站有钱可供贷款,但是他们不愿意去那里。所有公开做放款业务的人都不能拒绝向这些公司借钱。他们拥有完善的财物状况和很好的质押[1]。假如这些公司把活期资金借走,放贷方将无法将这些资金拿走。借方索性说自己无力偿还,贷方不得不把贷款延缓。所以,每一家可以向同行提供资金的证券交易所的会员,往往不选择调度站,而选择交易厅。他们压低声音对好友说:"需要100吗?"这话是在问你是否想借10万美元。代理银行的资金经纪商立即运用同样的方式,你可以联想一下,资金调度站的境况多么凄惨。

他对我说,在10月的那段时间中,证券交易所习惯把利率的决定权交给借方。你应该清楚,年利率的波动范围是100%~150%。我认为,贷方把利率的决定权交给借方,可以通过这种新奇的方式给别人一种感觉:贷方不太像放高利贷的人。可以肯定的是,贷方将和其他人得到同等的利率。借方想要得到钱,自然愿意支付高利率,以公平的方式与人竞争,将自己愿意出的利率付给贷方。

情况越来越差,令人畏惧的审判日终于到来。如今,多头、乐天派、一厢情愿者和持股量非常大,在缺少麻醉药的情况下,最初阶段却害怕赔一点儿小钱的人,现在都要忍受彻底的切除手术。那一天是1907年10月24日,我会一直记得。

有一个消息从很多想要借钱的人那里传来,贷方提出的利率要求,借方同意接受。相比往日,那天借钱的人非常多,各地的资金都供不应求。到那天下午的交割时间时,多达上百个经纪人来到资金调度站周围,所有人都期望借到他们公司急需的资金。假如资金匮乏,他们不得不将用保证金买进的股票卖出,甚至不惜低价在市场上抛售。此时,一点儿资金都看不到,市场上的买主如资金一样少得可怜。

---

[1] 质押:债务人或第三人将其动产或者权利移交债权人占有,将该动产作为债权的担保。——译者注

我看淡后市，我的朋友也如此。所以，他们公司没有借钱的必要。我的这位经纪商朋友第一次见到这么多形容枯槁的模样，他知道我将整个股市都放空，跑过来找我。

他说："拉利，我的老天！到底发生了什么事情？我第一次见到这种场面。绝对不能继续这样下去，必须要做出让步。我觉得所有人都破产了。市场上根本不会有钱，因为股票卖不出去。"

我问："你是什么意思？"

他给出一个和问题无关的回答："学校做过一个实验，你听说过吗？他们将老鼠放在玻璃罩中，将玻璃罩中的空气抽出来，你会发现，可怜的老鼠呼吸的频率越来越高，两边的肋骨起起伏伏，就像频繁抽动的风箱。空气越来越少，它们想吸取充足的氧气。老鼠在你面前不停地喘气，一直到窒息死亡，眼睛快要从眼眶中爆出来为止。我看着资金调度站那些人时，就想到这种场景。各地都缺乏资金，没人愿意买进，你的股票根本无法卖出。我要说的是，此时，整个华尔街都已经破产。"

看到这种情况，我深深地陷入思考。我已经想到崩跌将出现，但是没想到竟然引起如此空前的大恐慌。我必须要承认这一点。假如任由这种情况持续恶化，所有人都将遭受损失。

情况非常明显，调度站没有一点儿资金，在那儿等钱没有任何作用。大灾难最终爆发。

我听说，证券交易所主席托马斯先生于当天晚些时候获悉，华尔街所有证券公司都觉得无路可走，便向在美国拥有最多资金的银行城市国民银行(National City Bank,后来的花旗银行)董事长詹姆斯·斯蒂尔曼(James Stillman)请求援助。这家银行声称，他们放贷的利率从没有超过6%。

听过纽约证券交易所主席的话之后，斯蒂尔曼说："托马斯先生，我们应该和摩根先生一起商讨此事。"

两个人共同前往摩根信托银行拜访摩根先生，希望终结美国金融史上这场最严重的慌乱。托马斯先生向他介绍情况，话音刚落，摩根先生就说：

"去交易所通知他们，会给他们钱的。"

"哪里有钱？"

"银行里有。"

当时在险要关头，人们非常信任摩根先生，所以托马斯并没有详细问明具体事项，便急匆匆赶到证券交易所大厅，让那些走投无路的证券交易所会员能重新缓口气。

摩根在下午2点半前把范—阿特伯瑞公司（Van Emburgh Atterbury）的阿特伯瑞派（John Atterbury）来，约见那些等钱的人。大家都知道，他和摩根信托银行关系非常好。朋友说这位老经纪人很快来到资金调度站，就像信仰复兴大会上规劝别人恢复信仰那样举起手。托马斯主席宣布后，刚开始群众很平静，如今却担心计划有变，害怕发生最糟糕的悲剧。他们望着阿特伯瑞先生的脸和他举起的手，一动不动的，像块石头。

随即是死一般的沉寂，阿特伯瑞先生说："请大家不要紧张，所有人都可以借到钱，我得到一项权利，可以借给你们1000万美元。"

他开始行动。他没有透露贷方的名字，只把借方的名字和借款数字记下，然后对借方说："有人会通知你去哪儿取钱。"他说这话可以理解为，一会儿，借方可以去银行取钱。

我听说，摩根先生一两天后告诉那些手足无措的纽约银行家们，要求他们必须提供现金，以满足证券交易所的需要。

银行家们反对道："我们提供的资金已经达到最大限制，现在已经没有任何资金。"

摩根严厉地说："你们还有准备金。"

他们用悲凉的声音说："我们的准备金非常少，已经低于法定限制。"

"准备金就是为了应急，把它们用上。"银行家依照命令行事，投入的准备金大概有2000万美元，将股票市场救下。摩根是一位勇士，直到现在为止，银行依然没有什么进步。

当天我赚了100万美元，作为一个股票作手，我最记忆犹新的就是那一天。当天,我首次策划的交易计划顺利结束。我推断的事情变成现实,做了一天的国王,实现了那个疯狂的梦想,这一点才是最重要的。

我到纽约后的几年间经常思考,希望搞清楚获胜的原因,又为什么在纽约证券交易所会员公司不能像我15岁时在波士顿的证券公司中那样获胜。我很清楚,迟早有一天能找到错在何处,从此告别犯错。到那时,我将有做事正确的信心和知识,这意味着拥有权力。

请不要误会,觉得这是肆意放纵的幻想,或是过高的虚荣心产生的妄想,它是一种感觉。在我看来,富勒顿公司和哈丁公司相同的股市让我如此困惑,我肯定能让它屈服,这一天必然会到来。1907年10月24日,这一天终于到来。

我这样说是因为,当天早晨,曾经帮我的经纪商做过很多生意的交易员,与华尔街一家名声最显赫的银行合伙人乘坐同一辆车。他知道我在大量做空,于是把我的交易数额告诉了这位银行家,我已经竭尽全力去赌。假如你觉得自己的做法是正确的,要尽量从中获得利益,否则正确毫无用处。

可能这位交易员在说大话,以便让人觉得他的故事至关重要;可能我的跟随者已经超过我的预期;形势多么严峻,可能这位银行家比我清楚得多。总的说来,我的这位朋友对我说:"我对他说,你曾经说过,假如再给它加把劲,市场在卖压开始时将非常凄惨。他听这话时全神贯注。等我说完后,他告诉我,稍晚一些时候,他也许要请我做一些事情。"

证券商发现,无论如何都找不到资金,此时,我意识到时机已经来临。我往各处的人群中调派交易员。一段时间内,联合太平洋铁路所有价格的买单都没有,可以想象一下那是什么情况。别的股票也是这种情况,找不到任何资金,没有人愿意买进。

我的账面利润非常雄厚,已经决定进一步掼压股票,只要下单将联合太平洋铁路和五六家别的发放许多红利的股票卖出就行。每种股票卖出1万股必然导致怨声载道,让恐慌以更快的速度遍及各处,产生非常恶劣的影响，让证券交易所理事会采取1914年8月第一次世界大战爆发时的做法，把交易所关闭。

如此一来，我的账面利润将大幅度上升，也可能意味着不能把这些利润变成现钞。还要想到其他事情，比如，进一步的崩盘将阻止或延缓我原本预料的经济复苏，耽搁大失血之后增强体质的经济回转。这种恐慌将严重危害整个国家的利益。

继续大量放空缺乏理智，不会得到令人满意的结果，我觉得不该继续放空，因此开始买进。

我的经纪商开始帮我买进，有一点要顺便说一下，我是以最低的价格买进的。不久后，那位银行家把我的朋友找来。

他说："我拜访你的目的是请你立即找到你的朋友利维斯顿，告诉他，市场已经无力承担太大压力，我们请他今天不要再卖出任何股票。情况就是这样的，消除毁灭性的恐慌是一项非常艰巨的任务。请告诉你的朋友，让他拿出自己的爱国心，是时候牺牲个人利益，满足更多人的利益了。请马上告诉我他是如何答复的。"

我朋友立即过来，告诉我说那是一个经验丰富的人。我觉得，在他看来，我既然把股市打败，就会把他的请求当作扔掉1000万美元。他很清楚，一些大户一直在竭力向大众倒股票，所以我非常痛恨那些大户，他们像我一样知道将有什么事情发生。

其实大户面临着非常大的危险，我以最低价格买进很多股票，它们来自金融界名人。当初，我不了解这一点，不过这无关紧要。其实，我将所有空头头寸都已经补上。假如没有人攧压股市，我觉得自己可以以最低的价格买进股票，促使股票价格抬高，这一点才是最紧要的。

我对朋友说："你回去，告诉布莱克先生，我接受他们的建议。其实，他把你派来之前，我已经非常清楚事情有多严峻。今天，我绝不卖出任何股票，甚至还会进场全力买进股票。"我遵守了自己的承诺，当天买进10万股做多。我之后的9个月中没有将任何一只股票放空。

正是因为这一点，我才对朋友说，我那个美好的梦想已经变成现实，做了一会儿国王。某一段时间内，任何一个想掼压股市的人都可以随意操纵股市。我没有自认为是一个多么了不起的大人物。其实，你应该很清楚，当我被人批评为打压股市时，我是什么心情；华尔街吹捧我的操作时，我又是什么心情。

我脱身而出，没有受到任何伤害。报纸宣扬"少年赌客"拉利·利维斯顿获利几百万美元。当天收盘之后，我的总资产高达100万美元。我最大的收获并非赚钱，而是无形的资产：我做出正确的选择，遵循清晰的计划看未来的形势。在我的一生中，这算是最重要的日子，因为我掌握了赚大钱必须具备的本领，学会了怎样明智地做大额度交易，再也不是赌客的水平。

第十章

犯错不可避免

相比研究我们的成功，承认自己的错误不会给我们带来更大利益。每一个人都想逃避惩罚，这是人的本性。你将一些错误和失败联系在一块，不希望它再次出现。一切股市上的错误都将损害你的金钱和虚荣心，这两个都能让你痛心。我要告诉你一些非常奇特的事情，有时候，股票投机客会出现错误，并且会意识到自己的错误。他犯错之后，去寻找自己犯错的原因。受到惩罚带来的痛苦，再冷静地考虑一段时间，也许，他能明白自己是怎么犯的错误，明白犯错的时间，具体到交易过程中的准确时刻，却依然找不到犯错的原因。他将狠狠地骂自己，然后不了了之。

头脑灵活又比较走运的人，不会犯两次同样的错误。错误种类繁多，他也许犯下上万种相似错误中的一种，所以，想弄明白自己也许会做什么傻事时，你前方一直都有一个错误存在。

1907年10月，大崩盘爆发，我首次犯下100万美元的错误。我要回到首次成为百万富翁的时候，向你讲述我犯下的错误。从我的交易方式来看，拥有百万美金仅意味着准备金的增加。穷人和富人都有犯错的可能，犯错就不可能舒心，所以金钱并不能令交易者舒心。百万富翁交易没错时，拥有的钞票不过是他的一个奴隶。赔钱是最不能让我感到烦恼的东西，接受赔钱的事实后，它就再也无法给我带来烦恼，第二天就会忘记。无法接受错误，它既损害金钱，又损害心灵。你也许可以想起迪克逊·华兹（Dickson Watts）的故事，他讲过，有一个人非常紧张，朋友问他发生了什么事儿。

这个紧张的人回答道："睡不着觉。"

朋友问他："睡不着觉？为什么？"

"我买进太多棉花股票，越想越焦虑，已经被折磨得身心疲惫，该如何是好？"

朋友回答说："尽量卖出，一直到你睡着为止。"

一般情况下，人会迅速适应环境，因此失去洞察力。他感受不到前后差别很大，已经忘记没有成为百万富翁之前是什么情况。他只意识到，往日很多事情都没条件做，如今可以做了。比较正常年轻人很容易由节俭变得奢侈，却很难从奢侈回到节俭。我认为，这种现象的原因是，金钱会让人产生欲望，或增加人的欲望。也就是说，一个人从股市中获利，不久后，他将永远告别不花钱的习惯。赔钱之后，想要戒掉大手大脚的习惯，要用很长时间。

我于1907年10月回补空头头寸，并开始做多。我计划到南部海面航行一段时间，放松一下心情，于是买了一艘游艇。我热衷垂钓，早该好好享受一番，对这个假期盼望已久，期待立即出发。市场打乱了我的计划，最终没去成。

我常常做商品交易，也常常做股票交易。年轻时，我以证券公司交易商的身份赚到第一桶金。我对这些市场进行过多年研究，但是更喜欢研究股市。相比交易股票，我更愿交易商品。其实，商品更合法一些，只是比股票交易多一些商业冒险。接触商品时，所有人都可以如接触商业问题一样。支持或反对商品市场中的一种趋势时，也许你会运用虚假的论证，不过，事实最终将打败一切，所以你只会取得一时的成功。交易者运用研究和观察的手段获得利润，与做一般的生意非常相似。他能观察各种情形，考虑各种状况，像其他人一样获得很多知识，不必预防内线集团。棉花、小麦或玉米市场不可能突然出现配股配息，也不可能一夜之间使配股配息增加。长期以来，供需的经济法则始终都在决定商品的价格。得到和供需相关的信息是商品交易者的工作，其中有和当前相关的，也有和未来相关的。商品交易常常能引起我的好奇心，因为它不用像股票那样忙于推断十几种事情。

每一个投机市场都会发生同一种事情——拥有同样的大盘走势。所有肯动脑筋思考的人都明白这一点。他将意识到，假如他愿意给自己提问题，对各种状况进行考虑，自然会得到答案。许多人都不肯耗费精力提出问题，自然不可能找到问题的答案。美国人经常抱着怀疑精神，除非亲自去经纪商那里看股票盘或商品盘。在所有游戏之中，有一种游戏没有引起美国人的高度警惕，他们没有做出非常明智的准备就开始操作，没有意识到应该在操作之前好好研究一下。他会往股市中投入一半家产去冒险，这时可能还没有购买一部中等价位的汽车考虑周全。

看盘表面上似乎很复杂，其实不然，关键是把一些基本的要素记在心中。看盘不是帮你算命，它无法告诉你下周四下午 1 点 35 分你将拥有多少资金。用哪种方式交易，什么时候交易，这是看盘的两个目的，股票、棉花、小麦、玉米或燕麦道理是一样的，都要观察是否更适合买进，而非卖出。

你关注市场，最应该关注的是大盘上记录的价格走势，确定方向也就是确定价格的走向，这应该成为你心中的目标。我们很清楚，遇到阻碍时，价格将出现浮动。价格正如别的事情，将走一条阻力最小的路，这种解释更好一些。价格选择的道路是最容易走的，所以，当上涨的阻力小于下跌的阻力时，价格将出现上涨现象，反过来也是如此。

当交易适当展开后，市场究竟是多头市场，还是空头市场，所有人都应该知道。心灵和理智比较开放，眼光比较好的人，其趋势是非常清晰的。投机客非要把看到的事实用自己的理论解释，是一种非常愚蠢的行为。当时是多头市场，还是空头市场，这类人应该搞清楚这一点，以便判断是买进还是卖出。应该买进，还是应该卖出，这是一个人在刚开始行动时就应该知道的。

比如，我们把市场看成和平时一样，在120美元和130美元这两个大波动之间起伏，始终不超过10点的范围。市场价格最低时也许令人觉得特别消沉，上涨8点或10点的过程中也许令人觉得非常强劲。交易者交易时，不能依赖表面现象，而是要研究大盘，等待合适的时机。其实，许多人交易股票的依据只是价格太高或太低，几百万，甚至几千万美元都因此流失。投机客和投资人不同，不该依靠非常高的利率，从自己的资金中得到稳定的利润，应该依靠价格的浮动赚到钱。他需要下决定，找出交易时阻力最小的投机路线，他要等待这个路线自行确定的那一刻，因为那意味着繁忙开始出现。

他从大盘中只看出一点，大盘在130点时应该回档，因为卖压比买盘更强劲。虽然如此，那些看盘功力不高的人却要买进，因为他们觉得价格也许不会在150点之前停下。他们在回档开始、持续，或卖压致使小跌时将所有股票抛出，看淡后市。下跌趋势在120点时遇到非常大的阻碍，买盘超过卖盘，出现反弹现象，再回补空头。普通人常常两边的耳光都被打，让人觉得非常奇怪，感叹普通人陷入迷局，无法总结其中的经验。

最后发生了一些事情，增加了涨势或跌势的力量，使最大阻力点往上或往下移动，这意味着，买盘在130点第一次超过卖盘，卖盘在120点第一次超过买盘。价格将越过阻力，超过原来的波动点，节节攀升。大盘在120点时往往非常疲软，经常出现很多选择放空的交易者，等到了130点看上去非常强劲，很多交易者选择买进做多，等市场开始危害他们的利益时，就迫于无奈改变想法或轧平。他们无论如何都会为价格找到一条阻力最小的道路，充满智慧和耐心地等这条路线的交易者，运用基本交易形式提供援助，还会运用那些赌错、如今不得不改正错误的交易者的力量。改正后的价格常常回到阻力最小的路线。

在这儿，我既不把它看成不可避免的，又不把它看成投机的格言。我要说的是，决定市场方向之前，我常常依靠自己，确定一条阻力最小的路线。突发事件常常帮助我确立市场方向，也可以说，不可预测的事件常常帮助我确立市场方向，这是我的经验。不知道你是否还能记起发生在萨拉托加的联合太平洋铁路事件？我曾经向你讲述过这件事情。我预测上涨是阻力最小的一条路线，因此做多。我应该持续做多，不应该听信我的经纪商发出的内部人员正在将股票抛售的言论，毕竟我无法弄清楚这个消息的真假。配股比率猛然提升，股票价格猛涨30美元。表面上看，164美元是非常高的价格，不过我曾经对你说过，股票价格不可能高到让人无法买进的地步，也不可能低到让人无法卖出的地步。我确定阻力最小的路线时，不会受价格的影响。

交易时，假如你用我的方法做指导，将看到，其实股市收盘与第二天开盘之间发生的所有重要消息，往往都符合障碍最少的路线。大势在消息发布之前已经明确，多头市场中的人会忽视利空消息，鼓吹利多消息，反过来也是如此。股市在本次世界大战爆发前一直表现得软绵绵的。德国随后宣布一项政策，不再约束潜艇战。当时，我将50万股放空，但是我并不知道将宣布这个消息，只是在走一条阻力最小的路线。德国宣布的消息给我的交易一个沉重的打击，我当天就利用这个事情，将所有空头头寸回补。

我告诉你，你唯一要做的就是通过看盘确立自己的关卡，一旦确立一条阻力最小的路线，就遵从这条路线交易。这听着好像非常简单，其实现实中一个人不得不预防许多事情，最重要的是预防自己的人性。因此，我说站在正确一边的人可以得到两种力量的帮助，一种是基本形势，另一种是站在错误一边的人。人们习惯忽视多头市场里的利空因素，也就是人性，这一点令人们觉得吃惊。一两个地区气候非常差，一些农夫已经丧失信心，人们会对你说小麦丰收没有希望。所有小麦产区的农夫收获小麦，将小麦送进粮仓时，多头才开始震惊，发觉受到的损害微不足道。他们意识到，自己只是帮了空头。

在商品期货市场操作，操作者绝不能被他人的建议影响，而是要有一颗开放的心，留回旋的余地。无论你对作物和可能的需求持有什么样的态度，不考虑大盘都是一种愚蠢的做法。我还能想起，我听从了小道消息，因此错过一次大手笔交易。我很了解形势，觉得自己不需要等待障碍最少的路线自然出现，只要动用一点儿力量，我的实力就可以促成这个路线出现。

我很看好棉花，它的价格是每磅12美分左右，波动的幅度非常小。我能看出这种形势处于两个大波动之间。我很清楚自己最该做的就是等待，却觉得假如稍微推动一下，也许可以提高价格，使其突破高位阻力线。

我买进的棉花数额高达5万包，价格终于如预料的那样上涨。我不再买进，价格便停止上涨，然后下跌到刚开始买进的价位，在撤出后停止下跌。我觉得如今自己离出发点更近，所以要即刻出发，事实上确实是这样做的。又一次发生同样的事情。我把价格抬高，刚停止买进，价格又回落，连续操作四五次，赔大概20万美元，最终只得气愤地放弃、离开。不久后，棉花持续上涨到一个让我觉得可以大赚一笔的价格，只是开始的时间太着急了。

许多交易者都有过很多次这种经验，所以，我要制定以下规则：在小波动幅度的市场上，价格的变化幅度不足挂齿。小波动幅度摇摆不定时，不能推测下一个大波动是向上或向下，因为这没有任何意义。最应该做的事情是观察市场和解读大盘，判断小波动幅度的最高值和最低值。先不要采取任何行动，除非价格冲出某个方向的限定。投机客要做的不是和大盘保持一样的看法，而是从市场中赚钱。任何时候都不要和大盘讲道理，也不要向大盘质问原因。事后再给股市解剖、验尸，将无法得到任何利益。

不久前我和一些朋友待在一块儿，当时他们正在聊小麦。在这些人中，有些人看好，有些人看坏，最终他们问我有什么看法。以前，我曾对市场进行过一段时间的研究。我很清楚，他们想要的不是统计，也不是对形势做出的分析，因此告诉他们："假如你们想在小麦方面获得一些利润，我可以向你们介绍个方法。"

他们都说想得到，于是，我告诉他们说："假如你们的确想在小麦方面获得一些利润，只需要看形势如何，一直等待。发现小麦的价格每蒲式耳超过1.2美元时，立即买进，不久后必然赚很多钱。"

有一个人问我："如今的价格是1.14美元，为何不在现在买进呢？"

"因为现在我不能确定小麦是否要涨价。"

"1.2美元好像是个不低的价位，为何要在这个价位买进？"

"一种是盲目地赌博，也许将赚很多钱；一种是明智地投机，赚的钱非常少，但是赚钱的概率非常大，你希望选择哪一种？"

他们观点一致，都愿意选择赚钱不多，把握较大的利润。因此，我对他们说："既然这样，就听从我的建议，小麦突破1.2美元时，立即买进。"

我曾经对你说过，很长一段时间内，我一直都在观察小麦。小麦价格近几个月以来一直在波动，从1.1美元到1.2美元，走势没有定则。一天，小麦收盘时，它的价格高于1.19美元，于是我计划买进。第二天小麦果真以1.205美元的价格开盘，我立即买进。小麦的价格又上涨到1.21美元，然后是1.22美元，又上涨到1.23美元，最后上涨到1.25美元，我一直加码。

当时是什么情况，我无法向你描述。小麦的价格小幅波动时，我无话可说。我无法告诉你，是往上突破1.2美元，还是往下突破1.1美元，不过我觉得往上突破的可能性更大，这是因为世界上的小麦总量还不足以使小麦的价格大幅度下跌。

其实，欧洲人始终在悄无声息地买进，小麦的股票价格是1.19美元时，许多交易者选择放空。欧洲人的买进和其他原因，共同致使小麦从市场中消失，大波动因此开始，最后价格超过1.2美元。我最重要的观点就是这一点，它同时也是我需要的唯一一个事实。我很清楚，小麦价格超过1.2美元是因为上涨的力量蓄势待发，把价格抬高到超过最高限制，并且发生了一些事情。也可以说，超过1.2美元意味着小麦价格确立了一条阻力最小的路线，紧随其后的情况区别就非常大了。

在我印象中，那天是一个美好的假日，每一家市场都在休假。小麦在加拿大的温尼伯（Winnipeg）开盘时每蒲式耳[1]上涨6美分。第二天，美国的市场开盘时，同样是每蒲式耳上涨6美分。价格的变动，总是走一条阻力最小的路线。

我刚才说的，是我交易系统里的精髓，这个系统建立在研究大盘走势之上。我研究的不过是价格可能的变动方向。为了确定至关重要的心理时间，我还采用一些别的测验方法验证自己的交易。开始操作时，我做这件事情的方法就是研究价格的变动。

我说过，我习惯以高价买进股票做多，以低价将股票放空，很多经验丰富的交易者都不敢相信这种话，这让我感到震惊。投机有一个诀窍——等待阻力最小的路线自己出现，大盘出现上涨趋势时开始买进，出现下跌趋势时开始放空，还要一直加码。假如交易者始终坚持这个诀窍，赚钱将成为一件非常容易的事情。譬如，首先买进所有持股的1/5，假如不能从中获利，证明你已经出现错误，至少短期内已经出现错误，不能再买进。无论何时，出现错误都不可能有好处。大盘表现出上涨趋势，也许并没有撒谎，而是还没等到合适的时机。

在棉花交易方面，我经验丰富，已经形成自己的理论，做事完全按照这个理论。假如我已经确定，需要4万至5万包头寸，我将研究大盘走势，正如告诉你的那样，寻找买进或卖出的时机。如果我从阻力最小的路线中看到的是多头走势，将买进1万包。买进之后，假如相比买进时的价格，市场价格已经上涨10倍，将再次买进1万包。同样道理，假如之后得到20点的回报，每包盈利1美元，将再买进2万包。不过，首次买进1万包或2万包出现亏损现象时，我会将所有股票抛售一空。我的错误也许只是暂时性错误，不过在前面已经讲过，无论是什么事情，开始错误意味着不再出现任何盈利的可能。

我坚持自己的系统，换来的回报是，棉花价格出现波动时，头寸总是

---

[1] 蒲式耳：一种计量单位，用于固体物质的体积测量。——译者注

掌握在我的手里。积累空头头寸的过程中，也许要耗费5万或6万美元做一些试探性操作。表面上看，这似乎要付出很大的代价，其实并非如此，我要花费多长时间，才能在真正的波动开始后，在正确的时间将损失的钱赚回？根本不需要任何时间。在正确的时间做应该做的事情，你总有收获。

我认为自己已经在前面清晰地介绍过我的下注系统。在现实中，有一点可以验证这个下注系统，那就是在获胜时下一个非常大的注，在亏损时只失去一些试探性的赌注，这是一种非常聪明的做法，只是非常简单的数学问题。交易者交易时，如果遵从我讲述的方式，必然经常赢很多钱。

交易行家里手经常用自己的经验创立一些系统，主线是他们对投机的态度，以及他们的欲求。我还能想起，在棕榈滩时，我认识一位老先生，如今已经想不起他的名字，至少暂时想不起。我很清楚，他在华尔街摸爬滚打几十年，最早可以追溯到南北战争时期。有人对我说，他是一位奇人，很有智慧，遇到过很多辉煌的日子，也经历过很多惨淡的日子，所以经常说太阳下面没有任何新鲜事物，股市里面的新鲜事物更是非常稀少。

这位老先生问过我很多问题，听到我日常的交易方法后，他点了点头，说："非常棒，非常棒，你做得不错。你加码的方式和思考的方式都促使这个系统有利于你。你觉得自己投入的钱是无足轻重的一部分，所以很容易践行自己的言论。你听过席恩吗？我突然想起他，那是一位声名显赫的赌客，曾经在我们公司开户。这是一个智慧过人、有胆有识的人，因为他在股票上获利，许多人向他询问意见，但是他始终闭口不言。假如有人直白地询问他如何看待他们持有股票，他会采用自己经常用的赛马场格言：'形势一直在变，即便在你下注前一刻。'在我们公司交易时，他以每次100股的数量买进一些热门股票，假如股票价格上涨1%，他就再买进100股，股票价格再上涨1点，他就再买进100股，就这样一直做下去。他说过，他做交易的目的不是帮别人获利，所以，价格比买进价格低1点时，他要下一个停损委托单。他只是在价格不停上涨时一直上调停损，回档达到1%

时就停损，从场地离开。他声称，从原始保证金和账面利润这两个方面考虑，不该出现亏损超过 1 点的现象。

"你应该清楚，交易的行家里手只追求有把握的金钱，不追求长线，除非遇到合适的时机。在股市里，席恩不迷信明牌，也不希望在交易时抓住一星期内大涨 20 点的机会，他只是希望用充足的数量赢取有把握的金钱，满足自己的生活需要。我在华尔街认识几千几万个人，只有席恩一人将股票投机当成牌九或轮盘赌一样的游戏来玩，他总是保持清醒的头脑，坚持一种非常稳妥的赌博方式。

"我们的顾客中有一个人经常和席恩一块交易，他在席恩去世后运用席恩的系统，在拉克万纳股（Lackawanna）上赚的钱超过 10 万美元。他随后交易其他股票，自认为已经赚很多钱，不需要继续按照席恩的方法。他没有在出现回档现象时停损，而是让亏损如利润那样不断增加，最终赔光所有钱，从场上离开时还欠我几千美元。

"连续两三年内，他始终这样做，赔光所有钱之后，依然长期维持那种热情。假如他可以控制自己的行为，我们将支持他继续留在证券公司中。我记得他曾经坦白过，说自己的行为愚蠢到极点，竟然背离席恩的操作方法。一天，他非常紧张地跑过来找我，希望我将一些股票借给他，供他在我们公司放空。他是一个非常好的人，曾经也是一个非常好的顾客，所以我对他说，我愿意以个人的名义为他担保，支持他将 100 股放空。

"1875 年，比尔·特拉弗斯掼压股市，此时，这位名叫罗伯茨的朋友将 100 股滨湖（Lake Shore）股票放空。他选择一个正确的时机，遵从曾经操作成功时的旧习惯，一直加码卖出，抛弃席恩的系统，怀抱希望继续交易。

"先生，罗伯茨凭借四天顺利的加码放空，为自己赢得 1.5 万美元的利润。我发现，他没有下停损委托单，于是和他谈起此事，他的回答是，崩盘还没有彻底展开，他不希望洗掉任何回档。这件事情发生在 8 月，他于 9 月初向我借 10 美元，目的是为他的第四个小孩子购买婴儿车。他没有遵从已经被证实有效的系统,大多数人都是这种问题。"说过之后,这位老先生冲我摇了摇头。

他的话没错。投机客要与自己的本性对抗,所以,有时候我觉得投机这件事非常不自然。大家共同的缺点将给投机带来致命的损害,往往正是因为这些缺点,才让他变得和别人没什么不同。在别的事业中,他会严加防范这些缺点,不会如交易股票或商品这样危险。

投机客的主要敌人最常出现的地方是他的内心。人性无法脱离希望,也无法脱离恐惧。假如市场在投机时与你背道而驰,你希望每天都是最后一天,其强烈程度可以与各个开国功臣和开疆拓土的豪杰相媲美。假如你不遵照希望,你的损失将比应有程度更大。市场的走势遵从你的意愿,你担心明天将带走你的一切利润,所以选择退出市场。你担心无法得到应该得到的那么多钱,所以退出的速度非常快。这两个本能根基很深,想要成功的交易者务必要克服。他不得不克服被看成天性冲动的东西。他应该在有希望时感到担心,在担心时感到有希望。他不得不担忧自己赚或赔更多的钱。如普通人那样,以赌博的态度操作股票,肯定是不对的。

从 14 岁开始,我就从事股票投机,只做过这么一件事情。我觉得我很清楚自己是什么意思。无论保证金的数额是微不足道的,还是多达几百万美元,我用 30 年持续交易的经验得出一个结论:一个人,也许某段时间内可以战胜某只股票或类股,但是无法战胜股市。一个人也许可以在赛马游戏中赢得一场马赛,但是无法战胜赛马游戏。同样道理,一个人也许可以从棉花或谷物的个别交易中获利,却无法战胜棉花市场或谷物市场。

假如我清楚如何让这些说法更令人信服,如何凸显它的意义,我肯定会这样做。不管是谁说相反的话,都不会受到影响。我明白自己的这种说法非常正确,所以才以不容怀疑的语气来说这些话。

第十一章

把事情做对，比赚钱更重要

如今，我要回过头说一下。那是1907年10月，我购买了一艘游艇，做好一切准备从纽约离开前往南部海域，希望在那里航行一段时间。钓鱼的确是我非常喜欢的事情，现在，我已经遇到合适的时机，可以坐上游艇到想去的任何地方，在那里尽情钓鱼。我已经准备好所有事情。在股票方面，我赚了很多钱，最终却因为在玉米上赔本而未能成行。

我要说明一下，在那次银根恐慌中，我首次获利100万美元，其实在此之前，我已经在芝加哥做谷物交易，将1000万蒲式耳小麦放空，又将1000万蒲式耳玉米放空。对谷物市场进行很长一段时间的研究后，我开始看淡玉米，也看淡小麦，正如看淡股市一样。

这两种谷物的价格都开始下滑。在芝加哥，有一个被我叫作斯特拉顿（Stratton）的最大的作手，他在小麦的价格不停地下跌时下定决心，垄断玉米。股票被我出清后，我制订计划——开着自己的游艇前往南部。此时，我注意到，小麦给我带来很大回报，但是我依然遭受很大损失，因为斯特拉顿把玉米的价格抬高了。

我很清楚，相比价格显示出的数量，美国国内拥有的玉米数量远比这多。起到作用的常常是供应和需求的法则，斯特拉顿是最大的需求方，但是，玉米运输堵塞现象导致一直没有找到供应方。我还能想起自己曾经的祈求，希望出现几次冷空气，修复无法通行的道路，给农夫一个机会，让他们把玉米运送到市场上，不过，我的希望最终落空。

我早就计划度过一个快乐的假期，钓钓鱼，由于在玉米上赔钱，最终计划被搁置，这就是我的情况。市场表现出这种形势，我无法在此时离去。很明显，斯特拉顿十分重视空头头寸。我们两人都已经意识到，我被他抓住了。我曾经说过希望自己有说服天气的能力，使天气为我服务，却发现天气并没有关注我的需求，所有好心开创奇迹的人也都没有关注我的需求。于是，我开始研究，希望依靠自己的努力从这种困境中走出。

我凭借轧平小麦头寸赚了很多钱，却在玉米上遇到非常大的困难。假如当初的行情可以为我所用，趁机将1000万蒲式耳玉米补回，即便给自己造成很大损失，我也非常乐意这么做。有一点可以肯定，斯特拉顿会在我刚买进玉米时竭力轧空我。由于我再次买进，我最终要付出更高的价格，这和拿刀子割破自己的喉咙别无二致，所以我不愿意这样做。

我要立刻找个走出困境的办法，因为我非常渴望去钓鱼，强劲的玉米也影响不了。我要将自己放空的1000万蒲式耳买回，与此同时，还要尽可能将我的损失压到最低，这是一次战略性撤退，我不得不这样做。

十分巧合，当时，斯特拉顿也在操作燕麦，将燕麦市场顺利垄断。每一个谷物市场都成了我持续研究的对象，其中有与收成相关的消息，也有与交易厅相关的传言。据我所知，在头寸方面，强劲的铁甲集团（Armour Group）对斯特拉顿充满敌意。我很清楚无法买进自己最需要的玉米，因为斯特拉顿不允许这样做，只有一个例外——接受他为我划定的价格。铁甲集团和斯特拉顿彼此抗衡，我得知这个传言时，觉得自己可以向芝加哥的交易者寻求帮助。他们要想援助我，只有一个方法，那就是将玉米卖给我，也就是斯特拉顿不愿卖给我的玉米。至于其他事情，都不是问题。

一开始，我发出一些向下买进的单子，每间隔1/8美分买进50万蒲式耳玉米。然后，我又向四家经纪商发出卖出指令，将50万蒲式耳燕麦以市场价格卖出。在我看来，发出这些卖单后，用不了多久，燕麦的价格就会被打开。我能洞悉交易者的心理，很明显，他们一定觉得，铁甲集团与斯特拉顿在对抗。燕麦开始被人掼压，等他们发现后，必然想到，玉米将成为下一个被掼压的目标，这种推断非常自然。玉米的价格被垄断，假如他们可以将其打破，就能赚到足够多的钱。所以，他们一定会立即将玉米卖出。

芝加哥交易者的心理逃不过我的眼睛，我的判断十分准确。受各地卖单的影响，燕麦的价格被打开。他们发现这一点后，立即打压玉米，竭尽全力将其卖出。紧随其后，只用10分钟，我竟然买进600万蒲式耳玉米。我意识到，他们不再卖出玉米，于是又以市场价格买进400万蒲式耳。受此影响，玉米价格又一次上涨。于是我回补了1000万蒲式耳。这次操作相比我利用交易者卖出之机开始回补时的市场价格，相差不到0.5美分。我将20万蒲式耳燕麦放空，交易者受到影响，将手中的玉米卖出，我以3000美元的最小代价，将这些燕麦空单回补。做出这些空头诱饵，只需要付出很小的代价。在小麦方面，我赚了些钱，其数额足以弥补在玉米上的一大半亏损，所以，我那次在谷物方面的交易，只造成2.5万美元的损失。此后的玉米每蒲式耳的价格上涨25美分。好险，差点儿就被斯特拉顿给算计了。假如我当初将1000万蒲式耳玉米买进，对价格不管不问，要付出多么高昂的代价呀？我真不敢想象！

一个人常年从事一件事情之后，就会对它养成一种习惯性的态度，无法像普通的初学者那样，这就是专家和股票交易者的区别所在。投机市场里的交易者对待事情的态度，是他赢钱或赔钱的因素。操作股票时，普通人抱着玩股票的态度，所以思考不够深刻，严重阻碍自己的发展。专家注重的不是赚多少钱，而是如何把事情做好，他很清楚，只要做好事情，一定会赚钱。玩这种游戏时，交易者应该表现得如台球高手那样，不能只想当前这一杆，而要想到接下来的很多步。要形成直觉，交易股票的目的是变得更优秀。

我想起，我曾经听说过一件事情，是与艾迪生·柯马克（Addison Cammack）相关的，能把我希望讲述的重点清晰地体现出来。我听到很多别的关于他的故事,从这些故事中,我得出结论,在华尔街,柯马克是前所未有的股票作手。许多人觉得他只一味做空头,其实他并不是,只不过在他看来,希望和恐惧都是非常重要的人性因素,都能协助他的空头操作,因此给他带来更大吸引。"不要在元气上升时将股票放空!"这是他自己的经验之谈。我从老前辈们那里了解到,由于做多,他赚了很多钱,很明显,他凭借的是整体形势,而非个人偏见。一言以蔽之,他是一个非常优秀的交易者。一次,他好像看淡后市,财经作者很清楚这一点,评论家亚瑟·约瑟夫也很清楚。当时离多头市场结束还有很久。市场受到一些多头领袖的刺激,也受到报纸乐观报道的刺激,表现得非常有力,呈现不断上涨的趋势。约瑟夫很清楚,对柯马克这样的作手,利空的消息将产生非常大的作用。一天,他带着一个好消息,急忙赶到柯马克的办公室。

"柯马克先生,我要告诉你一个消息,是我的一位好朋友刚才告诉我的,他是圣保罗公司的工作人员,从事交割工作。"

柯马克态度冷冷的,问道:"什么消息?"

"你的方向是否已经变了?如今开始看淡后市了,是吗?"约瑟夫希望得到一个明确的回答,他不希望浪费珍贵的子弹,除非能引起柯马克的兴趣。

"没错,有非常好的消息?是什么?"

"为了搜集新闻,每周我都要前往圣保罗公司,做两三次采访,今天,我又到圣保罗公司转了一圈。我有一个朋友在那儿,他对我说:'老先生正在出售股票。'他说的那个人就是威廉·洛克菲勒。我问他道:'吉米,果真如此吗?'他回复说:'没错,每次间隔3/8,卖出1500股。这两三天以来,我一直替他交易这些股票。'我立即跑来把这个消息告诉你,没敢耽搁一点儿时间。"

柯马克不会轻易激动,他特别适应各种人疯狂地跑到他的办公室中,将各种消息、悄悄话,或者谣言、明牌和谎话,都说给他听,所以,他一贯的态度是不信这些消息,这一点更重要。当时,他只说了一句:"约瑟夫,你肯定自己没听错?"

约瑟夫回答道:"我肯定?别把我当聋子,我自然有把握。"

"你非常信任自己的朋友?"

约瑟夫声音响亮地说:"他是个非常诚实的人,从不说谎话。我已经和他相识很多年,他从没对我撒过谎,我可以保证他绝对值得信赖,甚至敢用自己的性命担保他对我说的话值得相信。我非常了解他,超过对世界上任何一个人的了解,甚至已经远超过你对我的了解,尽管我们两个已经相识很多年。"

柯马克又一次看了看约瑟夫,之后对他说:"你果真相信他?好吧,我想你是有分寸的。"他叫来自己的交易员惠勒。在约瑟夫看来,柯马克要下单,最起码要将 5 万股圣保罗股票卖出。市场的走势非常有力,威廉·洛克菲勒正在利用这种走势将他在圣保罗公司持有的股票卖出,丝毫不考虑这只股票是属于投资股,还是属于投机股。在石油公司,最优秀的股票作手正在卖出圣保罗公司的股票,这才是最重要的。假如这个消息的来源比较可靠,普通人怎么做就可想而知了。

柯马克是当时最优秀的空头作手,当初,他看淡后市,对自己的交易员说:"快去大厅,比利,将 1500 股圣保罗公司的股票卖出,每间隔 3/8 美分卖出一次。"这只股票当时的售价大约是 90 美元。

约瑟夫连忙打断他的话,问道:"难道你说的是卖出?"他并非华尔街的新手,不过,他看市场时,可以站在报纸从业人员的角度,很凑巧,这也是普通大众的观点。股票价格自然要下跌,因为传言说内线人士在卖出。威廉·洛克菲勒先生的卖盘在内线人士的卖压中位居榜首。柯马克不可能在标准石油公司卖出时买进。

柯马克说:"不是,我说的是买进。"

"你不信任我?"

"信任!"

"我的消息,你还怀疑?"

"不怀疑。"

"你没有看空,莫非?"

"已经看空了。"

"那为什么还……?"

"正是由于这个原因,我才买进。我要说的是,你说的那位值得信赖的朋友,请继续和他保持联系,在向上卖出停止时立即通知我,懂了吗?"

"知道。"说过这话,约瑟夫离开了。约瑟夫心存疑虑,他不知道柯马克为何要买进威廉·洛克菲勒的股票。柯马克将整个市场看空,得知这个消息,他对柯马克的操作产生了更大的疑虑。约瑟夫对那位做交易工作的朋友说,别忘了在老先生卖光时告诉他。为了探听消息,约瑟夫每天都要看望自己的朋友两次。

一天,他从这位朋友那里听到:"老先生那儿的股票已经全部卖出。"约瑟夫向他表示感谢,然后带上这个消息,来到柯马克的公司。

柯马克认真听着,把头转过来,问惠勒道:"比利,咱们公司还有多少圣保罗公司的股票?"惠勒检查一番,告诉他说,大概还有6万股。

柯马克将后市看淡,还没买进圣保罗股票时,他已经将其他农业股放空,还放空许多别的股票,当时还没有买进圣保罗股票。如今,他已经放空许多股票。他立即向惠勒下发命令,让他们将做多的6万股圣保罗股票卖出,另外还要增加卖出数额。他利用自己在圣保罗股的多头头寸打压整个大盘,为自己的空头操作带来很大利益。

圣保罗股票一直下跌,直到价格跌落到44美元,柯马克猛赚了一笔。他赚了一笔钱,使用的操作手法非常优秀。我真正想对你说的是他在交易时抱持的态度。相比从某只股票中赚钱,他不需要任何考虑,能立即发现有些更重要的事情。他发现一个可以大规模放空的机会,让他在开始时就获得一个恰当的助力。他意识到,这是上天恩赐的绝佳机会,圣保罗股为他的空头操作提供了一个非常大的利器。那个消息从圣保罗股的内线处传来,建议他不要卖出,而要买进。

让我回过头来谈一下自己吧！我交易完小麦和玉米，终于能开上自己的游艇，前往南部。在佛罗里达海域，我航行、垂钓，度过了一段快乐的时光。我没有任何忧愁，所有事情都非常顺心。

一天，我从棕榈滩登岸，与许多华尔街的朋友相遇。当时，他们正在谈论棉花投机客，这些投机客交易频繁，珀西·托马斯（Percy Thomas）赔得一干二净的消息从纽约传来。这是一位在世界上闻名遐迩的作手，这是他第二次在棉花市场中惨遭失败，而非在商业上破产。

他一直是我的偶像。我在报纸上首次看到他的名字，是因为证券交易所会员公司谢尔顿-托马斯公司（Sheldon & Thomas）破产。当时托马斯希望将棉花垄断。谢尔顿的这位合伙人很有远见，也很勇敢，但是谢尔顿不具备这些优点，成功在即时，他竟然开始退缩。最起码当初的华尔街是这样传扬的。总的来说，他们没有赚很多钱，反倒以破产告终，严重程度多年来闻所未闻。他们赔的数额具体是几百万美元？我已经不记得。托马斯在公司倒闭后只得一个人交易。他一心做棉花交易，不久后，便重现昔日的辉煌，将欠别人的钱一一还清，甚至将法律没有强制偿还的利息也还清，最后只剩下100万美元。以前仅用一年，"老怀特"凭借股市操作偿还100万美元的欠债，正如"老怀特"在股市做出的突出成就，托马斯在棉花市场恢复曾经辉煌的事迹也令人震惊。我非常崇拜托马斯的勇气，也特别佩服他的头脑。

当时棕榈滩中的所有人都在谈论托马斯的事情，在3月棉花交易中，他惨遭失败。人们的议论中夹杂了越来越多的夸张和想象，谣言是如何传开的？为何谣言越来越多？你应该明白。谣言、肆意吹捧，其程度和数量令人震惊。我也遇到过类似情况，一个和我有关的谣言，传播的速度非常快，还不到24小时，又传播到编造这个散布谣言的人耳中，里面多了一些新鲜、奇特、繁多的细节，甚至他自己都开始相信。

我原本想钓鱼，得知托马斯最近失败的消息后，又开始关注棉花市场。我得到很多产业界的报告，希望通过仔细阅读它们弄明白是什么情况。从纽约返回后，我对市场进行全力研究。所有人都在卖出7月的棉花期货合约，他们已经看淡后市。你应该知道人们怎么了。我觉得这是跟风在蔓延，周边的所有人都在做一件事情，于是自己就会跟风，做同样的事情。也许这是群众心理的一个阶段，或者是一种变化。总的说来，这几百个交易者觉得将7月的棉花合约卖出是明智之举，是正确的选择，也非常安全。大家都选择卖出，你不能觉得是莽撞，这样评价太过武断。交易者的确推断出价格将要崩溃，他们看到的只是市场和巨大的利益。

这一切都被我看在眼里，不过，我觉得放空的人没有太多回补的时间。对整体形势越了解，看得就越明白，我最终下定决心，买进7月的棉花期货合约。交易时，许多人都在卖出，所以我不费吹灰之力，以很快的速度买进10万包。我觉得就算用100万美元的赏金，也无法找到一个没有卖出7月棉花的人，即便是已经死的也找不到。

说这话时，我应该是在5月下旬。我不停地从他们手中买进，直到拥有市场上流通的棉花期货合约，最终达到12万包。我将最后一批买进，几天后，价格开始上涨。市场随着价格的上涨表现得非常有力，每天都会上涨40～50点。

价格在某一个周六上涨，也许是在我开始交易的10天之后。我不清楚是否还有人想买进7月棉花。我必须自己动手，才能搞清楚这一点，因此，我只能等到最后10分钟。我很清楚，人们已经习惯选择在这个时间放空。当天收盘时，假如价格上涨，我就可以吃定他们，这事毫无悬念。我以市场价格，在同一时间下了4张买进5000包的单子。受这些单子的影响，价格上涨30点，空头全力脱身，市场收盘时用的是最高价格。不要忘记，我只不过买进两万包，这就是我所做的所有事情。

利物浦想要在第二天跟上纽约的上涨趋势，当天是周日，利物浦必须在周一时把价格抬高20点。最终，利物浦将价格抬高50点，这意味着它的上涨幅度比我们的上涨幅度多一倍。利物浦市场出现上涨现象，这与我没有任何关系。这一点表明我的推断非常准确，我选择的交易方法阻力最小。我还记得自己要卖出大量棉花。市场价格也许将猛然上涨，或者逐渐上涨，但是却没有充足的资本买进超过一定数额的 7 月棉花合约。

受利物浦电报的影响，我们的市场十分疯狂。我发现 7 月棉花的期货合约随着市场价格上涨不断减少。我把棉花攥紧，一点儿没有卖出。总的来说，那个周一对空头很刺激，但是没有任何愉快的感觉。即便是这样，我依然没有发现一点儿空头恐慌将要到来的预兆，也没有发现争着回补空头的现象。我必须找到市场，出售手中的 14 万包棉花。

周二早晨我前往办公室，在建筑物的大门旁，和一位朋友相遇。

他笑了笑，说："这真是一条大新闻，就刊登在今天早上的《世界报》上。"

我问道："什么新闻？"

"你的意思是你没有看到这条新闻？"

我说："不知道是什么新闻，我没有看《世界报》的习惯。"

"关于你的报道，说你把 7 月棉花垄断了。"

"我没看见这条新闻。"和他说完，我转身离去。他会不会相信呢？我心里没有底，不过没有告诉他这条新闻是真的还是假的，所以他可能觉得我这个人很不够朋友。

回到办公室后，我让人买了一份报纸，发现头版上用非常大的字体刊登着：

利维斯顿趁 7 月棉花吃紧之际将其垄断。

我很快发现，这篇文章对市场造成很大影响。这正是形势最有利时，假如我想要寻找一种方法，把我的 14 万包棉花卖出，这就是最好的时机。在那一刻，美国各地的人都将看到这篇报道，《世界报》和引用《世界报》的这篇报道的报纸都到处都是。有人用电报的形式将这条新闻发送到欧洲，利物浦的价格非常清晰地表明了这一点。出现这种新闻并不奇怪，市场已经变得不可掌控。

纽约方面将采取什么措施,下一步要如何应对,我一清二楚。10点时,美国的市场开盘,10分钟后我的棉花都已经卖出。总共14万包,我将它们全部卖了出去。后来才知道,我的许多头寸卖出的价格都是当天的最高价。我创造了市场,都是交易者在帮我,我只不过找到一个卖出棉花的最佳时机。我只能把握这个时机,除此之外,难道还有别的选择吗?

我很清楚,要解决这个问题本来会浪费我许多精力,一个突发事件竟然帮我解决掉,真是出乎意料。假如这篇文章没被刊登在《世界报》上,我不可能不损失账面的大多数利益就卖光所有头寸。在不压低价格的情况下,我自己无力将14万包棉花全部卖出,《世界报》刊登的新闻却给我提供一个机会,真是难得!

我始终不明白,《世界报》为何把这条新闻刊登出来,所以也无法向你说明什么。我觉得,在棉花市场中,可能有一些朋友与这位记者暗通消息,这位记者自认为发现一个非常大的新闻。我没有见过这位记者以及《世界报》里的其他人。当天早上9点,我获悉这条消息,多亏朋友提醒,否则当时不可能知道。

也多亏有这个消息的帮助,我才有足够大的市场将所有7月棉花合约卖出,这就是大规模交易遇到的一个问题。出脱时,你做不到如小规模交易那样自由,常常无法在想卖出或自认为该卖出时将其卖出。想要出手,你只能选择可以出手,或市场可以将你所有的头寸吸纳的时候。抓不住出手的机会也许会给你带来几百万美元的损失。你绝不能犹豫不决,否则必输无疑,也不能采取竞价买进的方式将价格抬高后再轧空,否则也许导致买盘的力量下降。机会没你想的那样容易把握,你一定要高度警惕,等待机会出现,然后把握住,这就是我要告诉你的。

我这次走运是一场意外,但是并非所有人都知道。单说这件事情,华尔街和别的奇特地方都是如此,所有让人大赚一笔的偶然事件都遭遇人们怀疑的眼光。人们不把没有盈利的偶然事件真正看成偶然事件,而是觉得你太贪心、太自傲,所以才导致这样的结果。他们把获得利润的偶然事件看成抢夺财富，宣扬脸皮厚能得到丰厚的回报，保守不会得到回报，正直也只落得一无所获。

由于冲动，心怀不轨的空头遭遇惩处，给自己带来伤痛，可他们和其他人都把矛头指向了我，责怪我故意制造这种突然袭击。

世界棉花市场上最优秀的交易员于一两天后与我相见，他对我说："利维斯顿，你这次的交易空前高明。本来，我觉得你买进所有棉花肯定要大赔一笔钱。你应该明白，这个市场很难做到在不降低价格的情况下，将超过5万或6万包棉花消化掉。刚开始时，我非常好奇，想知道你如何做到不损害账面利润依然卖出其他棉花。我没料到你竟然制订出这么高超的计划。"

我尽量真诚一些，向他许诺说："这件事情不是我设计的。"

他却一遍又一遍地说："伙计，你不用如此谦虚，太高明了！太高明了！"

一些报纸在这次交易后开始叫我"棉花之王"，不过，我配不上这样的称号，我已经向你们讲述了原因。把美国所有的钱都拿来买纽约《世界报》的专栏也买不下，在美国，没有谁的个人影响力可以达到这个境界，谁都没有把握一定可以刊登这样的新闻，不需要我说，你肯定明白这一点。当时，由于这个消息，我得到那个称号，真是受之有愧。

一些称号偶然强加在某些交易者身上，实际名不副实，不过我向你讲述这个故事，目的并非让这些称号变得合理，也并非要告诉你把握机会多么重要，无论这种机会出现在何地，出现的形式是什么。我在7月棉花上的交易使大量报纸宣扬我的名声，这才是我要告诉你的。珀西·托马斯可谓棉花奇人，假如没有报纸的报道，我不可能有与他相识的机会。

第十二章

股市不可能为你的皮大衣结账

我顺利结束7月棉花交易的时间比想象中更早,不久后收到一封珀西·托马斯的来信,他提出会面邀请。我立即给他回复说:我就在办公室里,随时欢迎你的到来。第二天他就来了。

长期以来,他一直是我的偶像。所有与种植或交易棉花相关的人都听说过他的大名。欧洲和美国这两个地方的人们都习惯向我引述珀西·托马斯的观点。我还能想起,一次,我在瑞士的度假胜地与一位开罗银行家交谈,他曾经和已经逝世的卡塞尔爵士(Ernest Cassel)合伙在埃及种棉花。听说我要从纽约过来,立即问珀西·托马斯的事迹是否是真的。每到一定时间,他就会收集珀西·托马斯的市场报告,而且一定会读。

我始终觉得托马斯才算得上是一个真正的投机客,做自己的事业时能依赖科学的方法,既拥有梦想家的远见卓识,又拥有勇士的勇气,是一位消息非常灵通的思想家,对棉花交易的理论和实际操作十分熟悉。对于观念、理论,以及抽象的概念,他喜欢倾听,也长于谈论。他曾经做过很多年交易,赚过很多钱,也赔过很多钱,所以在棉花市场的实务与棉花交易者的心理方面懂得特别多。

之前,谢尔顿-托马斯公司已经是证券交易所会员公司,他是合伙人。自从这个公司破产之后,他就开始一个人交易。他取得的成就令人震惊,两年内就恢复曾经的辉煌。《太阳报》上曾经报道,他在财务方面迈入正轨之后，首先做的就是将欠款全部偿还，然后聘请一名专家帮他研究、裁决哪种方法更适合他的 100 万美元投资。这位专家考察房地产，研究了许多公司的报告，最后提出建议，希望他买进特拉华－哈得逊公司（Delaware & Hudson）的股票。

托马斯赔了几百万美元，然后重新找回曾经的辉煌，赢得很多个百万美元，却受到 3 月棉花交易的影响，重新回到一穷二白的地步。他刚见到我不久，便提议我们合伙操作。无论他获得什么信息，都会立即告诉我，之后才告诉大家。他说我天生适合一线交易，他自己却不具备这种能力，所以由我来负责这一块。

他的提议并没有打动我，原因有很多。我老实告诉他，觉得自己没能力驾驭双头马车，又不想学习这项本领。他坚持认为这种组合是最好的，最终，我直白地告诉他，说："我不希望影响任何人的交易。"

我对他说："假如我犯错，受到损害的只有我一个人，我可以立即付钱，不需要拖欠款项，也不用为意想不到的事情烦恼。这是最智慧、最实惠的交易方法，所以我希望一个人操作。和别的交易者拼智慧能给我带来快乐，我不认识这些人，也没有和他们交谈过，没向他们建议如何进行交易，从没指望与他们相遇，更没打算与他们相识。贩卖信息或利用信息并非我的赚钱方式，我的个人观点才是我的赚钱方式。假如我通过别的方式赚钱，就总觉得自己并没有盈利。我对你的提议不感兴趣，能完全按照自己的方式为自己交易，才是我对这种游戏感兴趣的原因。"

他声称对我这种想法感到遗憾，劝我改变，说我不该拒绝他的计划。不过，我依然坚持自己的观点。接下来的交谈就比较愉快了。我对他说，相信他肯定能重拾曾经的辉煌，希望他同意我在财务上向他提供援助，我将为此感到荣幸。他说，他不想从我这里接受贷款。他希望了解一下我在 7 月棉花上是如何交易的，我便把自己如何开始交易、交易的数量、交易的价格和别的细节详细地告诉了他。我们又交谈了一会儿，然后他就离开了。

我在前面曾经告诉过你：投机客的敌人非常多，在这些人中，大多数可以顺利地潜入你的内部发起攻击。我回忆起自己犯过的许多过错，意识到，也许一个人具有创造性的心灵，一生都独立思考，但是依然有可能遭到能言善辩的人的进攻。我往往可以避免贪婪、恐惧和希望，普通的投机者常有的这些缺点。不过，我意识到自己还是一个很容易犯错的平常人。

不久前，我总结出一个经验：一个人很容易被人说服，不得不做与自己的判断和意愿相违背的事情。所以，必须在这个特殊时刻提高警惕。这件事发生在哈丁公司，我在那儿的房间如贵宾室一样，是公司为我个人配备的，所有人都无权在交易时间中前来打扰，除非事先得到允许。我不喜欢有人打扰。我做的交易很大，赚的钱非常多，可以享受很好的保护。

一天，在收盘之后，一个人对我说："利维斯顿先生，上午好。"

我转过头，发现一个35岁左右的陌生人。他已经进来，但是不清楚是如何进来的。他应该和我有业务往来，所以才能通过层层关卡，但是我没说话。我看了看他，片刻后，他说："我过来看你，是希望和你聊一聊华尔特·司各特。"于是他什么都不再说。

他是出售书籍的业务代表，并非能言善辩的人，魅力也不够大，对人的态度也不能让人感到非常高兴，不过他的确有自己的特点。我听他说话完全不知道他在说什么，当时不知道，可能永远都不会知道。他一个人自言自语了一会儿，然后将钢笔递给我，又给我递来一份空白表格，请我在上面签字。这是一份合同，以500美元的价格将一套司各特作品买下。

签完字，我突然明白过来是怎么回事，发现他已经将合同放在自己的口袋中。我没有放书的地方，也没有可以赠送的人，这套书对我一点儿用处都没有，虽然不想要，我却答应以500美元将它买下。

我已经习惯赔钱，所以思考时不会首先考虑犯了什么错误，而是考虑交易本身以及交易的原因。我的局限性和思考习惯最能引起我的好奇心。还有一个原因，我不希望犯同样的错误。一个人要原谅自己的错误，首先要利用错误为自己谋利。

我犯了错，赔了 500 美元，但是还不知道犯错的原因，只能看一看这个人，首先弄明白他是什么样的人。我敢用自己的性命担保，他一定在冲我笑，不过，那种笑是对我的了解，他好像能看透我的心。就算不解释，他一样能明白我的心思，所以不需要向他解释什么，也不需要任何准备，可以直接问他："你可以从那 500 美元的订单中抽取多少佣金？"

他立刻摇了摇头，说："抱歉，我不能做这种事情。"

我又一次问他道："你能抽取多少钱？"

他说："能抽取 1/3，不过我不能做这种事情。"

"500 美元抽取 1/3，也就是 166 美元 66 美分。希望你把那张签过字的合同还给我，我可以向你支付 200 美元。"我把钱从口袋中取出来，以此表明我说的话是可信的。

他说："我已经对你说过，我不能做这种事情。"

我问他道："难道以前的客户都会向你提出这样的条件？"

他回答说："不是。"

"那你怎么那么肯定我会提出这样的条件？"

"你是这样的人，肯定会这么做，最优秀的输家让你成为最优秀的商人。我向你表示感谢，不过我真的不能做这种事情。"

"你不想赚比佣金更多的钱？为什么？请说出你的理由。"

他说："不是这样的，我不希望工作只是为了得到佣金。"

"那你希望你工作的目的是什么？"

他回答道："佣金和纪录。"

"什么纪录？"

"我的个人纪录。"

"你这话是什么意思？"

他问我道："难道你的工作目的仅仅是钱吗？"

我回答说："没错。"

他摇了摇头，说："不可能，不可能只是这样。钱不会给你带来充分的快乐。赚钱不可能是你工作的唯一目的,你到华尔街不只是因为这里更容易赚到钱。我们是同一种人,你的快乐来自别的方面。"

我没有为自己辩解,只是问他道:"你的快乐来自哪一方面?"

他坦诚地说:"我们都有自己的不足之处。"

"你的不足之处是什么?"

他回答道:"是虚荣心。"

我对他说:"你用 10 分钟时间,就顺利让我签字。如今我希望把它收回来,为此,我宁愿支付 200 美元。难道你的虚荣心还不能得到满足?"

他回答说:"不能,在华尔街,我们中的一大帮人奋斗了几个月都一无所获。那些人声称失败的原因是书本,或者是选择错了地方,因此公司希望我来向他们证明,失败的真正原因并非书本,也并非地方不对,而是他们的销售技巧不行。他们抽取 25% 的佣金。我在克利夫兰仅两星期就卖出 82 套。我来这儿的目的是向那些不愿意从业务代表那儿买书的人卖几套,同时把书卖给那些他们从来没有发现的人。所以他们同意支付给我 1/3 的佣金。"

"你如何把那一套卖给我的?我稀里糊涂的。"

他劝慰我说:"我还向摩根出售过一套。"

我说:"怎么可能!"

他没有愤怒,而是平静地说:"我真的向他出售过一套。"

"你向摩根出售一套司各特全集?难道那是一套最精致的版本?里面收纳了一些小说的真迹?"

他立刻把摩根签过字的合同展示给我,说:"这就是他签的合同。"也许,那并非摩根先生的亲笔,不过我当时一点儿都没怀疑。我自己签过字的合同就在他的口袋里呀。我很好奇,于是问他:"你怎么做到的?竟然没被图书馆管理员拦下。"

"我是在办公室找到他的,只发现了老先生一个人,没见什么图书馆管理员。"

我说："这种解释无法让人信服。"所有人都清楚,两手空空进入摩根先生的私人办公室很难,比拿着一个如闹钟那样响的包裹进入白宫还要难得多。

他说："的确如此。"

"那你是如何进入他的办公室的?"

他回答说："我如何进入你的办公室的?"

我说："你来解释吧!我一无所知。"

"我进入你办公室的方法与进入摩根办公室的方法没什么不同,只需要和负责拦截的门卫聊一聊。我让你签字的方法和让摩根签字的方法也没什么不同。你并没有签下购买那套书籍的合同,而是拿着我递给你的钢笔,按照我的话去做。他和你没什么不同,也是这样做的。"

大概过了3分钟,我充满疑惑地问他:"那果真是摩根签过字的合同?"

"肯定是!他从小就知道怎么签字。"

"这就是整个情况?"

他回答说："没错,我知道自己在干什么。所有秘密都告诉你了。我向你表示感谢,利维斯顿先生,再见。"他向外面走去。

我说："请稍等,我要让你从我这儿赚走200美元,这样才公平。"我将35美元递给他。

他摇了摇头说："不行,我不可以这样做,不过可以做另一件事。"他将合同从口袋中取出,撕成两半后递给我。

我取出200美元,递到他面前,他再次摇了摇头。

我说："难道你不想要这个?"

"不想。"

"那为何把合同撕掉?"

"因为你似乎把我当成你自己,毫无怨言地接受了这个事实。"

我说："向你支付200美元是我心甘情愿的。"

"没错,不过,钱并不代表所有东西。"

他的话给我很大感触,我说:"没错,确实如你所说。你现在有什么需要我帮助的地方吗?"

他说:"你应该是一个头脑灵活的人,果真希望帮助我?"

我对他说:"没错,果真如此,不过还要看你提出的是什么要求,我才能决定是否提供帮助。"

"把我带进哈丁先生的办公室,对他说,我要和他聊3分钟,接下来让我和他谈。"

我摇了摇头说:"我和他是关系很好的伙伴。"

那位书籍业务代表说:"他已经是一位50岁的证券经纪商。"

确实如他所说,因此,我把他带进哈丁的办公室。这位书籍业务代表再也没来找过我,我失去了他的消息。几个星期后的一天晚上,我在开往城中的第六街L线的火车上看到他。他非常客气,将帽子扬起来,我冲他点了点头,他走过来问:"利维斯顿先生,你还好吗?哈丁先生怎么样?"

"他非常好,你为何要这样问?"

我认为他的话里有什么秘密。

"那天,你把我带到他那儿,我将价值2000美元的书卖给了他。"

我说:"他从没和我谈过这件事情。"

"没错,他这种人怎么可能和你谈这件事?"

"什么类型的人不可能谈?"

"我说的是那种类型的人,他们知道犯错的危害,但是不会因此停止犯错。他们知道自己想要的是什么,没有任何人可以说服他。我孩子的学费、我太太愉快的心情,都是这种类型的人帮我支付的。利维斯顿先生,你给我提供了帮助。你着急向我支付200美元,我没有接受,那时,我已经预测到今天的结果。"

"假如哈丁先生没有签字怎么办?"

"我有十足的把握,知道他肯定会签字。他是哪个类型的人,我非常清楚。"

我追问道："不错,不过,假如他什么都不买,你怎么办？"

"我会回过头向你推销一些东西。利维斯顿先生,再见,我准备去见市长。"火车快到公元站时,他站起身。

我说："市长大人属于民主党,我希望你卖10套给他。"

他说："我属于共和党人。"然后不慌不忙地下了车,似乎断定火车会等他,其实也确实如此。

这件事关系到一个很有名的人,所以我事无巨细地向你讲述。我不想买的东西,却在他的算计下买了。他是第一个让我做这种事情的人,原本以为不会出现第二个人,谁知还真有第二个人。任何时候都不要觉得这个世界上优秀的业务代表只有一个,也永远不要觉得可以不被自己的个性伤害。

我不想和珀西·托马斯合伙交易,态度坚决地拒绝了他的邀请,感到特别开心。他从我的办公室离开后,我肯定不会和他在交易时产生交集,也不知道自己是否还会和他相见。第二天,他发来一封信,感谢我自愿向他提供帮助,希望我去探望他；在回信中,我告诉他会去的。他再次发来一封信,所以我去看了他。

我和他的约见越来越频繁。听到他的声音,总觉得非常高兴。他了解很多事情,还可以把自己的知识风趣地表达出来。我觉得,在与我相识的这些人中,他的魅力是最大的。

我们谈论的事情非常多,他学识渊博,对各种事情的理解都令人震惊,天资聪颖的他做出的总结非常有意思。他的语言充满智慧,总能让人非常感动,口才又非常棒,任何人都比不上。许多人都责备珀西·托马斯,在很多方面,比如,说他不够诚恳。有时,我觉得他应该首先把自己说服,然后才能更容易地说服别人,丰富自己的谈话技巧。

针对市场上的问题,我们讨论得非常透彻。我对棉花没有信心,看不到一点儿利多的形势；他却信心很大,看多棉花。他列举出很多事实和数字,我原本应该对自己产生怀疑,但事实上并没有。这些资料没什么错误,我无力反驳,但是我不会因为这些资料对自己产生怀疑,因为我的信念来自自己的研究和判断。他不停地宣扬自己的信念,最终,我还是开始怀疑自己从产业报告和日报中获得的信息。这意味着我无法继续用个人眼光对市场做出判断。你无法劝说别人,让他放弃自己的信念,不过可以把他说得不知所措,这是一种更糟的情况,因为他无法自信、轻松地交易。

实话实说,我没被搞糊涂,却不再像以前那么冷静,也就是放弃了独立思考。我如何逐渐进入这种心理状态,直至后来给自己带来很大的危害,如今无法详细地向你讲述。我认为,他的数字非常精准,这给他很大的自信,他真正属于这些数字的主人。我的数字属于大家的,而不是我独有的,而且还不是很精准。他一遍又一遍地说,他有一万名联络员分布在美国南方的各个地方,都非常可靠,已经被多次证实。我最终变得与他一样,对各种情况进行研究,他把拿在手中的书放在我面前,我们两个人看同一本书的同一页。推理是他的专长,假如我承认他的事实,根据他的事实推导结论,必然跟他的结论一致。

他说过棉花的情况之后,我开始看空,还把持有的股票放空。我越来越认可他的事实和数字,开始担心之前的信息也许是错误的,影响了自己的市场头寸。有这样的想法却不回补,肯定不行。如果受到托马斯的影响,我觉察到自己的错误,将空头头寸回补之后,肯定要做多。这就是我的想法。你应该明白,我一生都在交易股票和商品,别的事情一概不做。在我看来,看空错误意味着做多正确,所以要买进。棕榈滩的一位老朋友这样说,席恩也曾经说:"你在下注之前一无所知。"我要证明自己对市场的判断是否正确。月末时,经纪商递来一份交易清单,可以在这上面看到证据。

我开始买进棉花,不久后就买进大概6万包,这个数字是往日正常操作的数量。在我的一生中,这一次操作最无知,不过是玩上别人的游戏,没有坚守自己的观察和推断,也没有背离。很明显,这种无知的操作不会停止。我对市场一点儿都不看好,却在这种情况下买进,这并不是依据自己的经验逐渐买进。听信别人的观点，交易方法是错误的，最后导致赔钱。

市场波动超出了我的判断。对市场的判断确定时，我始终不会觉得担忧或不耐烦。市场的波动不同于托马斯判断正确时应有的情况。我第一步走错，反复出现错误，被弄得稀里糊涂的。我听信别人的建议，不仅不甘愿赔钱，还全力支撑市场。我的性格丝毫不适合这种操作方式，交易原则和理论也不适合这种操作方式。还是一个孩子时，在证券公司中交易就已经比现在有头脑，现在却已经迷失，变成另外一个人，像是托马斯的分身。

我在棉花和小麦方面都大量做多，交易小麦时取得很好的成绩，因此声名远播。我的交易太不明智了，买进的棉花大概有15万包。我要说的是，就是在这时，我意识到身体哪里出了问题。这样说的目的是陈述事实，而非为自己的无知交易找一个借口。记得自己当时就去贝肖尔海岸（Bay Shore）度过了一段短暂的假期。

在那儿，我稍作思考，发现自己投机的数额过大。我一般不会害怕，却突然有些紧张，计划减少手中的头寸，于是把棉花和小麦卖掉。

我熟知游戏的规则，从事股票和商品投机长达12年到14年不久，竟然还是犯错，真是一件非常奇怪的事情。我竟然力挺带来损失的棉花，抛弃带来利益的小麦。这种做法真是无知到极点，心里告诉自己说这是托马斯的交易，不是我的交易，希望以此减轻过错。没有几个错误的投机行为比想办法摊平亏损的操作更笨。后来，我在交易棉花时充分验证了这个道理。你习惯把赔本的交易卖掉，保留能赚钱的交易，这种做法很聪明。于我而言这个道理很明显，也很熟悉，如今依然怀疑，搞不懂为何当初做这种截然相反的事情。

所以，我将小麦卖掉，故意减少在小麦上赚到的钱。结果卖掉后，小麦的价格每蒲式耳增长20美分。假如我把小麦留下，可以赚大概800万美元。可是我却买进更多棉花以保住赔钱的头寸。

我能清晰地记得，我每天都要买进棉花，持有更多棉花。你觉得我为何要买进棉花？我的目的是预防价格下滑。还有哪种行为比这种更愚蠢？

我不停地投钱，额度越来越大，大到最终只能赔钱。对此，我的经纪商一点儿都不理解，我的朋友们也搞不懂，直到如今他们也不明白其中的原因。假如这笔交易产生不同的结果，我肯定可以取得很大成功。别人警告过我很多次，不要太重视托马斯做出的分析。我对这些警告不以为然，为了预防棉花价格下滑，不停地买进棉花，以至于跑到英国的利物浦买进棉花。我突然清醒时，发觉买进的棉花已经达到44万包，后悔不迭，于是将所有头寸卖出。

我在其他股票和商品交易中获得的利润几乎赔光。没认识充满智慧的朋友托马斯之前，我的资产达千百万美元；如今虽然没有走投无路，但是仅剩几十万美元，差距非常大。不只愚蠢，我竟然放弃从经验中获得的成功方法。

从这次教训中我总结出一个宝贵的经验，即自己在毫无道理的情况下依然有可能做出非常愚蠢的交易。几百万美元的损失让我学会一个道理：聪颖过人、魅力非凡、口才很好的人也许能动摇我，这是交易者的又一个劲敌。我一直认为，假如我只损耗100万美元，学到教训的代价就还不算特别大。命运女神不会经常把学费的多少交给你支配，她对你非常严厉，向你递交账单，明白你不得不支付任何金额的费用。我明白自己也许会做出非常笨的事情后，终结了这种突发事件，把托马斯踢出我的生活。

我遇到的情况是：损失了9/10的本钱，在凭借运气和头脑赚到几百万美元，成为百万富翁后，不到一年就形势大转，赔得一干二净。我将两艘游艇卖掉，生活状况比以前差很多。

这种打击还没结束。命运之神开始找我的麻烦：我得了病，急需20万美元的现金。这笔钱在几个月前是小意思，如今却成了我破财后仅剩下的钱中的一大半。我只剩下一条路可走，那就是交出这些钱。但是从哪儿拿呢？这成了一个问题。假如我从经纪商那里把这笔钱拿走，留作交易的保证金就所剩无几，所以我始终不肯这么做。我要比以前更充分地利用交易的保证金，这样才能迅速赚几百万美元。只能从股市中赢得这笔钱了，这是唯一的方法。

你可以想象一下，作为顾客，假如你对一般证券经纪商足够了解，就会支持我的观点，希望你的账单由股市支付，这在华尔街是一个非常多见的亏损原因。固守这种想法将导致你血本无归。

的确是这种情况，在一个冬天，哈丁公司来了一群自以为水平很高的人，他们用3万或4万美元购买一件大衣，竟然没有一个人能活着把这件大衣穿在身上。具体的情况是，有一个非常有名气的场内交易员，去证券交易所时，他身穿镶有海獭皮的大衣。后来他每年领取象征性的工资，只有1美元，因此在世界上很有名气。这件大衣在皮毛价格上涨前只值1万美元。哈丁公司中有一个人，名叫纪安，他计划购买一件镶有俄国黑貂皮的大衣，后来在纽约上城发现一件，价值1万美元。

公司里的另一个人不支持他，告诉他说："这价格高得离谱。"

纪安非常高兴，坦诚地说："不贵，只相当于一周的工资，难道你们有谁真诚地希望送我一件？我会向你们公司中的这位大好人表示感谢。谁愿意发表赠礼演讲吗？没有这样的人吧？我要让股市为我支付这件皮大衣的费用。"

老板艾德·哈丁问："要买一件貂皮大衣？你为何要这样做？"

纪安把腰杆挺直，一脸严肃地说："因为皮大衣和我的身份特别配。"

墨菲问："你拿什么支付大衣的费用？"在证券公司中，墨菲最喜欢探听明牌。

纪安很清楚，墨菲想要的不过是明牌罢了，于是回答说："依靠一笔短期的明智投资。"

墨菲的确是这样的人，他问："那你计划买进哪一只股票？"

"老朋友，你猜得不对，这一次我什么股票都不买，反而要放空5000股美国钢铁，这只股票最起码能下跌10点，不过我只想稳赚2.5点。难道这还不够保守吗？"

墨菲十分急切地问："有关这只股票，你是否听到什么消息？"他个头很高，十分苗条，头发黑黑的，皮肤黄黄的。他担心错过大盘中的任何变化，所以一直坚持不吃午饭。

他转过头，对哈丁说："我听说，那件大衣是我计划购买的东西中最适合我的一件衣服。艾德，我的老兄，今天请替我卖出5000股美国钢铁公司的普通股，以市场价格卖出就行。"

纪安的确可以被称作一名重量级赌客，一位赌注非常大的作手，他总是保持微笑，以此告诉人们他的意志非常坚定。他将5000股美国钢铁放空，立即抬高这只股票的价格。他吹嘘时简直是个大笨蛋，不过很有智慧，在亏损1点半时停损回补后，他告诉公司的人说，纽约不适合穿皮大衣，因为这里比较暖和，要不然别人会因为他穿危害健康的皮大衣而嘲笑他，觉得他太虚荣。不久后，有一个人买进一些联合太平洋铁路的股票，希望从里面把皮大衣的钱赚出来。他亏损1.8万美元，说道："貂皮大衣不适合那些谦虚又聪明的人当成内衣穿在里面，只适合女性穿在外面。"

这件事过后，许多人希望说服市场为自己支付购买貂皮大衣的钱。一天，我说："我计划买下这件大衣，防止这家证券公司倒闭。"他们一致认为我不应该这样做，而应该让市场帮我买想要的皮大衣。不过哈丁非常支持我，当天下午，我找到皮毛商人购买这件衣服，竟然被告知一位芝加哥人一星期前已经把它买走。

这仅是一个例子。华尔街上那些希望股市为他的汽车、首饰、游艇和油画付款的人，最终都赔钱。投资者希望股市出钱购买生日礼物，却遭到股市的拒绝，这种拒绝的金额完全够我盖一座巨大的医院。我觉得，规劝市场变成慈善家小仙女的幻想，其实是华尔街所有扫把星中最繁忙、最常见的一个。

这个扫把星如每一个扫把星一样，有它存在的道理。一个人应该怎么做，才能让市场为他的突然需要埋单？能做的只有保持希望，赌自己的运气。对基本形势进行研究，用获得的合理信念或意见明智地投机，远不如他现在担负的风险大。他的目标是立刻得到回报，不希望等待，希望市场立刻对他有利。他自视过高,觉得自己只是下了一个机会均等的赌注,计划赶快逃脱。比如,他希望在赚2点时以2点的跌幅停损。他自以为下的赌注成败概率各占一半,这种思想是错误的。我很清楚,在这场交易中,许多人亏损几千美元,市场在高峰期,出现小幅度回档时的买进更是这样。这种交易方法不可能正确。

  这是我的救命稻草,也是我从事股票作手以来最笨的一次行动。我在这次行动中惨遭失败。做过棉花交易后,我只剩下一点钱,如今这些也已经失去。这种交易给我带来更大的损害,我的交易不停止,就会一直赔钱。我信心坚定,觉得自己肯定能从股市中赚钱,却意外地发现我所有的资金赔得一干二净。主要的经纪商和其他经纪公司都成为我的债主,这些公司没有强迫我拿出充足的保证金,允许我继续交易。从此之后,我一直欠债,数额非常大。

第十三章

坚信自己的判断，是投机客的本职

我又一次走投无路，这就是当时的境遇。我的交易肯定有问题。相比这种糟糕的境遇，我在交易上的错误更糟糕。我觉得自己开始有些烦躁，也有些紧张，总觉得迷惑不解，无法平复心境去推断。做股票交易时，每一个投机客都不应该是我这种心态。无论我做什么，好像都是错误的。我已经失去判断能力，觉得自己再也无法把它找回来。由于习惯在操作时投入巨大的资金，比如交易的股票超过 10 万股，我担心小笔操作无法很好地展现出自己的判断力。假如交易量只有 100 股，做出正确的判断好像也没多大意义。我靠大笔交易赢得很多资金，没把握能掌控小笔交易的有利时机。我觉得自己很无助，但是没法向你解释。

我不能再次展开强有力的进攻，又一次走投无路，犯了许多错误，也欠了很多债。多年的成功经历和为取得更大的成功犯下的错误，让我陷入更加糟糕的地步，比以前在证券公司中还糟。我学到的东西都只和股票投机有关，从来没有学会人性的弱点有哪些危害之类的知识。所有人的心灵都无法如机器那样，无法在所有时间都保持相同的效率，让你一直依赖。如今，我学到一个道理：他人或不幸的遭遇，很容易影响我。

我始终不担心会赔钱，不过确实会担心其他麻烦事情。对悲惨境遇进行细致的研究，很容易就发现自己的错误所在。我发现了有利的时机，也发现了正确的地点。人一定要对自己有一个清晰的认识，才能在投机市场交易中取得突出的成绩。我花费很长时间才得到教训，明白也许自己已经加入笨蛋的行列。有时，我觉得投机客为了找到某种东西，戒除自大的缺点，付出的任何代价都是值得的。很多聪明人就是因为自大导致非常惨痛失败。自大是一种要付出很大代价的疾病，不管在什么地方，不管是什么人，都是这样，特别是华尔街中的投机客。

我感觉自己在纽约不快乐，状态不是太好，因此不想交易，于是下定决心离开纽约，到别的地方赚一点儿本钱。更换地方有助于我找到以前的状态，所以在遭遇投机失败的沉痛打击后，我又一次从纽约离开。我在许多经纪商那里欠下的总债务已经超过10万美元，比走投无路还要惨。

我在芝加哥得到少量本钱，这意味着，想要赚回大量的资金，必须耗费大量时间。有一家经纪商曾经允许我进行交易，他们对我的交易能力非常信任，很希望看到我在他们公司中做一些小笔交易，以此证明他们的眼光不错。

刚开始，我的交易非常保守。假如一直在那里交易，不知道以后会发生什么事情。在我的交易生涯中，发生一件令人不敢相信的事情，这次独特的经历缩短了我在芝加哥停留的时间。

一天，卢修斯·塔克（Lucius Tucker）给我发来一封电报。刚与他相识时，他在证券交易所的一家会员公司出任经理，我常常在他们公司下单，不过后来联系中断了。电报的内容是：

立即到纽约来。

卢修斯·塔克

我很清楚，我们共同的朋友已经把我当前的处境告诉他。很明显，他非常有把握。去纽约是毫无必要的，我没有充足的金钱可供挥霍，因此没有听从他的要求，只是给他打了一个长途电话。

我说："你发来的电报，我已经收到，不知道你想说什么？"

他回答道:"我要告诉你,纽约有一位大银行家希望与你见一面。"

我问:"他是谁?"我想不出谁想见我。

"你来纽约自然就知道了,不然我什么都不会告诉你。"

"你的意思是他希望与我见一面?"

"没错。"

"有什么目的?"

塔克说:"等见了你,让他亲口对你说。"

"你能否写信对我说?"

"不能。"

我说:"请告诉我详细的情况。"

"这样做不合适。"

我说:"塔克,你觉着,我应该跑这一趟吗?是否有些蠢?请告诉我些许内幕。"

"不可能,只要来,就会对你有好处。"

"你能否稍微点拨我一下?"

他说:"不能,这样做对不起他,我也不知道他多想帮助你,不过请相信我,尽快过来。"

"你敢保证我就是他想见的人?"

"没错,就是你,并非其他人,你最好过来。听我说,把你乘坐的火车班次用电报发来,我去火车站迎接你。"

我说:"好吧!"然后将电话挂断。

我不喜欢他把事情搞得神神秘秘的,但是我知道塔克是一个非常好的人,他肯定有自己的理由,才和我这样说话。对芝加哥我没有什么依依不舍的,因为我在那里的情况并非太好。在那儿,我本想赚足够的钱,像往日一样做大笔交易,可是以当前的速度,短时间内是不可能的。

可是返回纽约,我也不知道会遇到什么事情。的确是这个样子,在旅途中,我一直忧心忡忡,害怕自己浪费火车票,浪费时间,最后却什么事情都没有发生。没有想到，即将到来的竟然是人生中最奇特的一次经历。

在火车站，塔克接我，没有耽搁片刻，立即对我说，丹尼尔·威廉森先生迫切想要见我。他是威廉森-布朗公司的老板，那是一家非常有名的证券交易所会员公司。威廉森先生请塔克转告我，他计划在商业上给我提一个建议，这个建议对我有很大好处，所以他有把握得到我的同意。什么建议？塔克向我承诺，他对此一无所知。这家公司的信誉很好，肯定不会让我做任何见不得光的事情。

这家公司的创始人是艾勃特·威廉森，始建于19世纪70年代，威廉森先生是大股东。在这个公司中，并没有布朗这个人，多年来，始终没有听说过这个名字。这家公司在丹尼尔的父辈时期声名显赫，丹尼尔继承大量资产，无须去外面寻找太多业务。他们有一个名叫埃文·马凯的顾客，是威廉森的姐夫，他一个人相当于100个普通顾客，不仅是十几家银行和信托公司的董事，还是庞大的切萨皮克大西洋铁路系统（Chesapeake & Atlantic Railroad Systerm）的总裁。在铁路领域，他是继詹姆斯·希尔之后权力最大的人，也是具有很大势力的道森堡帮（Fort Dawson）的银行圈的发言人和重要成员。他大约拥有5000万到5亿美元的资产，说话的人不同，估算的数字也各不相同。大家在他死后发现，他的总资产达2.5亿，都来源于华尔街。由此可见，他是一个非常优秀的顾客。

塔克对我说，近期威廉森-布朗公司特意为他设立一个职位，他已经接受。这家公司意欲开发一般的经纪业务，由塔克负责四处走动。塔克建议威廉森先生增设几家分公司，已经得到同意，有一家位于纽约上城的一个大旅社中，另一家位于芝加哥。我隐约觉得他们将聘请我在芝加哥担任某项职务，也许是公司经理。我不会接受这种工作，想先等一下，等他们提出建议后再回绝，因此没有责备塔克。

塔克把我带到威廉森先生的私人办公室中，向他的老板介绍我之后，迅速从房间离开，似乎由于他对双方都很熟悉，不希望当见证人。我做好准备，打算倾听后再回绝他。

威廉森绝对是个绅士，很有礼貌，面带微笑，和蔼可亲，总让人觉得心情舒畅。我发现他很擅长交友，也很容易与朋友维持关系。果真如此，健康的身体给他一个美好的心情。没有人怀疑他动机不纯，因为他的资金雄厚。这些优越的条件，再加上良好的教育，以及他得到的社会训练，都很容易把他变成一个礼貌、友好、乐善好施的人。

我不知道该说些什么，只好沉默不语，等到别人结束发言之后才开始发言。我听别人说，已经逝世的詹姆斯·斯蒂尔曼是城市国民银行——花旗银行的前身的总裁，也是威廉森的好朋友，他经常拉长脸，平静地倾听别人向他提出建议。等这个人说完后，斯蒂尔曼先生会像他没有说完那样盯着他。他觉得应该再说点儿，于是继续发言。仅凭注视和倾听，斯蒂尔曼常常让提出条件的人得到比开口时更优惠的条件。

我保持沉默的原因是希望了解事情的所有真相，并非促使别人提出更加优惠的条件。你可以在别人表述完整之后，立即做出决定，不需要进行毫无价值的漫长辩论，节约很多时间。我可以在参与的商业讨论中，只说是或不是，就能裁决别人提出的商业建议。没搞明白所有事情之前，不能立即说是，也不能立即说不是。

我在倾听威廉森的话。他说，我在股市上的交易，很多都传进他的耳朵中，他为我离开擅长的区域，在操作棉花时遭遇很大失败而感到遗憾。但是我的倒霉使他得到一个和我一起交谈的机会，他为此又感到有些庆幸。他觉得，股市是我最擅长的，我天生适合在股市中一展才华，不应该从股市中离开。

他十分开心，概括说："利维斯顿先生，就是由于这个原因，我们才希望和你一起做生意。"

我问他："怎么做生意？"

他回答说："做你的经纪商，希望你在我们公司下单子交易。"

我说："在你们公司下单子交易？我特别愿意这么做，但是我无能为力。"

他问:"无能为力?为什么?"

我回答说:"我缺乏资金。"

他笑了笑,友好地说:"资金由我出,你不用担心这一点。"他把一本支票簿取出,签下一张支票,数额是2.5万美元,把我的名字写在抬头位置,把支票递给我。

我问:"你是什么意思?"

"你可以存进自己的账户,开自己的支票。只希望你在我们公司做交易,赚钱或输钱都没有关系。不用担心输光这张支票,如果你输光,我可以再给你开一张私人支票,明白什么意思了吗?"

我很清楚,这家公司资金雄厚,业务做得很大,无须主动拉任何人进行交易,怎么会赠送别人一笔钱,供他当作保证金呢?尤其是这个人很善于利用这种钱赚钱。他们公司向我提供的是一笔现钞,而不是信用,钱的来源只有他知道。假如我同意交易,只能在他的公司下单子,这是唯一的条件。他已经承诺,假如这笔钱赔光,将为我提供更多钱。他为什么要这样做?一定有什么理由。

我问他:"你这样做的目的是什么?"

"目的很简单,希望我们公司有一个因做大笔交易而声名显赫的顾客。我特别欣赏你,是因为所有人都清楚,你在空头方面做大笔的交易,因而声名显赫。"

我说:"我依然不知道什么意思。"

"利维斯顿先生,我老实告诉你,在我们公司的顾客中,有两三位很富有,常常做大手笔交易。我们每次卖出1万或2万股某只股票,华尔街就怀疑他们将做多的股票卖出,我不想看到这种局面。假如华尔街获悉你也在我们公司交易,他们就无法断定放空的人是你,还是别的顾客。"

我立即明白了他的意思。他想借用我豪赌的名声,掩饰他姐夫的操作。我于一年半前赚到的那笔钱,数额已经超出曾经任何一次的规模。股票价格下跌时,那些好事的人总喜欢责怪我。如今依然这样,股票市场出现疲软现象时，他们总习惯归咎于我，说是我在挤压股市。

无须多想，我立即明白威廉森提供了一个机会，让我可以以很快的速度重现曾经的辉煌。我将他递来的支票存进银行，在他的公司中开设了一个账户进行交易。此时市场非常火爆，许多股票的价格都在上涨，所以你无须坚持做一两只特别的股票。我曾经对你说，刚开始，我担心自己在交易时做出错误的判断，看来我的担心是多余的。威廉森借给我2.5万美元，三个星期内，我就赚了11.2万美元。

我找到他，告诉他说："我把借你的2.5万美元还给你。"

"不行，小兄弟，不能这样，等你赚的钱足够多时再还给我吧，现在这点钱先不要给我。你账户里的钱还很少。"他一边说着，一边冲我挥了挥手，就像我端给他的是一杯蓖麻油鸡尾酒。

此时，我犯下一个错误，是在华尔街交易以来最令我悔恨的错误。正因为它的存在，我后来度过一段漫长、可怕、痛苦的时光。应该让他把那笔钱拿走。我赚钱的速度很快，多于输掉的钱。连续三个星期，我每星期平均获利高达150%。应该从此时开始逐渐加大交易规模。我按照他的想法做，没有迫使他拿走那2.5万美元。他没有把借给我的2.5万美元拿走，因此，我也不能拿走自己赚的钱。非常感激他，不过我天生不愿意亏欠别人，也不想欠人钱。可以用金钱偿还金钱上的债务，偿还别人的好心时，我只能拿出自己的好心。你也许能看到，这种道德上的义务经常要付出非常大的代价，这种义务的终点在哪儿？任何一部法令都没有指出。

我把这些钱存放起来，再次进行交易，一切都有条不紊地进行。我恢复以前的实力，相信能在短期内再次拥有1907年时那种雄心壮志。唯一的要求是，希望市场可以稍微延长持续的时间，那样就可以大赚一笔，超过曾经赔掉的钱。我并不注重是否赚钱。摒弃犯错和身不由己的习惯，才是我最高兴的。几个月以来，我一直被这种习惯折磨，如今终于吸取教训。

此时，我开始看空股市，将很多只铁路股票放空，大概将切萨皮克大西洋铁路股票放空了8000股。

一天早上，我前往市区。开盘前，威廉森把我叫到他的私人办公室，对我说："拉利，先不要操作切萨皮克。你放空8000股切萨皮克的做法有失妥当，我今天早上已经在伦敦帮你回补，甚至还会帮你做多。"

大盘给我的信息是，切萨皮克大西洋的股票价格必然要下跌，我非常肯定这一点。我看空整个市场，这是一种非常健全的看空，一点儿也不偏激。因为看空，我可以适当放空一部分，不会有什么危险。我对威廉森说："每一只股票都要下跌，我已经看空整个市场，你这么做什么意思？"

他摇了摇头，说："我知道一些切萨皮克大西洋的内幕，所以才这样做。你对这些事情缺乏了解。我希望你不要放空这只股票，除非我把放空的有利时机告诉你。"

这条消息来自董事长的妹夫，而不是缺乏理智的传言，我不知所措。威廉森是马凯最好的朋友，他很善良，对我非常大方。他已经说过非常信任我，不怀疑我说的话。我无法做不当的事情，只好选择退缩，感情又一次为判断让步，这都是为了感谢他。他的建议控制我的判断，促使我开始走向失败。一个有道德的人一定带着感激之情，我们应该刻意摆脱感激，不受它的困扰。我赔光所有钱，甚至欠公司15万美元，最先听到的就是这个消息。我心情低落，威廉森却告诉我无须担忧。

他向我许诺说："我有能力协助你走出这种局面，不过你要放弃独立交易，给我足够的权利，否则我无能为力，总不能忙前忙后帮助你，最后却遭到你的破坏。你先不要在市场上交易，就让我代替你找机会赚点钱吧！"

我再问你，我能做什么？他的好心让人不知所措，没法对不起他。他对人非常友好，给人一种愉快的感觉，我慢慢喜欢上他。在我的记忆中，他说的都是一些鼓励性的话。他不停地安慰我，说所有事情都会变得好起来。大概半年后的一天，他笑容满面地跑来，把一些借条递给我。

他说："我向你承诺过要协助你走出困境，如今我已经兑现承诺。"我发现，当时他已经替我偿还所有欠款，甚至为我赚回少量的钱。

当时，市场非常乐观，我觉得自己可以轻易让这笔钱赚回更多钱。

他却对我说:"我已经帮你买进1万股南大西洋(South Atlantic Ocean)。"这是另外一条铁路股票,由他的姐夫控制,在市场上的命运也受他本人的控制。

假如别人对你的态度就像威廉森对我那样,无论你对市场怎么看,除了说声"谢谢你"之外,你不会说任何话。也许,你坚信自己没错,不过正如席恩所说:"你下注前一无所知。"威廉森掏自己的腰包帮我下注,我还能说什么。

南大西洋股价下跌,价位始终很低,我又以赔钱告终。威廉森帮我卖光那只股票,已经无法记得那1万股当时赔了多少钱。我欠他更多债款。你一生都没见过这么好心的债主,他从来不让你厌烦,说的都是一些鼓励话,让你不必担忧,始终不在你面前发牢骚。他最终用大方、神秘的方法为我赚回所有损失。

具体的过程怎样?他从来没向我透露。我看到的只是账户上的数字。威廉森只告诉我:"我已经弥补你在南大西洋上的损失,而且在另一次操作中赚了钱。"他告诉我,他如何将另外一只股票的7500股卖出,从中赚一大笔钱。坦白地说,我对这些交易的具体过程一无所知,直到他对我说已经弥补损失。

多次发生这种事情促使我开始思考,要换一个角度看待当前的局面。最终,我发现威廉森明显是在利用我。发现这一点之后,我非常气愤,不过还有一点让我更气愤,那就是竟然没有提前发现这一点。我把这件事情的整个过程在心中过一遍,立即找到威廉森,向他宣布终止与他公司之间的关系,随后从威廉森-布朗公司离开。我没有说他的坏话,也没有说他那些合伙人的坏话,因为这样对我没有任何好处。我承认自己的心很痛,一方面为自己,另一方面因为威廉森-布朗公司。

我不会因为赔钱而一蹶不振,事实上,每次在股市中赔钱,总能学会一个道理,觉得自己在赔钱中赚到经验,这些钱不过是学习经验的学费。人一定要获得经验,为此,不得不付出一些代价。我在威廉森公司失去一个非常有利的机会，这个经验令人痛心。我可以把赔掉的钱重新赚回，但是无法每天都碰到当初那种好机会。

你发现了吧，我对市场的判断准确无误，也就是说，我可以非常准确地解读大盘，当初的市场非常适合交易。有一个赚几百万美元的机会，却因为感激之情错过。我将自己的双手绑住，不得不听凭威廉森好心告诉我的方法操作。总之，这是一场糟糕的合作，比和亲戚之间做生意还糟糕。

这件事情还不算最糟，有比这更严峻的问题，那就是从此以后，我很少能找到大赚一笔的时机。市场变得平静，形势更加严峻。我赔光所有钱，欠下很多债，甚至超过了曾经的债款。1911年、1912年、1913年和1914年这四年，我一直非常穷苦，找不到赚钱的机会，我的处境变得更差。

赔钱令我很不舒服，因为我一直悔恨曾经的所作所为。我内心始终无法摆脱这种局面，这让我离失败更近一步。我很清楚，投机客有很多弱点，很容易犯下错误。我这种人在威廉森公司遇到这种事并不是什么稀奇事。作为一个投机客，我本不应该因为任何顾虑做出违背自己判断的事情，这是很不明智的做法。得到恩惠要记得回报，但是大盘可没那么包容，它也不会回报那些忠心耿耿的人，所以股票市场不适合这样做。我很清楚自己不可能做出别的事情。不可能只是为了在股市中交易，就彻底改变我的本性。事业总归是事业，作为投机客，坚定不移地相信自己的判断就是我的事业。

这是一种非常独特的经验。我会把具体的情况告诉你。刚看到我时，威廉森对我说的话非常真诚。威廉森的公司交易任何一只股票，交易量达到几千股时，华尔街的人就会觉得是马凯在交易。马凯的确是这家公司的大作手。他的每一个单子都在这家公司里，是华尔街人遇到的最大作手，也是最优秀的作手。他们希望我掩护马凯的卖出，把我当成烟雾。

我加入这家公司，不久后，马凯得了一场病。他得的是绝症，很早之前就已经查出。威廉森比马凯更早知道这件事情，就是由于这个原因，我放空切萨皮克大西洋的股票后，威廉森又回补。他姐夫投机买进许多股票，都被他卖出，其中有切萨皮克大西洋股票，也有别的股票。

马凯通过投机或半投机的方法买进一些股票，财产管理人肯定会在马凯去世后将其卖出，到时我们就会处在空头市场中。威廉森想办法用自己的方式限定我的交易，为马凯的财产带来很大好处。我曾经说过自己是一个交易量非常大的作手，能对股市做出明确的判断，这不是在说大话。在1907年的空头市场中，我的表现非常突出，威廉森记得这件事情，他不想冒险，不敢允许我无拘无束地交易。假如我按照当初的方式交易，将大赚一笔，在他卖出马凯的一部分财产时，有把握操作几十万股。马凯留下的财产只有一两亿美元，所以我的大量做空将让马凯的继承者遭遇几百万美元，甚至几千万美元的损失。

他们帮我偿还债款会给他们带来损害，但是我在其他公司大量放空会给他们带来更大损害。我应该尽力放空，却因为对威廉森心怀感激，无法违背他的好心。

我一直觉得，这个经历是我从事股票交易以来最有意思的，同时也是最倒霉的。这是一次教训，令我得不偿失，重现辉煌的时间被推迟许多年。我非常年轻，有足够的耐性赚回几百万，甚至几千万美元。不过任何人都无法在连续五年的贫困生活中保持愉快的心情，老人是这样，年轻人也是这样。相比没有市场可以重现辉煌的日子，没有游艇的日子很容易就能熬过。丹尼尔·威廉森是一个了不起的人物，他给了我一生中遇到的最好时机，把我丢失的钱包放在我的鼻子前面，我竟然无法伸手取出来。他是一个非常精明、心机很重的人，有远见卓识，也有足够的勇气。他是一个想象力丰富的思想家，能洞悉所有人的弱点，再制订冷静的计划向这个弱点发起进攻。做出推算之后，他很快就想到对付我的方法，让我在市场上畅通无阻。事实上，他从没骗过我的钱，甚至在这方面非常大方。他爱自己的姐姐——马凯夫人，为她尽到了他自己认为应该尽到的义务。

第十四章

把握回补空头的最佳时机

我非常心痛,因为从威廉森布朗公司离开之后,我发现自己已经丧失市场上最美好的事物。我进入一段长达四年的贫穷时期,一直无法赚钱。比利·亨利杰这样说过:"在这样的市场中,臭鼬鼠都无法释放臭味。"

也许这是上帝的考验,注定给我的生活带来这场磨难。事实上我没有骄傲到用失败让自己学到经验,也没有犯过交易者需要付出代价的任何投机罪,从来不像傻瓜那样在操作上犯错。在42街以北的纽约金融区得到赞赏,而非得到指责,这是我的努力方向,也是我一直没有做到的事情。这种做法在华尔街很荒唐,不得不付出非常高的代价。通过这件事情,人们得到的经验很可能是,要让自己在股票市场上冷漠一些,这非常糟糕。

我从威廉森公司离开,前往别的交易公司交易,在所有公司都赔钱。市场没有提供赚钱的机会,却强迫它提供,失败是必然的。熟悉的人都非常信任我,很容易就能得到运转的资金。向你讲述一点,足以让你明白他们多么信任我,最后不再依赖信用进行交易时,我的欠款远高于100万美元。

我丧失了自己的能力,但这并不是问题所在,真正的问题是,连续四年的贫困日子中,根本没有任何赚钱的机会。一直没有停歇,希望赚一点儿本钱,最后反而欠下更多债。我不想从朋友那里继续借钱,停下个人的交易后,帮助顾客交易,靠这种方法维持生计。这些顾客觉得我很擅长股票交易，甚至可以在市场低落时战胜市场。通过这种服务，我赢得一些利润。其实，这时候根本没有任何利润。我的生活方式就是这样，也可以说，我就是靠着这种方法保障自己的生活。

我肯定没有一直赔钱，不过也一直没有赚到充足的钱，依然欠着很多钱。后来的情况变得更差，我一生中首次出现情绪低落的现象。

在我看来，好像所有事情都有问题。我损失的金钱高达几百万，甚至几千万美元，也失去了自己的游艇，欠下很多钱，生活十分贫困，但是我没有抱怨。不想看到自己这个样子，也没有只顾可怜自己。我想结束贫困局面，但是不准备把这个问题交给时间和上帝，所以开始对自己的问题进行研究。很明显，要通过成功的交易赚钱，只有赚钱能让我摆脱贫穷。我计划继续像以前那样做几次成功的交易。肯定可以在市场中找到赚钱的机会，因为我曾经多次用很少的资金赚到几十万美元。

我让自己记住一个道理，犯的所有错误都不能归咎于市场，而要归咎于自己。研究各个阶段的交易问题时，我习惯找出自己存在的问题，如今又开始这样做。冷静地思考后，我发现担忧欠款是最大的问题，一直都处在忧虑之中，始终没有让自己解脱。有一点希望向你说明，我忧虑的原因并非因为自己有这方面的意识。在正常经营的过程中，所有生意人都会欠债。我欠的很多债款都是商业债款，由经济状况不佳造成的。类似于商人见到十分少见、要延续很长时间的异常气候，只是我的情况不如商人严重。

我没有还债的能力，日复一日，对自己的欠债不再抱着无所谓的态度。要说的是，在股票市场上的损失已经让我欠下高于100万美元的债务。大多债主不会要债，他们都很善良。有两个人却不是这样的人，他们开始骚扰我，常常紧盯着我的行动。他们总在我赚钱时出现，要求知道详细情况，坚持分一笔属于他们的钱。我欠其中一个人800美元。他声称要控告我，觉得我把钱藏了起来，要扣留这些钱。我想不通他为何有这种感觉，也许是觉得我看上去不像贫困不堪的失业者。

对这个问题进行研究后，我发现研究自己才是最重要的，而不是研究大盘。冷静地思考后，我意识到自己因为担忧债务才无法取得任何成绩。我想说的是，假如债主提出要求，赚回充足的本钱前先把欠款还清，不断束缚我，无法重新翻牌，就会一直这样。这一点非常明确，找不到任何解脱心灵的办法，我只能告诉自己："一定要宣布破产。"

这听上去既简单又有道理，不过它给我带来的不只是很差的心情。被人误解的感觉很难受，我想说的是，这种处境真让人痛苦。金钱始终没有引起我的重视，真不应该为金钱撒谎。不过，我很清楚，并非所有人都是同样的想法，觉得自己有还钱的责任。假如能站稳脚跟，就可以把所有钱还清。要想把这 100 万美元的欠款还清，只有一条路可走，那就是按照过去的交易方式交易。

我的很多债主都是老朋友，再去见他们并不容易，但是我依然鼓起见他们的勇气。

我把自己的情况清晰地解释给他们听："用这种方式，目的是让自己赚到钱，公平地对待你们和自己，并非不想把钱还给你们。我近两年间多次想过这种解决方式，但是不敢在你们面前如此坦诚地说出来。早点儿说出来对你们有好处，对我也有好处。说得简单一些，我被这些债务束缚，或受到骚扰时，根本不可能回到以前的样子。只有这一个理由，如今已经我下定决心，要做一年前就该做的事情。"

第一个人代表自己的公司发言，其实，剩下的所有人都是这个意思。

他说："我们非常了解你当前的处境，利维斯顿，我们要告诉你，你将不受约束，这就是我们的做法。请让律师起草好所有你需要的文件，我们会在上面签字。"

现实中，我的每一位大债主都表明这种立场。在华尔街，这种情况对你有好处。这种决定是最理智的，很明显，这样做才符合做生意的规则，这不是鲁莽的善心，也不是公正的风度。我感谢他们的善良，感谢他们做事情的乐观态度。

债主们已经同意，我可以先不还这些超过 100 万美元的欠款。不过，有两个小债主不同意在协议上签字。其中一个就是我欠他800美元的那个人，我曾经和你说过这件事。还有一家已经破产的证券经纪商，我欠他们6万美元。破产管理人对我的处境缺乏了解，一直紧盯着我的行踪。我与那些大债主签订合约，我认为，就算破产管理人同意在上面签字，也会遭到法院的拒绝。通过破产程序，欠债只剩下10万美元，但是我曾经说过，其实欠债已经超过100万美元，报纸上的消息令人非常难受。我为自己不能全额偿还自己的欠债感到羞愧。很显然，只要生命没有终止，就有还清所有人债务的那天。但是，看到这条消息的人对此却一无所知。报纸上的信息令人感到羞愧，我甚至不好意思出门。这种感觉在不久后消失，说不清楚那种摆脱束缚的感觉多么深刻。全身心地投入股票市场的投机游戏中，我才能取得成功。当明白自己再也不受这些不了解我的人控制时，我感到非常自由。

如今，我没有那么多债务缠身，可以放下心中的重担，希望能在股票交易中获得成功，接下来要做的是筹集一些本钱。证券交易在1914年7月31日开业，到12月中停业，华尔街长期没有任何交易，一直冷冷清清。尽管每一个朋友都非常善良，态度也非常好，但他们都成了我的债主，无法再向他们张口借钱。我很清楚，任何一个人都不应该帮人帮到这个地步。

证券交易所已经关闭，所有证券商都无法借钱给我，所以很难得到需要的本钱。我在很多地方试过，没有任何效果。

我于1915年2月找到丹尼尔·威廉森，对他说，我已经从欠款导致的心理重负下解脱，计划继续进行交易，就像以前那样。他以前需要我时，主动提供2.5万美元供我交易，你应该还能想起这一点。

如今，我需要他的帮助。他对我说："假如你发现可以在哪只股票上赚钱，可以随意买进500股。"

我向他表示感谢，然后离开。曾经有机会赚一大笔钱，却遭到他的破坏，还被他们公司赚走大量佣金。坦白地说，我非常难受，因为威廉森－布朗公司并没有提供一笔本钱。刚开始时，我准备控制交易量，那时如果买进的股票比500股更多，也许能迅速赚一笔钱，难度也会降低。我很清楚，这是我重现辉煌的机遇，具体的情况就是这样。

我从威廉森的公司离开，对整体的形势和自身的问题进行研究。我和成千上万个交易者都明白，此时是多头市场。我受到金钱上的约束，最多只能买进500股，转化的余地非常小，最初甚至无法承受非常小的失败，所以，要在首次操作中赚到需要的本钱。我需要资金，首次买进的500股一定要能赚钱。我很清楚，一定要拥有充足的交易金，否则我的判断将丧失准确性。保证金不足将导致我无法用一种冷峻、冷静的态度操作这种游戏，因为要具备一定的资金，像以前那样在市场中做实验，常常要先赔点小钱，然后才可以大笔投入。

我明白，作为投机客，我正处在至关重要的时期。假如操作失败，就算还有机会，依然无法再尝试一次，因为不知道何时、何地才能筹集到另一笔钱。很明显，必须等待心理状态最好的时机。

连续六周内，我一直在研究大盘，没有与威廉森-布朗公司接触一次。我担心自己从这家公司走过时，遇到买进500股的绝佳机会，在时机不到时买进错误的股票。对基本形势进行研究，记住市场曾经的事例，洞察大众的心理，明白自己的经纪商受什么约束，了解自己并预防自己的弱点，这些都是交易者应该做到的。你的本性不应该成为你愤怒的原因。随着时间的推移，我开始认为，研究大盘很重要，找到了解自己的方法也很重要。我对一些冲动，或对市场的火爆引起的一些很难抗拒的诱惑有什么反应？我曾经研究过，也推断过，当时的心情和精神正如我判断收获情况的情景，也像分析盈利报告的情景。

我很贫困，却着急再次交易。日复一日，我一直坐在一家证券经纪商那里的大看板前，希望抓住每一笔交易，等待一个全面买进的机会。在这家证券经纪商里，我不能做任何交易。

有一个状况，整个世界都已经知道。1915年初是至关重要的日子，我非常看好伯利恒钢铁，觉得这只股票必然要大幅度上涨。一定要有十足的把握，确保首次交易就能为自己创造盈利，因此，我下定决心，务必等到这只股票的价格超过100美元。

我曾经对你说过，一只股票的价格首次超过100美元、200美元、300美元时，常常继续上涨30到50个点，甚至超过300美元后的上涨速度比超过100美元、200美元的上涨速度更快。以前，我成功做过几次大笔交易，阿纳康达就是其中之一。我买进阿纳康达时，它的股价是200美元，一天后上涨到260美元，于是我将其卖出。在股票刚超过面值时买进，是一种运用了很多年的交易方式。很多年前，我刚在证券公司交易时，就已经采取这种交易方式。

我非常希望再次回到曾经那种大规模交易，对此，你应该可以察觉。我急于回到股票市场交易，别的任何事情都无法引起我的兴趣，不过，我依然能克制住这种情绪。每日上涨的趋势使伯利恒钢铁的价格越来越高，我每天看着它，似乎对它这种上涨的趋势有十足的把握。我想去威廉森－布朗公司，非常想买进500股，但是还能克制住自己的冲动。第一笔交易不能有任何风险，我很清楚，必须全力以赴保障这一点。

伯利恒钢铁的价格每上涨1美元，都意味着我错过赚500美元的机会。我本可以在开始上涨10点时加码，买进1000股，而不是只买进500股。如此一来，股票价格每次上涨1美元，我就能赚1000美元。任由希望制造出很大的响动，任由信念高声叫嚣，我没采取任何行动，只相信自己的经验，用冷静和常识做出判断。假如本钱够用，可以赌一次，但是缺少本钱时，我连很小的赌注都不敢下，这代价太大了。我克制自己的贪心，压制自己的希望，耐心地等了六个星期，最终常识获胜。

这只股票的价格超过90美元，我的血液开始滴出，汗水开始流淌，对自己的信念开始怀疑。刚开始，虽然我看好股市，却没有买进，你可以想象一下，因此损失多少钱。我在伯利恒的价格超过98美元时暗自告诉自己："伯利恒的价格一定可以超过100美元，到时能把房顶顶得什么都不剩。"我研究大盘的走势，也看到同样的趋势，似乎看到大盘拿着麦克风大声吆喝。我想对你说的是，股价显示仪上的价格刚显示98美元时，已经可以从大盘上发现100美元。我很清楚，这种情形源于自身的看盘本能，而不是我刻意希望发出的声音，也并非由于是这么想的。所以，我告诉自己："这只股票相当于已经超过票面价格，我要立即买进，不能等它的价格超过100美元。"

我连忙跑到威廉森－布朗公司。伯利恒钢铁当时的价格是98美元，我买进500股，价格从98美元到99美元。刚买进这只股票，它的价格就迅速攀升，我认为，它当天晚上的收盘价格肯定能达到114美元或115美元。于是，我再次买进500股。

伯利恒钢铁的股价于第二天上涨到145美元，我终于用自己的辛苦赚到本钱。我耗费6星期等待合适的机会，其间耗费大量心力。如今，我拥有充足的本钱，终于有了回报，完全可以做大笔交易。500股的交易量无法让我从中找到一点儿成就感。

无论你从事什么行业，一定要在起步阶段保证正确无误，这一点非常关键。自从顺利交易伯利恒股票，我一直顺风顺水地交易，甚至让人觉得这种好成绩不可能来自于同一个人。刚开始，我一直被打扰，经常出错，如今已经没有任何错误，可以怀着愉快的心情交易。也就是说，我已经有所变化。我一直赚钱，因为可以完全凭自身经验进行操作，不用让自己的思考受到债主和资金的影响。

我自信满满地走着自己的赚钱之路，然而，天不遂人愿，突然，鱼雷把"卢西塔尼亚号（RMS Lusitania）"击沉，股票开始下跌。人们经常每过一段时间就为一件事情伤心，好像是为了让自己记住一个令人感到悲伤的事实，那就是，所有人都无法一直免受不利因素的危害，对市场做出准确无误的判断。"卢西塔尼亚"号被击沉的消息传入我的耳中，他们说这件事不会给专业投机客造成太大危害，还说他们知道这个消息时，这个消息还没有传到华尔街。我的智力还不足以凭借提前获悉的消息躲开下跌趋势，能告诉你的是，我最终赔钱，正是因为"卢西塔尼亚"号被击沉导致股价下跌，而且我的智慧也不足以推测出一两次价格出现反转的现象。我于1915年底发现自己在经纪商账户仅剩14万美元左右。事实上，我赚的所有钱只有这些。其实那一年，我对市场的推断多数时候没有错误。

我比较走运，第二年的表现明显转好。我非常看好疯狂的多头市场，最后证明我的预测没有任何错误。不知道该做什么事情，所以只能赚钱。想起标准石油公司（Standard Oil Company）已经逝世的罗杰斯（Rodgers）曾经说的话：没伞的人站在暴雨中，必然会被雨水淋湿。一个人遇到赚钱的机会时，必然会赚钱。在我见过的多头市场中，这个最明显。美国将各种物资卖给协约国，因此变成世界上最繁荣的国家，所有人都明白这一点。世界上的现金将迅速流入我们国家，因为我们拥有的产品，所有国家都不具备。世界各国的黄金都流入这个国家，如洪水一样，这会导致通货膨胀，进而抬高各种东西的价格。

很少炒作，甚至完全不炒作，就可以抬高股票的价格，因为所有迹象在最初阶段就明显显露出来。相比其他多头市场，这种准备工作更少，原因就在于此。人们把这种景气叫作"战争新娘"，它能让普通大众得到空前多的利益，它的发展比其他任何景气都更加自然。1915年，股市利润广泛分配，超过华尔街上的各个阶段。普通大众有一点没有做到，那就是将所有账面利润转成现金，或者是将已经获得的利益长时间保存，他们只是让历史一遍又一遍上演。华尔街上的历史一遍又一遍地往复，频率很高，也非常一致，任何地方都不可比拟。如今的股票投机和股票投机客与往日的差别非常小，假如你对当前的景气和惶恐记录进行研究，就能发现这个令人震撼的现象。人性与这种游戏都是原来的样子。

1916年，股票价格上涨时，我开始交易。和所有人一样，我也看好，所不同的是，我总是提高警惕。大家都明白，任何一件事情都有结束的时候，所以我一直保持警惕，希望找到一些警示信号。小道消息从哪里传来并不能引起我足够的好奇心，我并非只关注这一个方面。我当时不认为自己应该和市场永远保持接触，事实上，任何时候都不这样认为。当我得到一些可以交易的警示信号时，多头市场使我的银行账户增加，空头市场对我非常大方，但这些都没有足够的吸引力，我不会因此站在多头市场一方，也不会因此站在空头市场一方。准确无误才是最应该关心的，而不是向多头市场或空头市场宣誓效忠。

我们不要忘记另一件事情：市场到达最高点并非在辉煌灿烂的荣耀时刻，市场结束也并非在形势突然出现反转时。股票价格出现下跌时，也许市场已经不是多头市场，甚至可能很久前就已经不是多头市场了。我期待了很长时间，警示信号终于来了。我发现一种情况，几个月来首次出现，那就是：一些股票以前可以引领市场，它们逐个从头部回档很多点，但是却没有再回到头部。我务必改变自己的交易方式，因为这些股票的上涨趋势已经结束。

形势非常简单，多头市场中的股价呈上涨趋势。无论是哪只股票，当它偏离整体走势时，就可以认为这只股票遇到了障碍。那些了解股票的人，单从这一点就能发现问题出在哪里，而不是期待大盘如老师那样讲解。他的职责不包括等待大盘下发合法的批准文件，只包括听大盘说"出场"。

我已经在前面说过，大盘以令人震惊的速度上涨，但是领导股的涨势却停下。这些领导股先下跌6到7点，然后停下。在新的领导股的带领下，其他股票的上涨趋势依然没有停下。这些上市公司都非常正常，只能去别的地方寻找原因。连续几个月内，这些股票一直随着涨势上涨。待上涨趋势停下时，多头股票的上涨趋势依然非常强劲，由此可见，某些股票的多头市场已经不再。其他股票依然呈现上涨趋势，这一点非常明显。

事实上，这里面没有任何逆流，它不该引起你的困惑，让你举足不前。通过大盘走势，我发现多头市场仍然在继续，因此当时没有看淡市场，不过，多头市场结束的日子迫在眉睫。但依然可以从多头市场赚到钱，除非空头市场到来。由于市场的其他部分之后还存在上升的动力，我不看好那些不再上涨的股票，于是买进和卖出同时进行，这就是具体的情况。

我将不再上涨的领导股每一只卖出5000股，再买进新的领导股。被我放空的股票表现不太好，不过，被我做多的股票价格一直上涨。当这些股票不再上涨时，我就把它们每只股票卖出 5000 股。我此时并非偏多，而是偏空，所以，只有价格下跌，才是我下一次赚大钱的机会。事实上，空头市场在多头市场尚未结束时已经到来，不过我很清楚，还没有到全部放空的时机。比国王本人更像保王党没有任何道理，做这件事情太快更是没有任何道理。从大盘可以看出，空方主力部队的尖兵已经全面进攻，时机越来越成熟。

我的交易仍然在继续，一个月之后，我将 6 万股放空。由于这 12 只股票都是多头市场的领导股，是当年年初时大家最喜欢的，我将它们每只卖出 5000 股。这 6 万股并非特别大的空头头寸，不过市场也并非一定走空，请记住这一点。

市场一片疲软景象，一天，所有股票的价格都开始下滑。此时，我可以从放空的股票中赚钱，将放空的数额增加一倍，因为我很清楚，此时放空没有任何危险。

我创建了自己的空头头寸。很明显，股市是空头市场，我应将股票放空。我很清楚，市场走势肯定会按照我的方向，所以没有任何打压的必要，完全可以等待。我加码 1 倍，然后很长一段时间没有再做交易。我将所有放空头寸建立起来，大概 7 星期后，著名的"消息外漏事件"发生，股票价格严重下滑。传言说曾有人在华盛顿探听到消息，明白威尔逊总统将要发表声明，不久后，欧洲将迎来和平局面。全靠世界大战，美国"战争新娘"才能展开并维系，所以和平就意味着利空。有人指责一位非常精明的场内交易员，怪他依赖提前获悉的消息得到利益，他回答说，他卖出股票之前，只是预感到空头市场即将到来，并没有获悉任何消息。早在七个星期之前，我已经将自己的空头头寸增加 1 倍。

这个消息传来后，市场出现非常严重的下跌现象，我只能做一件事情，那就是回补空头头寸。做计划时，一旦你未曾预料到的事情发生，就要抓住这个绝佳机会，因为那是善良的命运赏赐给你的。你可以在这种非常严峻的下跌形势中找到十分庞大的市场，足以让你在里面回旋，这就是其中的一个原因，也是你将账面利益变现的最好时机。不用自己抬高价格，就将12万股回补，就算在空头市场中，一个人也无法常常遇到这样的机会。他一定要等待市场给他买这么多股票的机会，还不能让账面上已经存在的利润受到损害。

我没指望股票价格在那个特定时期受到这种特殊原因的影响，最后出现非常严重的下跌现象。在前面，我已经对你说过，30年的交易经验让我明白一个道理，这种意外事件遇到的阻力往往是最小的。我在市场上的头寸就是依赖这种路线决定的。不要忘记另外一件事情：在最高点处放空是非常不明智的做法，千万不要做这样的尝试，放空应该选择回档后没有反弹出现的时候。

凭借在多头市场做多，在空头市场放空的交易方法，我在1916年赚了大概300万美元。我曾经说，一个人无须与市场上的任何一个方面始终保持接触。

我特别喜欢在海洋垂钓，所以那年冬天，我前往美国南部的棕榈滩度假，和往日没什么区别。我将股票和小麦放空，得到丰厚的回报，生活非常开心，可以不受任何事情的困扰。其实，我肯定不会离开股票或商品市场，除非我前往欧洲。比如说，我有一条直通线路，可以直接通到经纪商那儿，它位于我在纽约州北部的阿迪朗达克（Adirondack）的家里。

我在棕榈滩习惯每隔一段时间去一次经纪商的分公司，发现自己没有交易棉花，但是它却疯狂上涨。当时是1917年，就是在这时，我多次听到一个消息，威尔逊总统全力争取和平。这个消息以两种形式从华盛顿传来，其中一种形式是新闻界的电报快讯，另外一种形式是私底下通知在棕榈滩的朋友。正是由于这个原因，有一天我突然意识到，许多市场的走势证明，威尔逊先生必然取得成功。和平即将到来，股票和小麦的价格将下跌，棉花的价格将上涨。我在股票和小麦方面已经做好准备，不过已经很久没有操作过棉花。

我在当天下午2点20分时依然没有半包棉花，但当时坚信和平就要到来，于是在2点25分买进1.5万包，这是我的第一步操作。我曾经向你介绍过往日的交易系统，如今计划依然用这种方式买进所需要的棉花。

市场在当天下午收盘，德国的"无限制潜艇"发来声明。大家只能等待第二天市场开盘，任何人都没有办法。我还能想起，当天晚上，美国有一位实力雄厚的工业巨头，他在葛丽莱俱乐部（Gridley's）中建议，用比当天下午收盘价低5点的价格，将所有美国钢铁股卖出。现场有几位百万富翁，他们来自钢铁之都——匹兹堡，都没有听从这个大人物的建议。他们很清楚，大跌现象必然在开盘后出现。

股市和商品市场于第二天早上陷入一片混乱之中，你应该能想象出那种场面。相比前一天晚上的收盘价格，一些股票的开盘价格低8点，我觉得这是一个非常好的机会，可以将所有空头头寸回补，从中获得利益。假如空头市场中突然出现混乱现象，最聪明的做法就是回补，我之前已经说过这一点。假如你交易的头寸非常大，只有这一种方法可以让你把账面利润变现，这是一种最快捷的方式，也是一种无须担忧利润受损的方式。我将5万股美国钢铁公司放空，就是一个例子。我将其他股票也放空，有回补的机会就回补，最终大概赚150万美元。应该重视这个机会。

前一天的下午，我在交易的最后半个小时内做多1.5万包棉花，刚开盘，棉花的价格就下跌500点。这种下跌幅度令人震惊，它意味着我一夜间损失37.5万美元。股市和小麦方面的下跌趋势非常明显，回补是最明智的做法，棉花该采取什么方式？我心里并不是特别有数。还要考虑许多事情，犯下错误时，我会甘心承认，不过我不想在那天早上就认输。考虑到自己来南部的目的并不是被棉花市场的走势困扰，而是愉快地度假、垂钓。小麦和股票已经带来很大利益，棉花损害到我的利益也无所谓。我不会觉得非得赚150万美元，原本计划就是赚比100万美元稍高一些的钱。就像你问太多问题时，促销人员总是告诉你，这只是记账问题。

前一天收盘之前，假如我没有将这些棉花买进，就不会损失这40万美元。这个事情给我的启示是：小幅交易也许能让你迅速赔许多钱。我的主要头寸没有任何错误，受一件事故的影响，我获得利益，它的性质刚好与我操作股票和小麦的性质截然相反。交易者交易时，走阻碍最小的路线投机可以再次表现它的价值，不要忽略这一点。德国人发表声明，因此形成无法预测的市场因素，但是价格走势并没有超出我的预测。和平到来时，股票和小麦将出现下跌现象，棉花的价格则会迅速上升，假如我所料不错，我这3种交易都不会出现错误。做这3种交易，我能从每一种交易中赚钱。我在股票和小麦市场的头寸始终准确无误，和平时期如此，战争时期也是如此，突发事件就是这样向我提供帮助的。我依据市场外有可能发生的事情做棉花交易，把赌注押在威尔逊先生顺利谋得和平上面。因为德国军方领袖的影响，在交易棉花时我赔钱了。

我于1917年初返回纽约，把亏欠的所有债款都还清，它已经超过100万美元。我觉得把欠债还清是一件非常快乐的事情。我的交易很频繁，也很成功，但还需要大量资金，这就是我为什么没有提早几个月还清债款的原因，其实，我本有这个能力提前还清。抓住1915年和1916年市场上那些非常好的机会，是我的责任，也是那些债主的责任。我很清楚自己将赚很多钱，不需要一点一滴地偿还我的债款，也不需要一次只还给一个人。我可以让他们再等几个月，把他们已经放弃索要的钱一次性全部还给他们。假如我得到市场的全力协助，就可以在自己资金允许的范围内继续做大规模交易。

那些签字同意我摆脱欠债的债主们，不愿接受我给他们的利息。那个借给我800美元的家伙，是最后一个得到我的还款的人，正是因为这个人的骚扰，我的生活才有了负担，甚至不能继续交易。我想让他记住，再碰到有人欠他几百美元钱时，态度要友善，所以我一直没还他钱，直到将所有人的钱还完之后才给他。

就是这样，我再次回到曾经的辉煌。

我将欠债全部还清，又拿出很多钱作为年金，决心永远不可以让自己再出现一穷二白、缺少本金的情况。为了给妻儿交纳信托基金，我结婚后又拿出一些钱。

我这样做是为了保障妻儿不受自己的连累，因为担心股市夺走手中的钱，除此之外，还担心将手里的钱都花光。

我熟知的好多人都曾经这样做，但是，他们急需钱时，经常骗自己的妻子签字，把钱骗到后输掉。我已经做出妥善安排，不管自己和妻子准备做什么，都完全不会损害这种信托的安全。我俩任何一个人遭到任何攻击，都不会影响这笔信托基金，市场需要也不会影响它，我甚至不愿意冒险让妻子的善心影响它。

第十五章

投机，必然充斥着不确定因素

不可预测的风险是投机中最容易发生的。许多谨小慎微的人还是会承受某些风险，只有承担这些风险，才能在商业领域有所作为。相比出门上街或乘坐火车旅行，正常的商业风险更小。当一些意外事件让我赔钱时，我将十分痛恨这些事情，更痛恨那些与时代不相符的疾风骤雨。生命是一场从出生到死亡的赌博，我没有预测未来的本事，所以可以承受自身遇到的事情，不会感到困惑。做投机客时，我多次判断正确，在合适的时机操作，但是却被一些暗箱操作的小人运用下流手段夺走利益。

头脑灵活或目光高远的企业家，不会被骗子、儒夫和流氓的卑鄙行为欺骗。缺乏诚信的下流行径从没被我遇到过，只是在一两家证券公司遇见过，诚实在那种地方依然是最好的做事标杆，赚大钱不能依赖欺骗的手段，而是要依赖堂堂正正的手段。为防止经纪商趁我不注意时欺瞒我，在某个地方交易时，我必须关注他的行为，因为我觉得被他欺瞒是一件非常糟糕的事情。面对背后耍阴谋手段的人，正直的人毫无办法。公平竞争始终是公平竞争。我相信诚信，相信不能违背承诺，却因此受到十几次伤害。但把这些事说出来于事无补，所以我不会这样做。

谈及交易所的交易大厅时，小说作家、宗教界人士，以及妇女，常常暗示那儿是公开贿赂的战场，或者将华尔街的日常业务描述成一场战争。这种戏剧化的说法只能误导大家。在我看来，斗争和竞争都不是我的副业。

我只是和个别人或投机集团的人有不同意见,而不是和他们进行战斗。也可以说,在基本形势方面,我与他们有不同的看法。剧作家口中的商战是在事业上不同观点之间的较量,而不是人与人之间的战斗。我只想办法坚持一样东西,那就是事实,我的行动完全建立在事实之上。就是靠这种方法,伯纳德·巴鲁赫(Bernard Baruch)赚很多钱。某些时候,我无法清晰明了地看清楚所有事实,或者不能提前发现事实,或者找不到符合条理的推论。我常常因为犯错赔钱。犯错了,自然要用钱来赔付。

所有理性的人都赞成为自己的错误付出代价。谁都无法在犯错方面成为拥有优先地位的债权人,所有人都概莫能外。我特别反感在正确时仍然赔钱,此处的正确交易不是指交易所突然改变规则导致的那些赔钱的交易。我脑海中是那些经常提醒你的投机风险:将赚的钱存入自己的银行账户中才是真实的。

商品价格因欧洲爆发世界大战而开始上涨。如预测战争通货膨胀那样,预测这一点也非常容易。物价上涨的趋势将居高不下,这是因为战争拖延的时间太长。1915年时,我为重现昔日辉煌奔波忙碌,你可能还没忘记这一点。我的义务是抓住股票热潮到来的机会。在股市里,我以最快的速度进行了很多最安全、最轻松的大手笔交易。你已经非常熟悉这件事,我时来运转了。

我于1917年7月将所有欠债还清,还能剩下许多钱。这表示我现在除了做股票交易外,还有时间、有资金、有欲求同时做商品交易。研究市场已经成为我多年的习惯。相比战争前,商品价格已经提升1到4倍。欧洲市场因爆发战争关闭,但咖啡成了一个例外。美国也是一个非常大的市场,大量咖啡运往那里。长年累月的积压致使美国的生咖啡过剩,价格下降。我研究投机咖啡的可能性,发现咖啡的实际销售价格比战争前的价格低。这种异常现象产生的原因非常清楚,德国和奥地利的潜水艇作战积极,它们的效率也越来越高,用于商业途径的船舶数量将大大下降,咖啡进口数量也将因此下降。消费数量没变,进货量的减少将消化掉过剩的存货,这种现象将导致咖啡价格如别的商品那样迅猛上涨。

并非如福尔摩斯那样聪明才能看出这种形势。为何没人买进咖啡？我无法告诉你。我以投资的心态买进，而不是投机。我很清楚，想要获得利润，需要花费时间，不过我觉得一定能在咖啡方面赚一大笔钱。买进咖啡成了银行家的保守投资，而不是赌徒的交易。

1917年冬天，我买进大量咖啡。市场依然非常平静，没出现什么异常情况。价格也没像我想的那样提升很高。我连续9个月持有这些和约，没取得任何成绩。

当时我的和约到期，将所有期权头寸出清后，赔了很大一笔钱。健全的观点令我十分自信。很明显，我没有掌握好恰当的时机。我坚信，咖啡的价格必然上涨，正如其他所有商品。将所有头寸出清之后，我立即开始买进。上一次持有9个月，我没有任何盈利，因此很失望。本次购买的数额是上一次的3倍，买进后，我将继续买进延后到期的期权。

这一次，我没有犯错。在我买进3倍后，价格开始上涨。忽然，好像所有地方的人都明白咖啡市场将如何变化。我的投资似乎可以带来非常丰厚的回报。

从事烘焙业的人大多是拥有德国姓氏，或与德国存在联系的商家，我和这些卖家签订合约。他们非常自信，将咖啡从马西买进，希望运到美国。无法找到可供运输的船舶，他们很快就发现，自己的处境非常不利。远方的南美洲有大量咖啡供应，美国又向我大量放空。

不要忘记，咖啡还是战争前的价格时，我开始看好。我买进咖啡后，持有的时间大概有一年，蒙受非常大的损失。赚钱是对正确的回报，赔钱是对错误的惩罚。很明显，这次完全正确。我持有大量头寸，有信心赚很多钱。持有的咖啡有几十万包，不需要咖啡的价格提升太多，就可以得到充足的回报。有时候，我操作的额度非常大，谈论时提起数字，大家会觉得我在说大话。其实，我的操作都建立在自己的财力之上，经常为自己留后路。我在这个事例中非常保守，随心所欲买进期权的原因是不想赔钱。

形势对我有利,一年内,我一直等待,如今耐心等待和精准的判断终于给我带来回报。我能发现不久后就能赚钱,这是因为我不盲目,而非有什么秘诀在里面。

我以非常快的速度顺利赚了几百万美元,却最终没有把钱拿到手,爆发了些突发状况,让我失去这笔钱。咖啡没有进入美国,市场形势没有反转,究竟发生了什么事情?所有人都没有碰到过这种倒霉事,它的到来让我猝不及防。我把一项新内容写进一大列投机风险名单中,常常要把这份名单放到面前。将咖啡卖空给我的人——即那些空头,知道自己将遭遇哪种处境,他们希望从这种作茧自缚的困境中逃离,全力想出一个最新的欺骗方式。他们匆忙来到华盛顿,希望得到援助,这一愿望得以实现。

也许,你还能想起,为了预防民生必需品被进一步囤积,政府曾经采取多项措施。这些措施有什么作用,你一定非常明白。这些心存善念的咖啡空头,跑进战时工业董事会(War Industries Board)的价格管制委员会(Price Fixing Committee)——我觉得,这就是它正式的名字——用爱国的名义向这个组织发出呼吁,希望它保护每一个想吃早餐的美国人。他们声称,一位名叫拉利·利维斯顿的专业投机客将轧空咖啡,一定要制止这种行为,避免他在战争后的形势中获得利益,否则美国人民将付出更大代价买每天都离不开的咖啡。一亿美国人民或多或少都要向那些蛇蝎心肠的投机客付钱、表示敬意,这些爱国人士、这些将大量咖啡卖给我、又无法寻到装运船只的人,根本无法想象这一点。他们并非炒作咖啡的赌徒,而是作为咖啡业的代表向政府提供援助,把真实存在或有计划囤积咖啡的人打压下去。

于是,一大帮人指责我。我这样说,并非为了暗示价格管制委员会没有竭尽全力,将那些囤积和浪费现象打压下去。我不会受到这件事情的阻拦,而是要说出我的观点,把这个委员会没有深入研究咖啡市场的原因指出来。最终他们制定了生咖啡豆的最高价格,还把当前每一条和约的终止时间制定出来。做出这个决定,意味着咖啡交易所(Coffee Exchange)

不得不停止营业。结果我只剩下将所有合约卖出这一条路可走，事实上，我的确是这样做的。我没有赚到那几百万美元，原本以为可以像赚每一笔钱那样赚到这笔钱。任何人想在人们离不开的生活用品上大赚一笔，我都表示反对，以前如此，现在也是如此。价格管制委员会尚未对咖啡豆进行表决前，别的所有商品售价都超过战前价格2.5到4倍。相比战争前几年内的平均售价，生咖啡豆的销售价格其实更低。我看不明白，咖啡豆的持有人不同，是否会产生不同的结果。德国无限制潜艇战，这严重危害世界各地的船舶，导致进口下降，过剩一点点消失，因此价格必然要上涨，这并非源于狠心投机客的交易。没有等咖啡的价格上涨，委员会就将刹车踩下。

不该在那时逼迫咖啡交易所关门，从政策的角度考虑如此，从妥协的角度考虑也是如此。咖啡价格必然要上涨，除非价格管制委员会介入。我已经向你介绍过其中的缘由，它和盛传的囤货没有任何关联。就算是正常的价格上涨，也会变成诱导性因素。巴鲁赫先生曾经说，战时工业董事会以供应不出问题为前提，规定价格，所以不满于一些商品不公平的上限价格。可是一段时间后，咖啡交易所的交易恢复，咖啡的销售价格竟高达每磅23美分。以善良为幌子的空头，将价格压得非常低，无法支付居高不下的海运费用，不能保证继续进口咖啡，使供应量减少，美国人民不得不支付很高的价格。

我常常觉得，这次咖啡交易是我所有商品交易中最合法的一次。在我看来，这次交易不像投机，而像投资。在咖啡方面，我从事交易的时间超过一年，假如其中有一些赌博性质，一定是受到那些热爱国家的烘烤商的影响，他们的祖先是德国人，有德国的姓氏。他们将咖啡从巴西买进，又向在纽约的我出售。只有这一种商品的价格没有上涨，因为受到价格管制委员会的约束。咖啡还没涨价之前，他们就保护大众，不让大众受到囤货的危害，不过涨价的趋势无法阻拦，最终还是损害了大众的利益。当生咖啡豆的价格达到每磅9美分时，烘烤咖啡和别的东西一起涨价，赚钱的只有烘烤从业者。我觉得，假如生咖啡豆的价格每磅提升两三美分，我就能赚几百万美元，大众也无须在后来的上涨形势中付出太大代价。

事情过去之后，再为投机找后账是对时间的浪费，不会给你带来任何帮助。这次交易可以给人一些教育。正如我做的其他交易，这次交易也非常顺利。很明显，价格一定会上涨，这合乎情理，所以我觉得自己可以轻松赚几百万美元。然而事实上，我一无所获。

我遭受的另外两次损失源于交易所管理委员会做出的裁决，没有任何预示，交易的规则就被变换。从技术的角度看，在这两次交易中，我的头寸没什么不妥。从商业的角度看，它们都不如我在咖啡豆上的交易那么健全。你对投机操作中的任何事情都没有十足的把握。我刚才对你说的这次经验，让我在没发生突发事件之前，把不可预知的事情列到自己的风险名单中。

这次咖啡豆事件过后，我在别的商品上的交易非常顺利，在股市空头方面也是如此，荒唐的流言蜚语开始困扰我。华尔街的专家和报纸记者已经习惯把责任推给我，总是在价格下跌时责备、暗示我在掼压。他们不考查我到底有没有卖出，多次断定卖出的人就是我，指责我不热爱国家。他们为何肆意夸大我操作的规模和作用？我觉得是因为人们希望找到价格波动的理由，这是一种永远无法满足的需求，但他们不得不让大众的这一需求得到满足。

所有炒作都不得把股票压在一个很低的价格，我已经上千次说过这件事情。这种事情没什么好奇怪的。只需稍作思考，所有人都能发现原因是什么。如果有个作手，将一只股票掼压下去，使股票的价格比真正的价格低，将发生什么事情？聪明的内线人士会立即买进，这就是作手将要面对的情况。股票价格大幅度下跌，那些明白它真正价值的人常常会买进。形势不利于内线人士自由调度自己的资金时，他们将无法买进，这种情况不再是多头市场。提起空头掼压时，人们常常认为掼压类似于犯罪，是一种不正当行为。打压股票的价格，使它的价格比真正价格低很多，是一件非常危险的事情。你应该牢牢记住，被打压后，股票如果没有出现反弹现象，往往不会有太多内线买盘。假如出现掼压，即毫无道理的放空现象，往往伴随着内线人士买进。价格不会在这种情况下长期保持很低的水平。我想说的是，事实上，99%的掼压都会让价格以非常快的速度下跌。出现这种情况，并非只因为专业交易者的交易，交易数额的多少也会导致这种情况出现。

　　人们常说，一些作手的炒作导致价格严重下跌，这也许是谣言，目的是轻松编造一些理由，哄骗那些容易偏听偏信的投机客，他们一心赌博，根本不愿意进行任何思考。经纪商和制造金融谣言的人经常告诉倒霉的投机客，宣称赔钱的原因是被人打压，事实上，这只是一种借口，一种反面的明牌（invertedtip）。它们的不同之处在于，空头明牌建议的是积极放空，反面明牌——一种解释，其实无法解释任何东西——希望你无法聪明地放空。股票大幅度下跌必定有一个非常合理的原因，只是不知道是什么原因，应该在这个时候退场，将股票卖掉，这种趋势是理所当然的。假如下跌现象是作手掼压造成的，出场就成了一种缺乏理智的行为，股票价格将随着作手停止掼压而出现反弹。这是一种反面的明牌。

第十六章
人们最想得到的是明牌

人们最喜欢的是明牌，不仅信任明牌，还喜欢报明牌。这源于贪婪，也源于虚荣心。聪明人追求明牌给人一种非常有意思的感觉。事实上，相信明牌的人追求任何一只明牌，而不是只追求好的明牌，所以，明牌本身的好坏不会引起报明牌者的左右摇摆。普通证券公司里的散户得到明牌后，应验自然非常好，不应验只能希望下次好运。有一种相信明牌的炒手或作手，他们从开始到结束，一直深信不疑。在他们看来，听信明牌和报明牌的人都会散布明牌，让明牌的散布变成一种没有尽头的广告，所以他觉得，明牌得到一定程度的散布，是公关广告的升华，是世界上无与伦比的促销方法。炒手以一种假象为基础，觉得经过一定程度散布的明牌，不会让任何人拒绝，所以散布明牌时非常努力，认真研究各种散布明牌的方法。

每天，我可以得到几百、几千个明牌，它们来自各种人。我想告诉你一件事情，它与婆罗洲锡业公司（Borneo Tin）有关。这只股票上市时，呈现出一片繁荣景象，不知你是否还能想起？一位非常有智慧的银行家向公司提出建议，得到公司的采纳。公司决定，取消让承销商一点点承销的办法，立即把这家新上市公司的股票放在公开市场上销售。这是一项非常好的建议，不过公司成员经验匮乏，因此他们犯下了唯一的错误。股市一片繁荣时，股市会火热到什么程度？他们并不清楚。同时，他们头脑的灵活度不够，也有些吝啬。他们下定决心，要把价格抬高，以更高价卖出这只股票。然而，他们把价格抬得太高，交易者和最先投机的那部分人满腹抱怨地买进。

本来公司会因此陷入进退维谷的地步，不过，在疯狂的多头市场中，因为贪婪反而让他们显得更加保守。明牌散布得合理，任何股票都会勾起大家购买的欲望。大家都想轻松获利，可以依赖赌博赢一笔钱，谁都不想投资。战争物资成了各国的畅销物，美国开始大量吸纳黄金。我听人说，公司制订婆罗洲股票上市计划时，连续三次抬高开盘价格，然后才进行第一笔交易，允许普通人交易股票。

他们与我接近，希望我加入公司集团。因为我在市场中交易，希望独立操作，所以仔细研究后，拒绝了他们的邀请。交易时，我按照自己的方法，不偏离这个原则。婆罗洲锡业公司刚上市的第一天，我在第一个小时内就买进1万股，因为我对这个集团的财力和计划非常清楚，明白大众将带来一场非常疯狂的场景。这只股票挂牌上市的计划非常顺利，最起码截至当前时刻，一直如此。公司看到大众的需求量非常大，便又取消迅速放空大量股票的计划。当时，我买进1万股的事情被他们发现，这让他们觉得，就算继续将股票价格抬高25或30点，同样能将手中所有的股票销售一空。我买进1万股，让他们认为，我将抢走很大一部分利益，原本他们已经有十足的把握赚几百，甚至几千万美元。他们不再炒作，开始想办法将我洗掉。对此，我无动于衷，由于他们不想对市场失去控制，最后不得不自认倒霉，不再管我。他们继续抬高股票的价格，只是放出的数量依然在他们的掌控之内。

别的股票已经达到令人震惊的高价，他们发现后，立即产生赚几十亿美元的想法。婆罗洲锡业股票价格上涨到120美元，我将手中的1万股卖出。上涨的趋势被我的卖单压下，公司的炒作者只得放弃抬高股票价格的步骤。大反弹再次出现时，他们又想各种办法，希望把这只股票炒得火爆起来，大众持有的大多数股票被他们调节，不过，最后他们将这只股票的价格抬高到150美元，为此付出了惨痛的代价。此时，多头市场已经不如往日那样热络，这个集团只能尽量放空股票。一些人喜欢在大回档后买进，他们判断错误，买进这些股票，觉得这只股票开始的价格是 150 美元，到 130 美元时肯定更廉价，到 120 美元时将最廉价。公司向场内交易员放出消息，可以利用这些交易员营造一个火爆的市场，只是时间非常短。最后，他们又向证券公司放出同类消息。公司将掌握的所有计谋都运用上了，各种小计谋也都能找到协助者。那些傻子最终上钩，其实那时已经不适合做多股票。婆罗洲公司的这些人并没有发现，也许，他们只是不肯承认这竟然是真的。

当时，我和妻子在南部的棕榈滩。一天，我在葛丽莱俱乐部赚到一些钱，回到家中拿出 500 美元给了妻子当红利。她在当天晚上的一个晚宴上与婆罗洲锡业公司的总裁维森斯坦（Wisenstein）先生相遇，这种巧合其实很不自然。当时，维森斯坦是公司中股票炒作集团的首要人物。过一段时间后，我们才发现，原来维森斯坦坐在我妻子身旁，是他故意策划的。

他有说有笑地逢迎我的妻子，最终充满神秘地说："我十分乐意做一件事情，这是我从没做过的，利维斯顿太太，你应该明白它有多大的价值。"他不再言语，非常着急地盯着我妻子，希望判断她够不够聪明，够不够谨慎。他脸上的表情非常明显，我妻子自然可以看出这一点，只说了一声："是的。"

"利维斯顿太太，能和你以及你的先生相识，真是一件幸事。我很想与你们保持友好关系，所以要向你证明我刚才说的话非常真诚。我敢肯定，我不告诉你，你也一定明白我说的话是一个很大的秘密。"然后，他悄悄地说，"假如你们买进一些婆罗洲锡业股票，肯定能赚更多钱。"

她问道："果真如此？"

他回答说："我离开旅馆前接到一些电报，有些消息很多天后才能传到人们耳中。我全力以赴买进这只股票。假如你在明天开盘时买进，能保证和我在同一时间，以相同价格买进。婆罗洲锡业的价格肯定会提升，我敢向你保证。我只向你一个人透露这件事情，真的是这样。"

我妻子向他表示感谢，又对他说，她一点儿都不了解股票投机。他却向我的妻子承诺，不需要了解任何事情，只要记住他刚才说的话就行。他又一次把自己的建议告诉给我妻子，以保证她能记住那些话。

"全力买进你想得到的婆罗洲锡业股票，你不可能赔钱，我敢向你保证。我一生没向任何人建议过买什么东西，却想让你们赚点儿钱。我有十足的把握，这只股票不可能一直低于 200 美元。我无力买进所有股票，不想自己一个人赚钱，也不想便宜那些陌生人，希望你们也能赚一笔，它一定会上涨。我没有骗你，偷偷告诉你，是因为我很清楚，你不会把它公布出来。利维斯顿太太，请买进婆罗洲锡业，不要怀疑我说的话。"

这个热心的家伙顺利地让我的妻子听信于他。我的妻子觉得，可以把当天下午得到的 500 美元用在合适的地方。那笔钱是我轻松赚来的，不损害她的日常花销，也就是说，就算她倒霉赔了，也没什么大不了的。他承诺过能让她获利，假如可以凭借自己的力量获利，之后再向我透露事情的经过，肯定会觉得很得意。

第二天早上，她来到哈丁公司。当时，市场还没有开盘。她对经理说：

"我希望买进一些股票，哈利先生，不过，请不要用我平时的账户购买，因为我不想在赚钱之前让我的先生听到一点消息。不知你能否帮我？"

哈利经理说："没有问题，我们可以用别的账户买进，不知你看中哪一只股票？计划买进多少股？"

她将那 500 美元交给他，对他说："我要告诉你，不要让我赔的钱超过这笔钱。假如这笔钱赔光，不要让我欠你一点儿债，更不能把这件事情告诉给利维斯顿先生。帮我在开盘前买进婆罗洲锡业，就用我给你的这笔钱。"

哈利把钱收下，向她承诺说，他不会告诉任何人。开盘时，哈利帮她买进 100 股。我觉得，她当时是以 108 美元的价格买进了。当天，这只股票非常火爆，收盘时，它上涨了 3 点。我妻子对自己的操作非常满意，特别想把这件事情告诉我，费了很大的劲才克制住自己。

我却逐渐看淡整个市场。婆罗洲锡业数量非常多，这种事情特别少见，我开始关注这只股票。我觉得，如今所有股票都不会上涨，尤其是这只股票更不会。当天，我决定放空那只股票，开始就放空大概1万股婆罗洲锡业。这只股票那天上涨3美元，假如我没有放空，它当天应该可以上涨五六点。

第二天开盘时，我将2000股放空，快收盘时，我又将另外2000股放空，这只股票的价格下降到102美元。

第三天早上，作为哈丁公司棕榈滩分公司的经理，哈利等候我妻子的到来。大概11点时，她会准时出现，看一看当时的形势，以及我在做什么。

哈利将她拉到一旁，告诉她说："利维斯顿太太，你一定要追加保证金的额度，否则我不会继续帮你持有这100股婆罗洲锡业。"

她对他说："不过，我已经没有多余的钱。"

他说："那我就把股票转移到你的普通账户中。"

她阻止道："绝对不能这样，我先生会发现。"

他打断说："这笔交易已经赔钱——"

她说："我已经对你说得很清楚，不希望赔的钱超过500美元，最好不把这笔钱赔掉。"

"利维斯顿太太，我很清楚，我没打算在询问你之前卖掉它，不过我现在只能卖掉它，除非你允许我继续持有。"

她说："这只股票在我买进的当天表现得非常好，怎么会在这么短的时间内变得如此糟糕，我不信这是真的。"

哈利回答说："没错，我也不信这是真的。"在证券公司中工作，就不得不处事圆滑。

"哈利先生，究竟发生了什么事情？"

哈利奉行不能危害顾客的利益，他明知道发生了什么，却无法对她说，因为那样会出卖我。他说："事实上，我什么明牌都没有听到，它的价格已经下跌到这个低点。"他指了指看板。

这只股票价格下跌，我妻子盯着它看，悲伤地说："哈利先生，我能做些什么,那500美元就要输掉,我不希望看到这种结果。"

"利维斯顿太太,我不清楚,不过,假如我是你,肯定告诉利维斯顿先生。"

"不能告诉他,因为他曾经告诉我,绝对不能私自交易。假如我告诉他,他就会替我交易。我害怕让他知道,因为我从来没有这么干过,竟然瞒着他进行交易。"

哈利安慰她道:"没事的,他知道怎么做,因为他是一个非常棒的操作者。"他发现她猛烈地摇头,故意恶狠狠地说:"否则你就要为你的婆罗洲支付一两千块费用。"

面对这种左右为难的局面,她立即不知所措。她在公司中犹犹豫豫,不过市场一天比一天疲弱。我坐在那儿看盘,她来到我身边,对我说,她希望和我聊一聊。我们来到私人办公室,她把所有事情都告诉我。我对她说:"不要做这笔交易,你个傻子!"

她向我承诺,不会再做这笔交易,所以,我将500美元还给她,她非常欢喜地离去。当时,这只股票的价格是100美元。

我觉察到其中的阴谋。维森斯坦非常有头脑,他将明牌告诉我妻子,觉得她会向我透露,然后我就研究这只股票。他很清楚,我习惯大手笔操作,常常热衷于豪赌,因此才有名气。我觉得,他肯定认为我要买进一两万股。

我听过很多明牌,数这一只部署得最用心,宣传得最巧妙。不过,这只明牌没起任何效果,也不可能见效。当天,我妻子比平时的胆量大很多,因为她刚好凭空得到500美元。她希望凭一己之力盈利,但由于女性特质,这种利益诱惑深深吸引住她,让她陷入其中,无法自拔。我如何看待新人交易股票,她非常了解,因此不敢把这件事情告诉我。维森斯坦对她的心理没能做出正确的判断。

我属于哪种交易者?他一点儿都不了解。我对明牌一直充耳不闻,也不看好整个市场。可他却企图用大数额和3美元的上涨幅度这种战术,让我掉入圈套,买进婆罗洲锡业。正是这个原因,我下定决心,拿婆罗洲作为目标，将整个市场放空。

妻子把这件事告诉我之后，我加大放空婆罗洲锡业的力度。每天早上开盘时，我将一些股票放空；下午收盘前，我又将一些股票放空。我一直放空，让他买进，直到发现一个机会，将空头回补，从中大赚一笔。

我始终认为，依据明牌操作是一种非常笨的方法。我觉得自己是一个天生不肯听信明牌的人。有时，我觉得听信明牌和酗酒者别无二致，一些人无力与这种爱好相抗衡，常常陷入醉醺醺的状态，自认为距幸福只有一步之遥。轻易听信明牌是一件非常容易的事情。当你很容易听信别人时，得到他人的指导性意见是非常开心的事情，在世界上，这是第二件仅次于快乐本身的好事，要让你的理想变成现实，需要走很长一段路程。这非常像自己的想法把希望束缚住，不肯做一点儿思考，而不太像因为渴求，导致盲目贪心。

那些寄希望于明牌的人，不仅存在于外行的群众之中，也存在于纽约证券交易所营业大厅的场内。我始终没给过谁明牌，因此，他们中的很多人都误解我。假如我对他们说："你需要将5000股美国钢铁卖出。"他肯定立即照我说的办。不过，假如我对他说，我看淡整个市场，然后把具体的原因告诉他，他肯定不会认真地听。他会在我说完后气愤地盯着我，责怪听我对大势的观点是在浪费他的时间，认为我应该直接告诉他一个确定无疑的明牌。他会觉得，我应该像华尔街上那些数不胜数的好心人那样，往朋友、熟人，甚至根本不认识的人口袋中放入几百万美元。

每一个人都无限度地幻想着希望，对奇迹特别重视。在一定的时间，许多人都会抱着无限度的幻想。大家都很清楚，出现在我们眼前的酒徒都是追求明牌的人，明显是乐观主义者。

我与纽约证券交易所的一名会员相识，由于我始终不向任何人提供明牌，也不向朋友提供任何建议，所以，他和许多人一样觉得我是一个特别自私、冷漠的家伙。许多年前的一天，他和一位新闻记者交谈，那位记者无意间说起，他听一位非常可信的人说，GOH股将要上涨。那位交易员朋友立即买进1000股，不久后，他发现价格下跌，还没赶上停损，就赔了3.5万美元。他于一两天后与这位记者相遇，一副闷闷不乐的样子。

他发牢骚说："你告诉我的那个明牌真糟糕。"

那位记者已经忘记这件事情，问道："什么明牌？"

"GOH股的明牌。你告诉我，这个明牌是你从可靠的地方听来的。"

"一位董事长告诉我的，他还是公司财务委员会委员，我告诉你的没错啊！"

这位交易员非常气愤，问道："那人是谁？"

那位记者回答说："既然你坚持要知道，他就是你的岳父，也就是维斯雷先生。"

这位交易员大叫道："真该死，原来你说的是他，为什么不让我知道？都是你害的，我赔了3.5万美元。"从自己家族中传来的明牌无法赢得他的信赖。越远离这个消息，越能让明牌更有效果。

老维斯雷先生资金雄厚，是一位成功的银行家，也是一名作手。一天，他与约翰·盖茨相遇，盖茨问他是否知道什么消息。老维斯雷一脸不悦地说："你不信我给你的明牌，我不想浪费自己的时间。假如你肯相信我的明牌，我就给你提供一个。"

盖茨非常开心，向他保证："我操作时，肯定按照你给的明牌。"

老维斯雷非常认真地说："把雷丁公司放空，保证你至少赚25点，甚至更多钱。"

盖茨经常把和他赌100万美元挂在嘴边，他说："特别感谢你。"同时，他与维斯雷热情地握手，然后朝自己的公司走去。

维斯雷对雷丁公司的股票非常了解，还与内线结识，经常待在一起，所以，这只股票的大盘走势逃不过他的双眼，他集中精力炒作这家股票。对此，大家都很清楚。如今，他向这位人称"西部作手"的盖茨提出建议，希望他将这只股票放空。

在雷丁公司，这只股票的涨势始终没停，几星期内就上涨大概100点。

一天，老维斯雷在华尔街上遇见盖茨，却没停下脚步，装作没遇到他。盖茨跑到他面前，满脸堆笑地把手伸出来，老维斯雷一脸茫然，和他握了握手。

盖茨说："你向我提供雷丁公司的明牌，我向你表示感谢。"

维斯雷眉头紧锁，对他说："我从没向你提供任何明牌。"

"你的确提供了，我靠你提供的那只明牌赚6万美元，它见效了。"

"赚6万美元？"

约翰·盖茨开心地说："没错，你建议我将雷丁公司放空，还记得吗？维斯雷，我经常做一些和你提供的明牌相反的事情，因此赚了很多钱，每次都是这样。于是，我买进这只股票。"

"西部作手"一副高傲的样子，老维斯雷盯着他看，立即敬佩地说："盖茨，假如我能像你那么聪明，赚的钱将是不可估量的。"

罗杰斯先生（W. A. Rogers）是一位很有名气的漫画家，他创作的关于华尔街的漫画颇得交易员的喜爱，他的漫画近年来每天都在《先锋报》上刊登，将快乐带给无数人。一天，我和他相遇，他给我讲了一个故事。这个故事发生时，美国和西班牙之间的战争还没有打响。一天晚上，他与自己的经纪商朋友待在一块儿。他离开时，顺手拿起自己在衣帽架上的圆礼帽，至少他自认为那是自己的。那顶礼帽形状没什么不同，戴起来也十分合适。

那时的华尔街，大家满脑子想的，满口说的，都是是否会与西班牙发生战争。战端一开，市场必然下跌，我们美国人会卖出，那些买进美国证券的欧洲人更会卖出。各家报纸的夸张宣传已经导致股市大幅度下跌，很明显，假如没有战争，就要买进股票。罗杰斯先生向我讲述了这个故事的其余内容：

"前天晚上，我与这位经纪商待在他家中。第二天，他来到证券交易所，由于市场令他无从下手，他显得非常焦虑。他认真考虑正方的观点，又仔细考虑反方的观点，哪些话是真的？哪些话是假的？他无法分辨。他有时觉得战争必然发生，有时又觉得战争发生的可能性微乎其微，无法得到一点儿准确无误的消息。应该买进？还是应该卖出？他不知所措。他将圆礼帽脱下，擦额头上的汗，身体发热肯定源于内心的焦躁不安。

"恰巧，他看到帽子中绣着金色的字母WAR[1]。他想要的就是这个，这肯定是上帝用帽子向他提供明牌，因此，他将股票大量放空。两个国家之间的战争果然打响了，股票大跌时，他回补，因此赚很多钱。"罗杰斯用最后一句话讲完了这个故事，"我始终没有拿到自己的帽子。"

我听过许多与明牌相关的故事，其中有一个最有意思，与胡德（J. T. Hood）相关，也就是纽约证券交易所最有名气的会员。一天，场内交易员沃克（Bert Walker）对他说，他曾经帮助过大西洋南方铁路公司的一名著名的董事。这个内部人士建议他尽量买进大西洋南方铁路股票，以此向他表示感谢。他声称，公司董事将要运用一些手段，至少要将这只股票的价格抬高25点。任何董事都没有参与此事，不过，已经可以肯定，大多数董事都将投票支持这项计划。

沃克态度坚决，认为公司一定会提高配股比率。他向自己的朋友胡德诉说了这一观点，两个人都买进几千股大西洋南方铁路。他们买进的前后时刻，这只股票一直非常疲弱，胡德却说，很明显，一定是为了方便内线集团将股票吸进，正是对沃克心怀感激的那位朋友控制着这个集团。

第二周的周四，大西洋南方铁路公司在市场收盘后召开董事会，配股的决议案被通过。周五早上，这只股票在开盘6分钟后下跌了6点。

沃克非常生气，找来那位向他表示感谢的董事，对于此事，那位董事非常难受，也非常后悔。他声称自己大意了，竟然已经忘记告诉沃克买进的事情，董事会主要成员的计划已经改变，他本应该打电话通知沃克。那位董事十分懊悔，他急于补偿沃克，所以又向他提供一个明牌。他善意地解释说，那几位同事不相信他的判断，希望用低价买进股票，用笨方法买进。想要得到他们的支持，他一定得退一步。如今，他们持有大量股票，

---

[1] WAR：罗杰斯全名的缩写字母，也是英文中战争的意思。——译者注

这只股票的价格必然上涨，任何因素都无法阻挡。如今买进大西洋南方铁路股票非常保险，成功概率提升一倍。

沃克没有怪他，甚至与这位著名的金融家热情地握手。胡德是他的朋友，也是受害人之一。他理所当然地前去找胡德，把这个让人高兴的消息告诉他，希望两个人一起发财。他们之前得到这只股票将要上涨的明牌，所以才一起买进5000股，没料到它反而下跌15点。

这只股票下跌很多，似乎有人在公布开始下跌，很明显，那是内线卖压。两名场内人员发现自己的怀疑正确无误，非常开心。胡德与朋友总共买进5000股，他们将其全部卖出，然后沃克对他说："那个混蛋应该庆幸去了佛罗里达，不然我昨天一定要把他打昏过去，我肯定会那样做。你随我来。"

胡德问："去哪儿？"

"一起去电报公司给那个浑蛋发一封电报，我保证，他一生都会记住这封电报。"

胡德跟着沃克来到电报公司。沃克非常生气，因为他们买进5000股赔了很多钱。他在电报公司写了一封骂人的电报，非常经典，然后念给胡德听，对他说："已经很接近我的意思了，我就是要告诉他我如何评价他。"

工作人员在一旁等候，沃克刚要拿给他，胡德说："沃克，先等一等。"

"怎么啦？"

胡德一脸严肃，对他说："我不能把这封电报发出去。"

沃克不悦地说："怎么就不能发？"

"因为这会把他气得暴跳如雷。"

沃克一脸诧异，盯着胡德说："我们要的不就是这个效果吗？"

胡德摇了摇头，不同意他的看法，严肃地说："假如你把这封电报发给他，他将永远不再向我们提供明牌。"

一位专业交易员向我讲述的这个故事。评论接受明牌的傻瓜没有任何意义，我刚才已经说过，他们喜欢由希望调配而成的鸡尾酒，所以才接受明牌，而不是因为脑子笨。相比投机，老罗斯柴尔德（Rothschild）男爵赚钱的秘诀更有效。一些人问他是否很难在股市中赚钱，他的答案截然相反，觉得非常简单。

那人驳斥他的观点，问道："是因为你太有钱吧！"

"不是因为这个，而是因为我发现一个非常简单的办法，一直按照这个办法，怎么可能不赚钱？既然你想知道，我就告诉你，我始终不在底部买进，卖出的速度也非常快，这就是我的秘诀。"

有各种各样的投资者，大多数都热衷于存货、计算盈利，以及样式繁多的数字资料。在他们看来，这意味着事实，不可能出现变化。一般情况下，人性因素会下降，直至到达最低的程度。只有少数人愿意一个人操作。我认识一位非常有头脑的投资者，他脚踏实地、不辞辛劳，因此赚了很多钱。到华尔街后，他的习惯依然没变，还是那么节俭，正如罗素·赛吉那样。

钻研是他的专长，他常常百折不挠地找到最后的答案，坚信他人的观察对自己没有什么价值，所以一定要自己寻找问题，自己观察。这件事情已经过去很多年，当时他好像持有很多艾奇逊-托皮卡-圣菲铁路公司（Atchison, Topeka & Santa Fe Railroad）的股票。后来，他听到一些令人不踏实的报道，关系到这家公司和管理人员。据说，这家公司总裁雷恩哈特（Reinhart）先生在经营方面是位难得的人才，赢得一片赞誉，不过他铺张浪费，还粗心大意，使这家公司很快陷入一团乱麻。最后到来的肯定是无尽的祸患，这一点任何事情都无力阻止。

这位脚踏实地、不辞辛劳的投资者会把这种消息看成事关生死的大事。他急忙前往波士顿与雷恩哈特先生相见，向他询问了一些问题，其中包括他听闻的责备声，又向艾奇逊铁路公司的总裁打听这些消息的真假。

对于一切指责，雷恩哈特先生都坚决不承认，甚至声称自己能用数字说明，那些指责他的人都不安好心，是一群大骗子。这位投资者想要准确无误的资料，所以，总裁把资料拿来，还事无巨细地讲述了公司的财务多么健全，详细到不放过每一个细节，以此表明公司的表现多么好。

这位投资者习惯节俭，他向雷恩哈特总裁表示感谢，返回纽约后，立即将所有的艾奇逊持股卖出。大概一星期后，他买进许多特拉华－拉克万纳－西部铁路公司（Delaware, lackawanna & Western Railroad）的股票，用的是多余的钱。

我们在很多年后说起换股交易的话题，他就是以这件往事为例说明问题，顺便也解释了自己当初为什么要那样做。

他说："我发现雷恩哈特总裁准备写数字时，将几张信纸从桃花心木办公桌活动桌面的文件格中取出。那是一种亚麻纸，非常高端，有精致的浮雕印在信头位置。这种信纸的价格贵得离谱。他将几个数字写在纸上，向我解释这家公司的一些部门赚的钱究竟有多少，或向我陈述他们节省开支、降低营业成本的方法。之后，那张价格不菲的信纸被他揉作一团，扔进废纸篓中。他不久后又向我解释，他们正在实施一些节俭方法，接着又拿出一张画着精美浮雕的信纸，将几个数字写在上面，之后"砰"的一下扔进废纸篓。不知不觉间，许多钱被浪费掉。我由此想到，假如总裁是这种性格的人，将很难做到不解雇有经济效益的手下，或者给这种手下很好的报酬。我决定，不听信这位总裁的观点，听信他人所说的管理阶层已经浪费成风的话，所以，我将持有的艾奇逊股票卖出。

"我在几天后遇到一个机会，可以去特拉华－拉克万纳－西部铁路公司。老山姆·斯隆（Sam Sloan）是这家公司的总裁，他的办公室与那个经常打开的大门距离最近。当时，进入特拉华－拉克万纳－西部铁路总公司中的任何人，都可以看到公司总裁在座位上坐着。洽谈生意的任何人都能随时进去找他讨论。财经记者对我说，他们与老山姆·斯隆谈生意，什么时候都不用绕弯子。他们可以提出想提的问题，在股市中，无论别的董事如何深陷囹圄，他都会直言不讳地告诉他们答案。

"进门时，我发现那个老头非常忙碌。刚开始，我觉得他在拆信，走进他的办公桌后才发现他在干什么。过一段时间我才知道，原来他每天都这样做。他把信件分类拆开，没有把空信封扔掉，而是让别人把它们收集在一起，送往自己的办公室。闲暇时刻，他会把这些信封撕开，如此一来，他就拥有两堆一面是空白的纸。他将这些纸堆到一起，再命令人送入各个部门，正如雷恩哈特在画有精美浮雕的信纸上写下一些数字那样，供人们当作便条纸。不浪费空白信封和总裁的闲暇时间，把一切都充分利用起来。

"假如这种类型的人做特拉华铁路公司的总裁，我相信，公司中的每一个部门都将变得十分简朴。这一点将由总裁本人亲自负责。我很清楚，这家公司资金雄厚，在股利分配方面十分稳定。我竭尽全力将特拉华铁路公司的股票买进。我的股票当时翻了一番，后来又翻了两番。股利每年带给我的收入相当于刚开始的投资数额。如今，我依然持有这些股票。那位总裁将一张张画有精美浮雕的信纸扔进废纸篓中，用数字向我表明他的节俭，然而几个月后，艾奇逊公司破产。"

这是一件真实的事情。其实，这位投资者买进的特拉华－拉克万纳－西部铁路公司的股票是最好的一只，这就是这则故事的真相。

第十七章
红利来自经验,明牌来自研究

我与一位朋友关系紧密,他常常提到我的第六感,觉得我身上存在一种令分析显得无足轻重的力量,可以凭借自身令人难以捉摸的冲动恰逢其时地从股市退出。他常在吃早餐时胡言乱语,讲述我被一只黑猫暗示将许多股票卖出的故事。他说,我从那只黑猫那里得到消息,之后就内心焦虑,最终把所有做多的股票卖出。在多头市场中,我卖出的价格最高,我这位固守己见的朋友因此更加坚信我有第六感。

当时,我前往华盛顿游说一些国会议员,希望他们不要继续给我们加税。我那时没有过多地关注股市。那位朋友吹嘘我的故事,是因为我卖出所有股票的决定太突然。

有时,我会因为冲动在市场中做某些事情,对这一点我不否认,但是我做多或放空股票并非因为冲动。留在市场让我内心焦虑,所以我一定要从市场退出。许多警示性信息促使我将持有的所有股票卖出,这就是我的个人看法。也许,没有任何警示性信息给我一个十分充分的理由,拥有充足的力量推动我做突然想做的事情。其中的原因也许是人们所说的"看盘灵感",老交易员认为吉恩和他之前的作手有非常优秀的看盘灵感。最终,这种警示性信息被证明是非常健康、全面的警告,时机也刚刚好,对这一点我是认可的。根本没什么第六感,这不过是一件特殊的事件,与黑猫没有任何关联。他对大家说,我当天早上十分焦虑,假如他说得没错,我觉得焦虑的原因可能是因为失望。我很清楚，与国会议员相见，自己并没有说服他们。在征收股市赋税方面，委员会和我观点不同。作为一名经验丰富的股票作手，我觉得这是一种不公平的征收赋税政策，也非常愚蠢，而不是因为想制止或想逃脱股票交易税。假如得到公平对待，这些鹅能下许多金蛋，我不愿看到它们被美国政府扼杀。我的焦虑也许来自于在这方面受挫，因为，我对这项不公平的赋税政策充满失望。究竟发生了什么事情？我会讲述给你听。

多头市场刚开始，钢铁业和铜矿市场这两类股票就已经赢得我的信赖，因此，我买进一些股票。最初阶段，我买进了5000股犹他铜矿公司（Utah Copper），发现这只股票出现反常的波动现象后，我不再买进。我的意思是，股票的走势让我觉得买进是一个错误。我大概以114美元的价格买进。美国钢铁公司的股票价格非常合理，所以，我用同样的价格买进了美国钢铁公司。我在第一天买进2万股，至于买进的方式，在前面已经介绍过。

我继续买进美国钢铁，因为它的表现依然非常合理。最终，我手中持有的股票达到7.2万股，犹他铜矿却始终不高于5000股，依然是刚开始时买进的那一部分。看到这只股票的走势后，我没有进一步买进。

大家都知道发生了什么，一个大多头市场到来。我明白，经济大势很好，股市将出现上涨现象。股票价格大幅度上涨，我赚了不少钱，即便在这时，大盘依然传递出还没到时机的信息。大盘在我抵达华盛顿时依然传递出这种信息。我在多头市场后期依然看好后市，但是我不想继续买进。很明显，我不必每天在报价看板前坐下，每时每刻都等待从市场中退出的机会，因为市场始终没有脱离我的预定方向。市场肯定会在撤退号角尚未吹响时停滞，或者让我做好应对突然出现反转的投机形势的准备，除非有突发性灾难。正是由于这个原因，我才能与国会议员轻松、畅快地商讨税收的事。

价格的持续上涨意味着多头市场即将结束。我无法决定多头市场结束的具体日期，也不报这样的希望。我在关注退场的讯息，就算我不说，你肯定也能发现。交易时，我已经养成这样做的习惯，始终没有改变。

将所有股票卖出的前一天，我会怀疑自己看到股票价格震荡的高档，促使我想起自己的账面利润很大，持有的股票也非常多。我意欲说服国会议员，期待他们对待华尔街的态度更公平、更合理，却以失败告终。在当时那种情况下，也许我心中已经埋下种子，整个晚上，我都在不由自主地想这件事情。第二天早上，我想起股市，股市今天将如何表现？我一无所知。在交易所，我看到的是丰厚的利润、十分火爆的市场，以及非常大的吸纳能力，而不是持续上涨的价格。我能在这种市场下将任意数量的股票卖出。一个人手中的股票非常多时，一定要时刻寻找将账面盈利变成现金的机会。他需要在这个过程中尽可能降低损失的利润。我总结出一个经验：交易者常常可以找到将账面盈利变成现金的机会。主要走势快结束时，往往是这种机会出现的时候。它不只是看盘能力，也不只是第六感。

当天早上，我发现自己可以在市场中十分方便地将所有股票卖出。我的确是这样做的。将手中的股票全部卖出时，相比卖出 5 万股，卖出 20 股显得不那么明智，也不那么勇敢。在冷清的市场中，你可以在不损害价格的前提下将 50 股卖出，但是，卖出 5 万股同一只股票，必然出现不同的现象。我持有的美国钢铁公司股票多达 7.2 万股，也许，这不算十分庞大的数量，不过，你常常无法在不损害预计利益的情况下同时卖出这么多股票。这是一种令人心痛的损失，正如你存在银行中的可靠资金遭遇损失。

我获得的利润大概有 150 万美元。遇到赚钱的时机时，我刚好抓住。我觉得自己将持有的股票全部卖出的做法完全正确，但是这并不是这种想法的主要原因。我做的是否正确，市场可以来验证，所以，我非常满意。我将 7.2 万股美国钢铁公司股票顺利卖出，相比当天的价格和大行情的最高价格，我的平均售价低一点，这意味着我正确无误地抓住了时机。当天，我将 5000 股犹他铜矿卖出，但是售价下降了 5 点，这就是当初的情景。不要忘记，我买进两种股票是在同一时间，开始时买进 2000 股美国钢铁公司的股票，后来增加到 7.2 万股，这是一种非常正确的做法。还有一点，我的做法一样正确，那就是只买进 5000 股犹他铜矿的股票，并没有增加它的数量。我看好铜矿业，况且当时适逢多头市场，所以我最初没有将持有的犹他铜矿股票全部卖出，觉得就算无法从犹他铜矿中赚很多钱，也不会有太大损失。说起灵感，事实上，当时的确没有什么灵感。

进行医学教育时，学习解剖学、生理学，以及药物学和其他几十种副学科，培养医生需要耗费很长时间，对股票交易者的训练也是如此。学会理论之后，他要对每一种病理现象进行观察、分类，终生坐诊。学习诊断时，首先做好后续工作，才能做出精确的诊断。至于诊断是否准确，取决于观察的精确度。不要忘记，人体具有不可预测性，也非常脆弱，医生无法做出绝对准确的判断。许多人觉得医生的行为依赖直觉，因为随着他的经验逐渐丰富，可以瞬间做出正确的事情。这源于他对这种疾病的多年观察，对当前的病症进行诊断之后，自然而然要依赖自身经验做出正确的治疗方法。不能说这是他的直觉。你无法传授经验，只能传授知识——将一切事实用卡片分类，然后传授给别人。一个人也许知道要做些什么，但是，做的速度慢，依然会给他带来经济上的损失。

成功的交易者需要依赖观察和经验，具有观察准确的能力，也需要依赖记忆和数学，把观察到的所有东西都记住。就算他个人对人的不理性有极强的信任，也不能赌不合理性的事情；就算他非常坚信能观察到无法预料的事情，也不能赌无法预料的事情。他的赌要建立在可能性之上，也就是说，要试着估算可能性。交易者连续多年研究这种游戏，不停地记忆，可以在无法预测事情发生和预测事情到来时立即行动。

一个人的数学能力和观察能力也许非常突出，如果缺乏经验和记忆，依然要在投机上遭遇挫败。有头脑的交易者会一直研究大势，密切关注对各个市场走势产生影响的因素，正如随着科学的发展，医生不断进步。多年的操作会让他变得消息灵通，下意识地采取行动。这种职业态度往往能让他在交易中获胜，所以十分珍贵。相比业余交易者，或交易次数很少的人，专业交易者具有很大的不同，强调这种不同合情合理。譬如，我意识到记忆和数学让我受益匪浅。华尔街赚钱的基础是数学，也就是说，想要在华尔街赚钱，就要懂得如何处理事实和数字。

交易者一定要始终保持灵通的消息，一定要用专业态度对待一切市场和一切情形，我这样说的目的是着重说明，成功与灵感之间，与神秘的看盘能力之间，联系微乎其微。行动时，具有很丰富阅历的交易者速度非常快，甚至没有时间一一介绍每一个理由。这些理由以事实为基础，是运用自己的专业，依赖多年的工作、研究，以及观察得到的，是非常好的理由。所有事情都被专家预测得一清二楚。我说的专业态度指什么？接下来我要向你介绍一下。

多年来，我始终关注商品市场。你已经了解政府的报告，今年和去年的冬麦栽种数量相差无几，相比 1921 年，今年的春麦栽种数量更多，栽种情况远比以前更好，也许，我们收获的时间将比以往提前。我获悉种植情况的数字时，从收获上发现将有什么事情发生，那就是数学。煤矿工人和铁路工人正在罢工，我立即想到这一点。一切影响市场的情势发展常常出现在我的心中，我经常想起这些。我突然想起罢工对各地运输的危害，必然损害小麦的价格。罢工导致运输设备瘫痪，冬麦输送到市场的时间肯定耽搁，情况好转时，收获的春麦也许就要运来，这就是我当时的想法。由此可见，当铁路恢复大量运输小麦的能力时，耽搁的冬麦和提前收获的春麦将同时运到市场，也就是说，将有大量小麦同时进入市场。这是一种可能性很大很大的事实。交易者的想法一定和我一样，他们也清楚这种情况，所以，短期内，他们不会买进小麦。只有一个例外，那就是小麦的价格下跌到特别低的程度，以至于买进小麦成了一种非常好的投资方式。价格会因为没有买盘而下跌，想到这些之后，我一定要验证自己的判断是否正确。老席恩经常说"你无法在下注前拥有十足的把握"。不需要将时间浪费在从看空市场到卖出的过程中。

我总结出一个经验：作手交易时，应该依据一个非常好的指标，那就是市场的走势。这一点类似于为病人测量体温和脉搏，或观察病人眼球和舌苔的颜色。

一般情况下，价格相差 $1\frac{1}{4}$ 美分时，交易者可以做 100 万蒲式耳小麦的交易。当天，为了测试市场，掌握合适的操作时机，我将 25 万蒲式耳小麦卖出，使价格下跌 1/4 美分。我没能从市场中得到想要了解的一切情况，只得再次将 25 万蒲式耳小麦卖出。我发现，买进的单子分布零散，常常是一些 1 万或 5000 蒲式耳的单子。一般情况下，买进的单子出现两三个，才算是正常情况。买盘零零散散，除此之外，价格还因为我的卖压而下跌 $1\frac{1}{4}$ 美分。如今，我可以毫不犹豫地断定，市场不存在买盘，因为市场没有吸纳我卖出的小麦，我的卖单造成的下跌也没按照一定的比例。在这种情况下，你能做什么？唯一能做的是将更多小麦卖出。依据自己的经验也许会让你出现几次错误，不依据自己的经验却会把你变成一个傻子。所以，我又将 200 万蒲式耳卖出，价格再次下跌。在市场走势的逼迫下，我于几天后又将 200 万蒲式耳卖出，价格又一次下跌。又过几天，小麦的价格迅速下跌 6 美分，甚至无法阻止下跌的趋势。跌势始终没有停止，反弹出现的时间十分短暂。

任何人都没有向我提供明牌，我也没有依赖第六感，却依然赚钱。这源于我在商品市场已经形成的习惯，以及我专业的心态。在这个行业，多年的经验让我养成这种态度。交易是我的工作，所以我研究。大盘显示我的判断正确时，增加自己的头寸就成了我的责任。事实上，我的确是如此做的。这就是所有情况。

在这种交易中，我发现经验常常将稳定的红利带给你，通过观察，你可以得到最好的明牌。一种股票的走势往往是你要掌握的信息。对这种情况进行观察，你的经验会让你明白，怎么从与往日不一样的变化中赚钱，即从可能性中赚钱。我们很清楚，并非所有股票都往同一个方向走，不过某一类的所有股票有可能在牛市中上涨，或在熊市中下跌。在投机上，这种情况经常出现。这是每一只自发性明牌中最频繁出现的一种，对于这一点，证券公司非常明白。它会向每一个没有想到的顾客传递这种明牌。在同一类股中,有些股票位居下风，希望他们交易那些股票,这就是我的意思。

假如美国钢铁公司的股票价格上涨，我们几乎可以想象，坩埚（Crucible）、共和或伯利恒等钢铁公司不久后将紧随着上涨。应该让产业状况和未来规划适用于同一类股中的每一只股票，让每一只股票都能享受繁华。股市中的所有股票理论上都有非常好的前景，很多经验已经证实这一点。甲钢铁股的价格没有上涨，乙、丙钢铁股的价格上涨，所以交易者愿意买进甲钢铁股。

假如一只股票的走势不合理，就算是在多头市场中，我也肯定不会买进它。多头市场时，我有时会买进一只股票，不久后就会看到，在同类股中，别的股票都没能表现出多头走势。我总结出一个经验，那就是不能违背我认定的明显类股，交易时不能仅依据那些确定无疑的东西，所以我会把自己的股票卖出。我一定要预测可能发生的事情。有一位老交易员，他曾经告诉我说："在铁路上走时，假如我发现一部火车向我驶来，速度高达每小时60英里，我会继续在枕木上走吗？我肯定要躲开，伙计，我不会因此自夸很聪明，也不会因此自夸很谨慎。"

去年，大多头走势展开，很长一段时间后，我发现类股中的一只股票没有随着类股中的其他股票变化。在这个类股中，所有股票都随着大盘上涨，只有这只股票是个例外。布莱克伍德汽车公司（Blackwood Motors Company）的业务范围非常大，大家都很清楚这一点，所以，我大量做多布莱克伍德汽车公司。这只股票每天的上涨幅度都保持在1～3点，越来越多的普通人进入股市。如此一来，汽车类股自然而然地引起交易者的注意。所有汽车股都开始上涨，只有切斯特股（Chester）这一只股票例外。相比其他股票，切斯特落后很多，所以很快就掀起一片热议。布莱克伍德公司的股票非常强劲，其他公司的汽车股也十分活跃，但是切斯特股票的价格一直维持在很低的水平。这种区别自然让交易者相信报明牌的人、自以为很有头脑的人以及专家的话，觉得切斯特很快就会像类股中的其他股票那样上涨，所以开始买进切斯特。

交易者的适量买进没让切斯特公司的股票上涨，反而还让它下跌。事实上，很容易在这种多头市场中将这只股票的价格提高。所有股票的价格都上涨，在同一类股中，布莱克伍德公司股票成了其中一个最火热的领导股。我们听到的消息是，各种汽车的需求量以令人震惊的速度增长，产量创历史新高。

内线集团在多头市场中肯定会做的那些事情，切斯特的内线集团却没有做。这种事情非常普遍，但是它却没有做，也许有两个原因。第一个原因是，内线人士希望增加买进股票的数量，然后再把股票价格抬高。只要你对切斯特股票的交易量和交易性质研究一番，就能发现这一种理论站不住脚。第二个原因是，他们担心抬高价格导致吸进股票。

我没有理由买进这只股票，因为那些希望买进这只股票的人都没有买进。我应该将切斯特股票放空，不顾及别的汽车公司多么繁荣。我总结的经验是，在类股中，不遵循领导股的股票，不可买进。

没费多大力气，我就发现一个事实，那就是，切斯特股没有内线买盘，甚至出现内线卖压。别的警示性信息也向我传达，不可买进切斯特股。但是，这只股票偏离市场的走势，是我最想得到的。这只股票的走势偏离大盘，向我传达不可买进的警示性信息，所以我将切斯特放空。这只股票不久后出现大幅下跌现象。我们通过正规渠道获悉，内线人士非常了解这家公司，觉得它不景气，所以他们在卖出这只股票。大幅度下跌之前，已经出现警示性信息，不过，下跌后才出现原因，和往常没什么不同。我想找的只是警示性信息，而不是下跌的趋势。切斯特公司出了什么事情，我并不知道，我的行动也并非依据自己的灵感。我只知道一点，肯定出了什么问题。

我们几天前发现，圭亚那金矿（Guiana Gold）的走势令人震惊，这则消息被刊登在报纸上。在市场以外，这只股票的交易价格是50美元，或与这个价位接近。在证券交易所，这只股票挂牌上市。最初挂牌上市时，它的交易价格大概是35美元，之后跌破20美元。

这种下跌的趋势在意料之中，所以我不会因此感到震惊。你可以用查询的方式搞清楚这家公司的历史。许多人都知道此事，据他们所说，这家公司组织6位很有名气的资本家和一家著名的银行共同组建了一个炒作集团。在这些成员之中，有一个是贝尔岛探勘公司（Bell Isle Exploration Company）的老板。

贝尔岛探勘公司曾经借给圭亚那公司超过1000万美元的现金，换来一些债券，以及圭亚那金矿公司的25万股股票，圭亚那金矿公司股票的总数是100万股，贝尔岛探勘公司占了1/4。后来，这只股票配股[1]，人们将此事广为宣传。在贝尔岛公司的人看来，利益进以口袋里才是最好的选择，希望那家银行在某一个价位上帮助他们卖出25万股，所以，这家银行想办法把这些股票卖出，顺带将他们自己的另一些股票卖出。他们找到一位专家做市场炒作。那位专家提出条件，预计以超过36美元的价格将25万股卖出，若比这个价位高，他要收取总利润的1/3。我知道和约已经拟定好，这家银行下决心节省一笔费用，准备在签字前的最后一刻亲自卖出股票。他们组建的内线集团从贝尔岛公司得到25万股股票，买进的价位是36美元，卖出的价位是41美元。刚开始，内线集团就向他们银行界的朋友支付5美元的利润，把股票的售卖权交给银行。我不知道他们是否意识到这一点。

无论从哪个方面来说，这家银行都有十足的把握做好这次销售业务。多头市场已经到来，在市场中，属于圭亚那金矿的类股是领导类股。这家公司的配股和配息都是固定的，利润非常高。就是因为这两点，还有主办银行令人称颂的名声，交易者几乎全把圭亚那金矿当作投资股。据说，他们一直抬高股票价格，直到售价到达47美元，总共向交易者卖出40万股。

黄金类股的走势非常有力。不久后，圭亚那金矿下跌了10点。假如内线集团没有停止售卖这只股票，就不会受到什么影响。不久后，从华尔街传出一个消息，这个消息令人很不愉快。当时，公司的资产已经很少，承销商过高的愿望缺乏足够的资金支持。导致下跌的因素随之浮出水面。我已经提前得到警示性信息，并采取应对措施，对圭亚那金矿市场进行测

---

[1] 配股：指上市公司向原股东发行新股、筹集资金的行为。——译者注

试。这只股票与切斯特汽车公司股票的表现十分相似。我刚卖出圭亚那矿业公司的股票,它的股价立即下跌,并随着我的卖出一直下跌。这只股票与切斯特汽车公司股票的表现十分相似。与给我留下很深印象的那十几只股票的表现一样。大盘的走势传达了一个清晰的信息,这只股票肯定有问题,所以内线人士不肯买进。在多头市场,那些了解内情的内线人士不愿买进这只股票,他们非常清楚自己为什么要这样做。开始时,这只股票的价格是45美元,此时下跌到一个非常便宜的价位——35美元,那些不了解内情的人开始买进。后来,这只股票的售价非常便宜,公司继续配发股利。

不久后,消息传出。这个消息首先传到我这里,之后才传到大众那里,正如重大市场消息经常见到的那种情况。听闻这篇报道后,我终于明白内线人士之前为什么卖出股票,原来圭亚那公司挖到的是一堆乱石,不是蕴藏大量金子的金矿。发生这件事情之前,我已经放空这只股票,当时并没有听到这个消息,而是凭着这只股票的表现放空。作为交易者,我要寻找一种内线买进的现象。内线人士没有买进这只股票,他们为什么不重视自己的股票,在回跌时买进?我不需要知道答案,只需要知道,他们不准备进一步抬高股票价格,销售计划中根本不包括这项内容。看破这一点后,我有十足的把握将这只股票放空。大众交易者买进量大概是50万股,只有一个因素可以影响股票价格,那就是一群想要赚钱的人,从一群想要停损卖出的人手中买进,不过,他们都是不了解内情的人。

大众因为买进圭亚那金矿而赔钱,我却因为放空这只股票而赚钱,告诉你这个故事的目的并不是让你知道这些,而是要告诉你研究类股是一项非常重要的措施,同时告诉你,那些缺乏能力的大小交易者是怎样轻视这种教训的。期货市场和股票市场的大盘走势一样,都会向你发出响亮的警示性信息。

我做棉花期货交易时有一个非常有趣的经验。当时,我看淡股市,适当放空一部分股票,还将5万包棉花放空。在股票方面,我的利润非常高,所以没有顾及棉花。等我意识到那5万包棉花时,已经赔25万美元。我在前面已经介绍过自己在交易股票时特别有趣，一直都表现得非常好，所以不愿意一心二用。我常在想到棉花时对自己说："等回档时，我再回补。"棉花价格出现小幅度回档现象，却又在我决定回补时反弹，价格上涨很高。所以，我又把所有精力都集中在股票的操作上，准备一段时间后再交易棉花。最终我的股票交易工作结束，从中赚很多钱，然后前往温泉市度假。

此时，我首次有空余时间，可以把精力放到让我赔钱的棉花交易方面。我的利益受到这笔交易的损害。我有许多获利退出的机会。当出现大量卖出的现象时，我发现棉花价格会在适当程度上回档。不过，反弹现象将立即出现，价格上升到最新高度。

最终，我在温泉市待了几天，已经赔100万美元，但是价格走势依然在上涨。我认真考虑自己做过的事情，又认真考虑自己没有做过的事情，然后告诉自己说："我肯定做错了。"我认为，意识到自己的错误并从中退出，其实是同一个程序。我回补棉花，赔了100万美元。

第二天早上，我放空大脑，专心打高尔夫球。在棉花方面的交易已经结束。我犯了错误，并因自己的错误受到损失，口袋中装着这些损失的证据。当初我一点儿也不关心棉花市场，如今也是如此。为了看一下报价，我首先去经纪商那里，然后才返回旅馆吃饭。我看到，棉花价格下跌了50点。这没什么大不了的，不过，我还看到，几周前的棉花价格总是在下跌后立即反弹，如今却没有这样的表现。从往日的情况可以看出，价格上涨是阻力最小的路线，我却忽略这一点，赔了100万美元。

我将1万包棉花卖出，观察市场的反应，因为棉花已经不如往日那样立即反弹，我已经找不到一个好理由赔很多钱回补棉花。市场价格迅速下跌50点，我等候片刻，却没有看到反弹现象。此时，我非常饥饿，所以去到餐厅点了份午餐。服务生还没把菜端上之前，我慌忙跳起，来到经纪商那儿，发现反弹根本没有出现，因此又将1万包卖出。我又等了一段时间，发现价格又下跌40美分，这意味着我的交易非常正确，因此感到特别愉快。我返回餐厅，继续吃午饭，最后前往经纪商那儿。当天，棉花并没有出现反弹；同一天晚上，我从温泉市离开。

我很乐意打高尔夫球，不过，我将棉花错误地卖出，又错误地回补，所以必须弥补损失，让自己重回能安全交易的地带。我首次卖出的1万包棉花被市场吸收，于是，我第二次卖出1万包棉花，等市场把它吸收后，我意识到反转已经来到。各不相同的市场行为反映出这一点。

来到华盛顿后，我前往经纪商的所在地，老朋友塔克负责这家证券公司。市场价格在我抵达那儿时又一次下跌。我已经意识到上一次犯的错误，如今坚信自己的判断绝对正确。我卖出4万包，市场价格下跌75点，由此可见，这个价位没有任何支撑。当天晚上收盘时，棉花下跌到更低的价位，再也不见往日买盘的情景。什么价位才能形成买盘？我无法确定，不过，我坚信自己的头寸。第二天早上，我从华盛顿离开，开车返回纽约。对我而言，慌慌张张是毫无必要的。

我把车开到费城的一家经纪商那里时，发现棉花市场出现问题。价格下跌的幅度很大，引发一场小规模慌乱。没等返回纽约，我就给经纪商打电话，希望他帮我回补空头头寸。刚拿到交易回执单我就注意到，事实上，我已经赚回上一次赔的钱。于是，我没有在中途继续停车看报价，而是一直把车开到纽约。

在温泉市时，一些朋友和我在一块，他们今天还在议论，说我从餐桌旁跳起，跑过去把第二笔1万包棉花卖掉。不过，这一次明显和第六感无关。无论我之前犯过多么严重的错误，我始终坚信，那种冲动来自对放空棉花时机的把握。这是我最好的机会，一定要充分利用。也许，我做出这种判断完全是一种下意识行为。观察后，最终我决定在华盛顿卖出。凭多年的交易经验，我发现，下跌已经取代上涨，成为阻力最小的路线。

棉花市场让我损失100万美元，对此，我没有任何埋怨。这是我犯过的一个非常大的错误，但是我不会因为这一点对自己深恶痛绝。我在费城用回补挽回损失，同样也不会因此自豪。我真正关心的是交易方面的问题，我觉得，挽回当初的损失是因为我的经验和记忆，这样说才合情合理。

第十八章
敢想敢做，是投机客应有的素质

历史往往一遍又一遍地在华尔街上演。我曾经告诉你，在史崔顿，我把玉米轧空并回补自己的空头头寸，不知你是否还能想起这个故事？在股票市场上，我用过类似手法。热带贸易公司（Torpical Trading）是一只非常抢手的股票，具有探险精神的交易者最热衷这只股票。我做多这只股票赚了钱，放空这只股票也赚了钱。报纸多次批评内线集团，批评他们不太支持长时间投资这只股票，只重视股票价格的震荡。一天，我熟知的一位非常有能力的交易员告诉我，热带贸易公司总裁穆里根（Mulligan）和他那群朋友，从热带贸易公司股票的市场中赚很多钱，这种方法很完美，就算丹尼尔·德鲁（Daniel Drew）操作伊利铁路公司（Erie Railway）的股票，哈弗梅尔操作美国制糖公司的股票，也没有用过这么好的方法。他们常常鼓励空头，希望它将热带贸易股放空，再卓有成效地轧空空头。相比被水压机压下时体验到的惊恐，这种轧空过程让空头体验到更大的惊恐，他们没有任何矫揉造作的表现。

有些人说，交易热带贸易股时，常常发生一些杂乱不堪的事情。不过我相信，这些诉苦的人都曾被轧空得痛苦不堪。既然经常被内线人士的作弊手段坑害，场内交易员为何还做这种交易？最起码说明一点，他们都热衷于交易火爆的股票。这些股票经常出现交易火爆的现象，不可能长时间价格不变。不用问什么原因，不用解释，也不用浪费时间或慌里慌张，只需要耐心等待明牌预测的价格出现起伏。市场上经常有充足的股票流通，只有一个例外，那就是空头头寸非常大，导致股票非常稀少，价值特别高。这种股票随时都可能变得很有价值。

这是很久前发生的一件事情，当时，我前往佛罗里达州躲避寒冷，和往日没什么两样。我心情舒畅地垂钓，把所有与市场相关的事情都抛之脑后，只是每过几日便收到一包报纸。一天早上，我收到一份邮件，这种邮件每星期都会发来两次。我翻阅了股票报价，发现热带贸易的价格是155美元。在我的印象中，上一次看到这只股票时，它的价格只有140美元。空头市场似乎即将到来，我正在寻找放空股票的时机。不过，我不需要慌里慌张的。所以我没有理会大盘走势，依然悠闲地垂钓。我明白，遇到合适时机时，有利形势肯定会回来。无论是否采取行动，都不会稍微推进事情的进展。

当天早上，我收到一份报纸，从中发现热带贸易在市场中独具一格。大盘走势疲软时，内线人士不可能去抬高热带贸易股的价格，因为那是一种非常笨的做法，所以，这件事让我更加看淡大盘走势。有时需要中断赚钱的过程。估算时，交易者往往不喜欢那些不正常的事情。我觉得，拉抬这只股票是一项严重错误。在股票市场中，所有犯如此严重错误的人，都要遭受惩罚。

翻阅过报纸，我又开始垂钓，不过，我始终没有间断思考，想知道热带贸易的内线集团有何计划。正如一个人从20层楼跳下，却没有带降落伞，肯定会粉身碎骨，他们的结局也是如此。我无法考虑其他事情，最终决定取消钓鱼计划，给我的经纪商发去一封卖出2000股热带贸易的电报。钓鱼之前，首先要做完这件事。结果证明，我的成绩非常好。

信差于当天下午把回复电报交给我。经纪商在回复电报中说，他们已经卖出2000股热带贸易，价格是153美元。截至目前，所有事情都进展顺利。市场下跌时，我将股票放空，这样做合情合理。与报价看板的距离非常远，我无法静下心来钓鱼。看到这一点时，我开始思考每一个因素，想弄明白大盘下跌时，为什么热带贸易没有随着内线炒作而上涨，却随着大盘下跌。所以，我从钓鱼营地离开，返回棕榈滩，回到那个装有直通电话的地方。在那里，可以和纽约直接联系。

我刚回到棕榈滩时，已经犯错的内线集团还在尝试，所以，我又放空2000股热带贸易股，让他们买进。收到交易回执单时，我再次放空2000股。市场表现得非常好，我卖出后，股票价格开始下跌。所有事情都让我感到满意，所以出门庆贺。可是我依然不开心，每次想到没有将更多股票放空时，就觉得更加不开心。我再次返回证券商那儿，又放空2000股。

将这只股票又放空一部分后，我终于觉得开心。我很快放空了1万股，之后决定返回纽约，以后再想钓鱼的事情吧，现在有的忙了。

返回纽约后，我全力调查这家公司的业务情况，包括它当前的实际情况，以及它未来的发展。调查清楚这些后，我更加坚定自己的想法，认定用莽撞已经不足以形容内线集团的做法。它的情况更差，竟然抬高股票价格，不顾大盘走势或公司盈余无力支撑的现实。

虽然这种上涨的趋势不合道理，也不是适当的时机，但是普通的交易者跟风买进，导致内线集团继续运用缺乏头脑的战术。我将更多股票放空，内线集团不再继续做傻事。我多次运用自己的交易方法测试，最终将3万股热带贸易公司放空。此时，热带贸易公司股票价格变为133美元。

曾有人对我说，热带贸易内线集团已经掌握华尔街上所有股票的情况，他们甚至知道放空者是谁，以及放空头寸的具体数额，也非常了解其他具有战术意义的重要细节。作为交易者，他们非常聪明，能力特别强。简单地说，不能和这种组织作对，风险太大了。然而事实是无法改变的，市场大势是一个强有力的盟友。

开始的股票价格是153美元，后来下跌到133美元，空头头寸因此增加。一些交易者在回档时买进，他们如往常那样宣扬：这只股票价格超过153美元时，大家就认定应该买进，如今已经下跌20点，更适合买进。股票、股利率、管理层和业务都一样，这种低廉的价格很难遇到。

大家争相买进，流通的股票因此短缺。有许多场内交易员将这只股票放空，内线人士明白，已经遇到轧空的机会，所以用非常巧妙的方式将股票价格提升到150美元。虽然我相信回补的人不在少数，内心却非常平静。也许，内线人士明白，还有3万股没有回补，不过，我没有因此担忧，因为没有任何理由这样做。价格是153美元时，我开始放空，一直到133美元才停止，如今这种促使我放空的原因还在，甚至比往日更加强烈。也许，内线人士特别想让我回补，不过他们无法找到一个让我这样做的理由。市场的基本条件正在为我战斗，很容易就能做到没有任何忧虑，也很容易就能做到保持耐心。投机客一定要充分相信自己，不怀疑自己的判断。已经逝世的迪克逊·瓦兹（Dickson G.Watts），生前是纽约棉花交易所的前任主席，曾写出著名的《投机艺术》（*Speculation as a Fina Art*）一书。他曾经说过：用自己的决定指导行动，就是投机客的勇气。我从不担忧自己犯错，也从不觉得自己在犯错，只有一个例外，那就是事实表明我的确错了。只有充分利用自己的经验，才能让我感到内心踏实，这就是事实。犯错时，也许市场在一段时间内无法表现出来，只能从涨跌走势中看出头寸是否正确。我只能靠自己的知识获胜；假如失败，根源一定是自身的错误。

　　开始的价格是133美元，后来一路上涨到150美元，找不到任何回补的理由。我的预料没错，很快，这只股票又一次下跌，一直跌破140美元，此时，内线集团开始支撑大盘。他们传出许多利多谣言，都关系到这只股票，以此协助他们的买盘。据说，这家公司大赚一笔，总盈利完全可以满足公司提高固定股利率的需要。我还听说，空头头寸非常大，普通的空头将遭遇"世纪轧空"的摧毁。交易者放空太多将蒙受很大损失。他们将股票价格抬高10点。此时，很多谣言传到我的耳中，已经无法向你描述多到哪种地步。

　　我觉得他们的炒作威胁不大，不过，当股票价格达到149美元时，我下定决心，不能让华尔街的人们把四处听来的谣言都当成真的，这样太愚蠢了。空头已经惊慌失措，证券公司里那些容易上当的交易者，交易的依据是听到的明牌。他们不信任我，也不会信任任何一位外人。大盘能讲述事实，也只有大盘能讲述事实，这是效果最显著的反击方法。他人的言论无法赢得大家的信赖，一位将3万股空头放空的人，更无法赢得大家的信赖，值得信赖的只有大盘了。我的经验和记忆又一次派上用场，靠卖出燕麦的方式使交易者看空玉米。史崔顿轧空玉米时，我曾经用过这种方法。

内线集团希望威胁空头，把热带贸易的股价提高，我没采取将这只股票卖出的方法制止股价上涨。我已经将3万股放空，占据流通股数的很大一部分，不能继续放空，否则就是一种很愚蠢的行为。他们十分热情地设计好陷阱，希望我掉进去。第二次反弹确实是一个非常热情的陷阱，不过，我不打算跳进去。赤道商业公司（Equatorial Commercial Corporation）掌握着热带贸易股的大部分股权。热带贸易的股价到达149美元时，我将大概1万股赤道商业公司的股票卖出。

相比热带贸易，赤道商业股票不够火热。我预测完全正确，这只股票在我卖压后大跌，实现了我的目标。热带贸易股价格上涨，与此同时，赤道商业股因巨大的卖压而价格大跌。看到这一点后，交易者和证券公司中相信无力阻挡热带贸易多头消息的那些顾客，理所当然地觉得热带贸易股票的上涨趋势是一场炒作，是释放的烟雾，显然是为了要让内线人士将赤道商业股卖出。在热带贸易公司，最大的股东就是赤道商业。此前热带贸易股价走势非常有力，除内线人士外的所有人都无法在此时想到大量放空，所以，这种大数额股票的主人肯定是赤道商业内线人士。卖出热带贸易使热带贸易的上涨趋势终止。内线集团停止支撑热带贸易的股票，股票的价格立即开始跌落。交易者卖出一些赤道商业股，那些主要的证券公司也采取这种做法。我回补自己在赤道商业上的空头头寸，赚了一些钱。我将这只股票卖出，目的是制止热带贸易的上涨趋势，而非从中盈利。

热带贸易的内线集团，以及那些一直努力的公关人员，仍希望把股票价格抬高，所以，他们屡次在华尔街上宣扬各种利多消息。每当他们做一次宣传，我就将赤道商业放空一次。赤道商业回档，导致热带贸易的股价下跌，此时，我再回补赤道商业的空头头寸。通过这种方法，我打压了炒作集团的气势。最终，热带贸易股股价下跌到125美元。大量放空头寸后，内线人士把股价抬高，股票价格上涨20到25美元。空头头寸的数量很大，所以，价格自然要上涨。我不想失去自己的头寸，所以没有因为预料到这次反弹而回补。热带贸易股价上涨的幅度令人震惊，随后又开始盛传多头消息。我趁赤道商业股价随着上涨前大量放空赤道商业，效果和往常一样，热带贸易的利多消息又被识破。

此时，大盘变得十分无力。我坚信自己已经进入空头市场，所以在佛罗里达州的钓鱼营地中放空了热带贸易股，前面已经说过这一点。我放空许多其他股票，不过最热衷的依然是热带贸易。最终大势疲软无力，内线集团没办法与之抗衡，热带贸易大幅度下跌。这些年来，它的价格首次跌破120美元，然后又跌破110美元，最终跌破面值，但是，我始终没有回补。一天，市场整体陷入疲软状态。热带贸易的价格跌破90美元，我慌忙回补，还是以前那个原因。市场非常无力，买盘比卖盘高出很多，交易量逐渐变大，我终于找到机会。这也许会被认为是无聊地夸耀自己的头脑，不过我要对你说，我回补自己的3万股热带贸易时，股价几乎已经下跌到最低。回补时，我没想过一定要等到价格最低，只想将账面利润变成现金，预防在转换时损失太多利益。

我很清楚自己的头寸没有任何错误，所以在交易的整个过程中都非常稳健。我坚信，自信过头的内线集团将失败。因为我做的是刚好相反的事情，而不是与市场大势相抗衡，或偏离基本形势。他们想做的事情，别人已经做过，最终必然失败。就算我像别人那样，知道习惯性反弹就要到来，也不会被吓着。我明白，如果一直坚持，与想办法回补、在较高价位放空相比，最终的结果会更好。没有任何错误的头寸，我会一直坚持，因此获得了超过100万美元的利润。这并非第六感、高超的解盘能力或愚蠢的冒进在帮助我。我赚钱不是因为自己的头脑灵活，也不是因为自己的虚荣心，而是因为我相信自己的判断。知识可以武装你的实力，让你不畏惧谎言，就算这个谎言是在报价单上印着的，不久后也会被打破。

热带贸易于一年后又一次上涨到 150 美元，连续几周内都保持在这个价位。股市一直上涨，将迎来大幅度回档，多头市场已经远离。我对市场进行过测试，所以明白这一点。热带贸易所属的集团经营惨淡，我不知道是什么造成的，也没法帮助他们把股票价格抬高。就算大盘将要上涨，我也没有办法，更不用说大盘不会上涨。于是，我制订计划，准备将 1 万股热带贸易放空。受到我放空的影响，股票价格下跌。我没有发现有什么支撑的迹象，买盘猛然变了性质。

我能看出支撑，告诉你这一点，不是为了炫耀自己是个奇才。大盘下跌时，操作这只股票的内线集团开始买进，我猛然间意识到，这里面肯定有秘密。这些人根本不会维护这只股票的价格，他们觉得这并非自己的义务。在他们眼里，缺乏知识的笨蛋才这么干，自己又不是什么乐善好施的人，也不是想抬高价格，以便在柜台上多卖一些股票的承销银行家。我和一些人放空这只股票，但是，它的价格依然上涨。股价在 153 美元时，我将 1 万股空头头寸回补，股价上涨到 156 美元时，我从大盘走势中发现，股价上涨才是阻力最小的路线，所以翻空做多。我看淡整个大盘，不过，摆在我面前的不是普通的投机理论，而是一只股票的交易情况。在这一年里，这只股票是最让人震撼的一只，很快就超过 200 美元。电台和报刊媒体报道，我被轧空，因此失去 800 万或 900 万美元。其实我一直做多，根本没有放空。我持有的时间更长，所以一些账面利润才消失。我这样做的理由是什么？你想知道吗？我觉得，假如我属于热带贸易内线集团的一名成员，理所应当这样做。交易才是我的工作，所以我不需要考虑这种事情。即便要找依据，也不会依据别人应该做的事情，而是依据看到的事实。

第十九章
股票投机之所以会成功，是因为人们会犯同样的错误

谁先把"炒作"这个词语和实际上的买卖过程联系在一块，形容证券交易所将大量股票卖出？什么时候联系的？我一无所知。用控制市场的方式压低价格，买进看好的股票，也可以说是炒作，不过二者有一些区别。也许，这样不用委曲求全，做一些违反法律的勾当，不过，一些事情被一部分人认定为不正当，你却仍不得不做。你如何做到在多头市场中大量买进同一只股票，又不让价格提升？如何解决？这种问题有许多决定性因素，你不可能找出一个固定的规则。只有一个例外，那就是如你所说，交易时更有远见一些。是否有例子要看具体情况。只有这个答案最接近真相，你无法说出一个更好的答案。

我事业的每一个阶段都能引起我自己的好奇，别人的经验以及自己的经验都让我学会一些道理。如今下午收盘后，证券公司中盛传着一些故事，但我无法从这些故事中学会炒作股票的方法。当初的许多技巧、秘诀都已经落伍，无法派上用场，甚至成了与法律相违背的东西，无法继续使用。证券交易法规变了，形势也变了。就算丹尼尔·德鲁、小雅各布或古尔德（Jay Gould）这些人，在50到70年前做的事情非常精确、详尽，现今也已经没有任何学习的必要。前人的所作所为，现在的作手已经没有必要学，也没有必要思考他们为何这样做，正如西点军校的学生想要增强实用的弹道学知识，也不需要学习古人的箭术。

还有一点，研究人性往往能有所收获。比如，人们愿意相信的事情，总能引起人们的信任，这是什么原因？贪婪、粗心、锱铢必较，这些因素为什么总能影响人？害怕总是来自那些渴求的事情，所以，研究投机客的心理一直都是必要的。改变的是武器，而非战略，这个道理同时适用于纽约证券交易所和战争。我觉得，托马斯·沃尔克（Thomas F. Woodlock）的话最能概括整个情况，他说："大家重复犯相同的错误，才能保证股票投机获胜。"

市场最热络时，进入股市的股友在数量上达到峰值。不应该在此时讨论炒作或投机，那是在浪费时间，因为此时不需要有头脑，也不需要灵巧。正如不应该研究同时落在对面街上同一个屋顶上的两颗雨滴有何不同。蠢货经常抱有不劳而获的想法，每当市场热络时，人们的贪婪和整体的繁盛经常不费吹灰之力，就可以激发人们赌博的天性。在这个卑微的地球上，根本不存在不劳而获，每一个心存这种妄念的人都不得不为此付出代价。有人曾告诉我旧时代的交易情况，以及旧时代的技巧。我经常觉得，相比20世纪初期的人，19世纪60年代和70年代的人更容易上当。但是，就在当天，或第二天，我确信自己在报纸上又一次发现一些新骗局，也能看到一些证券公司倒闭的消息，以及某些笨蛋存的几百万美元不翼而飞。

我刚到纽约时，洗盘（Wash Sales）[1]和对敲（Matched Orders）[2]的消息经常成为人们谈论的热点。不过，证券交易所已经叫停这种做法。有时，洗盘非常粗糙，逃不过任何人的眼睛。假如一只股票被某人洗高或洗低，交易员立即就会说：洗盘洗得太过频繁。我在前面已经说过，市场多次出现交易员坦白说证券公司洗盘的情况。一只股票片刻间就可以下跌2或3点，其目的是在报价单上确定下跌价格。那些在证券公司中，仅靠

---

[1] 洗盘：庄家的炒作方式之一，让低价买进、意志不坚定的散户抛出股票，以操控市场。——译者注
[2] 对敲：又称相对委托或合谋，指双方为了影响市场行情，分别扮演卖方和买方达成交易。——译者注

些许保证金做多这只股票的人，将因此被洗得一干二净。对敲单子的使用经常出现错误，因为各家经纪商间的操作难以一致，这是一种与证券交易所法规相违背的做法。一位很有名气的作手于几年前取消卖单，但是没有取消对敲中的买单。仅几分钟，一名对内情不了解的交易员，就把股价抬高了大概25点，刚停止买盘就发现，这只股票迅猛下跌。这些行为原本想制造一种假象，让人觉得市场非常热。这种武器不靠谱，这些做法也很卑劣。就算是最好的经纪商，你也不能信任他，把秘密告诉他。如果想让他继续做纽约证券交易所的会员，就要这样做。受赋税的影响，相比以前，与买空、卖空相关的做法付出的代价更加高昂。

字典给"炒作"下的定义包括轧空。炒作和抢夺买进都可能导致轧空。比如，太平洋北部铁路在1901年5月9日的轧空绝对不是炒作行为。施图茨（Stutz）的轧空，让与之相关的所有人都付出惨痛的代价，有的是金钱方面，有的是名声方面。事实上，这次并非事先计划好的轧空。

交易者从轧空中获得利益其实只有为数不多的几次。范德比尔特准将（Commodore Vanderbilt）因为两次轧空哈林（Harlem）股票而大赚一笔，他赚到的这几百万美元是合情合理的，因为这些钱来自于那些想欺骗他的空头赌徒、缺乏诚信的国会议员和市议员。还有一点，推动西北铁路股票轧空时，古尔德赔了很多钱。轧空拉克万纳股票时，"老怀特"赚了100万美元。操作汉尼拔－乔瑟夫铁路（Hannibal&St. Joe）股票时，詹姆斯·吉恩赔了100万美元。轧空时想要赚钱，就要将最初买进的股票用比成本更高的价格卖出。想要提高轧空的可能性，就要尽量保证融券余额有足够大的规模。

半世纪以前，盛行大作手轧空，我曾经考虑是什么原因造成的。这是一些具有高超能力、丰富经验的人，他们的警觉性特别高，不可能如小孩子那样特别信赖同辈作手。不过，这些人多次被轧空，陷入困境，次数多得已经令人震惊。一位老交易员很有智慧，他曾对我说：19世纪60年代和70年代，大作手们都希望能推动一次轧空，这已经成为他们的梦想。

许多垄断都源于虚荣心，还有一些人想要报复，所以才垄断。一言以蔽之，说一个人顺利将一只股票轧空，事实上是在说他聪明、有勇气、有能耐。轧空后，推动垄断的人能获得比别人更高的地位，毫无羞愧地接受来自同伴的赞扬。那些冷静的作手全力放空，是受自己虚荣心的影响，而非想赚更多钱。

一只狗往往怀着轻松、畅快的心情咬另一只狗。我曾经对你说，我多次从被轧空的危险中逃脱，这是因为我可以大概看出哪种买盘不能草率放空，而不是因为我在看盘上有什么神奇的灵感。凭借对大盘的测试，我做到这些，以前肯定也有这样做的人。当年，老德鲁轧空同辈作手很多次。那些作手放空伊利，因此蒙受很大损失。在伊利股上，老德鲁却被范德比尔特轧空，他恳请范德比尔特放过他一次，不料范德比尔特却严肃地说出德鲁曾经说过的话，这句话将变为永不过时的警句：

把自己缺失的东西卖出后，要么把它买回，要么进监狱。

在华尔街，股票作手的事迹往往被人们遗忘。其中有位作手，名声在华尔街盛传，至少有一代人认识他。他发明了"掺水股"[1]这个词，这也许就是他被人们永远记住的原因。

在1863年的春季公共交易所中，人们公推爱迪生·杰罗姆（Addison G.Jerome）为首要人物。据说，他的市场明牌特别有效，大家把它看成银行中的现金。一言以蔽之，他是一个赚了几百万美元的优秀作手，是一个放纵到穷奢极欲的人。在华尔街，许多人都是他的信徒。有"沉默的威廉"之称的亨利·基普（Henry Keep）轧空老南方（Old Southern）股票，杰罗姆的几百万美元因此输得一干二净，他的信徒也不复存在。顺便说一下，基普和州长弗劳尔（Roswell P.Flower）是姻亲兄弟。

不让人知道你正在轧空一只股票，诱导别人不停地将这只股票放空，这是炒作的重要手段，曾经大多数轧空都是这样的。轧空者无法赢得大众

---

[1] 掺水股：又名"水分股"或"虚股"。股份有限公司发行的超过实有资本总额的股票。
——译者注

的信赖，所以把主要的目标认定为同辈的专家。那些头脑灵活的专家放空的理由，类似于今天他们放空的理由。我从看过的故事中发现，范德比尔特轧空哈林股时，除了那些不讲诚信的政客在卖出之外，别的专业交易者都是因为股价太高选择放空。这只股票首次出现这么高的价格，以至于令人无力买进，所以他们觉得股价太高。没能力买进，只能卖出，这种情况不足为怪。听上去，这点很有现代特色。他们考虑的是价格，范德比尔特考虑的却是价值。多年后，老前辈对我说，他们形容一个人穷苦潦倒经常说："他把哈林股放空。"

多年前，我与古尔德的一位老交易员交谈，他诚恳地说，古尔德先生是一个超越其他所有作手的奇人。老德鲁有些后怕，说："谁要是碰到他，就会丧命。"他说的也是古尔德。古尔德做出这么大的成绩，肯定是货真价实的金融界奇才，这一点不容置疑。就算时间已经相隔很久，我依然可以发现，他能迅速适应新环境，这对交易者非常重要。他轻易改变攻守方式，不重视股票投机，重视控制股性。他炒作的目的并非是改变市场，而是投资。很久以前，他已经意识到，在证券交易所炒作铁路股票并非挣大钱的方式，拥有铁路才能挣大钱。据我猜测，在股市中赚钱速度最快，也最容易，所以他肯定要把股票市场利用起来。正如老亨廷顿（Collis P. Huntington），他也经常缺乏资金，需要几百万、几千万美元。银行同意借给他的钱常常不能满足需求，往往少上两三千万美元。他内心十分焦虑，因为虽具有远见卓识，却缺乏资金，实在心有余而力不足。资金充足时，远见卓识就意味着成就、权力和金钱等。

水平一般的作手也有炒作的权利，并非只有当初那些大人物才能炒作。我想起一位老交易员，他曾经讲过一个故事，涉及60年代初期的情况，也涉及道德。他说："首次参观金融区时看到的情景，是我对华尔街的第一印象。"我父亲要去那里处理一些事情，不知为何把我也带上了。我记得，我们沿百老汇一路前行，在华尔街转弯后，又沿华尔街一路前行，走到宽街或拿索街（Nassau Street）附近时，在如今的信孚银行（Banker

Trust New York Corporation）大楼坐落的街口，发现一群人跟随两个男人走来。第一个男人装成毫不在乎的样子，一直往东走去。身后紧跟的那个人脸红红的，一手拿着帽子猛烈地挥动，另一只手在空中握着拳头胡乱挥动。他高声喊：'吸血鬼！吸血鬼！吸血鬼！吸血鬼！是什么价格？'我发现人们从窗户探出脑袋。那一年，还没建成摩天大厦，不过我可以断定，很多人都从二楼或三楼探出脑袋看。我父亲问发生了什么事情，我听到有人回答，但是没听明白回答的是什么。我担心拥挤的人群将我和父亲冲开，所以只顾拉紧父亲的手。人越来越多，就像大街上经常见的那些人，这让我内心十分焦虑。那些好奇的人分别从拿索街、华尔街和华尔街东西两端冲过来。最终，我们从人群中挤出。父亲跟我说了那个高喊'吸血鬼'的人是谁，但是，我已经不记得他叫什么，只知道在纽约市的主力股中，他是最大的作手。听说只有小雅各比他赚的钱多，其余在华尔街上的人都没他能赚钱。我觉得，一个成年人名叫小雅各，是一件非常有趣的事情，所以牢牢记住这个名字。大家把另一个人叫作吸血鬼，源于他因冻结资金而臭名昭著。他叫什么？我也无法记得，只能想起他高挑的身材和白皙的面容。当初的内线集团希望用借钱的方法控制资金，也可以说，希望缩减证券交易所中借款方能借出的钱。他们借钱得到保付[1]支票，其实并没有将钱领走而用到别的地方。这肯定是一种控制方式，似乎也是一种炒作方式。"

我特别认可这位老先生的话，觉得这是一种炒作方式，如今已经不存在这种方式。

---

[1] 保付：保付是支票的一种附属行为。付款银行在支票上加盖"保付"戳记，以保证到时一定能得到银行付款。——译者注

第二十章
能脱身时尽早脱身,别总想挽回损失

华尔街上有很多优秀作手,如今依然被人们广为传颂,可惜我没机会与他们中的任何一位交谈。我指的是作手,而不是领袖。他们都生活在我的时代之前。我刚到纽约时,正是詹姆斯·吉恩声名显赫的时候,他是众多作手中最杰出的一位。当时,我只是一名少年,只看重一点,那就是怎样在一家靠谱的证券公司中重现我在家乡的证券公司中取得的成绩。吉恩当时忙于炒作美国钢铁公司的股票,他在这只股票的炒作上取得很大成绩。当时,我没有炒作过,不太清楚炒作的意义是什么。我甚至不是特别希望掌握炒作知识。假如我竟然意识到炒作,肯定是因为我把炒作当成一种级别特别高的骗局,而证券公司在我身上实施的那些骗局级别特别低。那时,在炒作方面,我听闻的那些话很多都来自推断,或来自猜想,很少来自充满智慧的分析。

特别了解吉恩的人曾多次对我说,华尔街上还没有哪位作手比吉恩更勇敢,头脑更灵活。这一点非常重要,因为有许多优秀作手。如今,人们已经不记得他们,但是他们声名显赫时,都曾经成为叱咤一时的风云人物。报价单让他们从金融界里的小喽啰,逐渐成长为很有名气的大人物。但是,报价单的力量还不够大,他们无法永远保持声名显赫的地位。在那个时代,吉恩肯定是最棒的作手,那是一段漫长的日子,生活充满美好。

他在股票方面的知识,以及作为作手的经验和才干,帮助他提供服务

给哈弗梅耶兄弟。哈弗梅耶兄弟想依靠吉恩的助力,帮美国糖业公司股票开拓市场。吉恩喜好豪赌,当时,他一穷二白,不然肯定继续凭自身实力操作。在美国糖业公司的股票上,吉恩的操作非常成功,带动了交易者追捧这只股票,市场变得热络。自此之后,内线集团多次把他请去,希望他操控大盘。有人对我说,他帮这些内线集团炒作时,只希望如集团中的其他人那样获得一份报酬,并不想得到额外的费用。他全权负责股票在市场上的表现。一般情况下,双方会互相指责对方背信弃义,或指责对方溜之大吉,正是由于这种互相指责,他才和惠特尼-瑞恩帮(Whitney-Ryan)发生争执。根据我自身的经验,对作手而言,让伙伴误解自己是一件很容易的事情,因为伙伴无法如你那样了解你的需要。

吉恩在1901年春季成功炒作美国钢铁公司,这是他最好的操作,但是什么精确的记录都没有留下,让人很遗憾。我知道,吉恩始终没和摩根先生说过这件事。摩根的公司经由塔尔博特·泰勒公司(Talbot J.Taylor &Co)——吉恩把这家公司当作总部——与外界联系。吉恩是塔尔博特·泰勒的岳父。吉恩的辛苦付出换来的回报包括在努力中得到的快乐。我们都知道,他那年春天从被自己炒热的市场中赚了几百万美元。他对我的一位朋友说,在公开市场上,他在几星期内帮助负责承销的集团将75万股卖出。想想这两件事,你就会发现,这是非常好的成绩。这是一只新股票,没有经历过任何考验,相比美国的国债总额,公司的资本额更大一些,这是其一。在吉恩的帮助下,另一个市场也在同一时间被开创出来,里德、李兹、摩尔兄弟、亨利·菲利浦以及别的钢铁业巨头,将几十万股卖出给大众,这是其二。

市场的整体走势有利于他。经济形势的确是这样的,他能获得成功得益于人气,以及用之不竭的财力援助。当初,处在一个大多头市场中,很难再遇到那种景气和心态。一段时间后,证券恐慌发生,人们备受折磨。1901年,吉恩把美国钢铁公司普通股炒高到55美元,1903年的恐慌使其下跌到10美元,1904年,它的价格又下跌到$8\frac{7}{8}$美元。

吉恩没有写书对此详细的记录，我们无法研究他的炒作行为。假如研究一下他在联合铜矿公司（Amalgamated Company）的炒作方式，那将是一件非常有趣的事情。罗杰斯和威廉·洛克菲勒希望在市场上卖出多出的股票，但是这个愿望没能实现。最终，他们请求吉恩协助他们，把他们手中的股票卖出，吉恩没有表示异议。不要忘记，罗杰斯是他那个时代华尔街最有能力的企业家之一，而在整个石油集团中，威廉·洛克菲勒是胆量最大的投机客。其实他们的资源充足，名声非常好，又在股票操作方面有多年经验。不过，他们依然离不了吉恩的帮助。我把这件事情告诉你的目的是，希望你明白将一些工作交给专家做是必要的。美国一些非常优秀的资本家都持有这只股票，它的宣传者特别多，但是，必须要牺牲许多金钱和名声，否则无法将其卖出。罗杰斯和洛克菲勒都很有头脑，断定只有吉恩有能力帮助他们。

吉恩的工作就此展开，他在多头市场中将22万股联合铜矿卖出，价格徘徊在面值上下。他将内线集团人士持有的股票卖出，大众持续买进，促使价格上涨10点。大众争相买进，使内线集团人士因此看好那只被他们卖出的股票。据说，罗杰斯向吉恩提出建议，希望他做多联合铜矿。罗杰斯非常聪明，肯定明白吉恩不可能任人宰割，所以人们很难相信罗杰斯有倒货给吉恩的计划。吉恩的行事风格如往日一样，首先在大涨后一直压低价格，把股票大量卖出。他的需要，以及每日都在改变的小波动，共同决定着他的战术。要把股票市场假想成战场，不要忘记战略和战术之间的不同之处。

吉恩非常信赖一个人，用假蝇钓鱼是他的拿手好戏。那个人在几天前对我说，有一天，吉恩将发现自己没有任何联合铜矿的股票。也就是说，之前出于抬高股价的目的不得不买进的股票将全部失去。第二天，他肯定会把几千，甚至几万股买回。第三天，也许他会再次卖出。接下来，他将任由市场自己发展，并让市场养成适应这种情况的习惯。当他准备把持有的股票卖出时，必然要把股票价格压低，正如我曾经对你说的那样。普通大众往往寄希望于股票的反弹，回补空头。

吉恩的老相识对我说，吉恩在这场炒作中帮罗杰斯和洛克菲勒将持有的股票卖出，给他们带来大概2000万或2500万美元的收入，而罗杰斯将一张20万美元的支票给他。你可能会想起，纽约大都会歌剧院的清洁女工帮百万富翁的太太找到价值10万美元的珍珠项链，却换来0.5美元的回报。吉恩将支票退还给他们，并附上一张纸条，纸条上客气地写着，他并非公司中的交易人员，只希望给他们提供一些帮助，这让他感到很高兴。他们把支票留下，又给吉恩写了一封信，对他说，非常希望再次与他合作。善良的罗杰斯很快就提供一个明牌给吉恩，建议他以大概130美元的价格买进联合铜矿。

詹姆斯·吉恩果真是一名有天赋的优秀作手。他的私人秘书对我说，假如市场按照他的意思发展，吉恩先生就会变得极为易怒。熟悉他的人都知道，吉恩喜欢说讽刺的话语，那是他暴躁的象征，而且这些话还总是让人久久难忘。赔钱时，他的脾气却非常好，表现出上流社会那种良好的教养，喜爱说名言，整个人都变得幽默、亲切。

要想投机成功，必须具备非常优秀的心理素质，他刚好具备，因此能在任何地方的投机中获得成功。很明显，他不会和大盘对着干。他是一个非常勇敢的人，却并不莽撞。只要意识到自己错了，他就立即改正错误。

从他的时代开始到现在，证券交易所的法令很多条款都已经改变。相比以前，执法变得更加严格，证券交易增加许多新的税负，利润也是如此，好像整个规则都发生了变化。那些曾经帮助吉恩巧妙地赚钱的方式，如今已经无法继续使用。有人非常自信地对我们说，在华尔街，如今的商业道德已经提高，达到一个非常高的水平。在美国金融历史的所有时期，吉恩都算得上是一位卓越的作手，这样说非常公平。他对股票投机十分了解。在当初那种环境，他的这些做法被接受，所以取得这样好的成绩。他在1901年和1876年第一次从加州到达纽约时，两年时间赚了900万美元，取得非常大的成绩，1922年的操作肯定也特别成功。相比普通大众，一些人的步伐要快得多。无论民众如何变化，他们肯定是领导人才。

如今已经没有开创性工作，自然无法获得相应的回报。回报确实已经减少，变化并非如你想象的那么大。相比往日，一些方面的炒作却变得更加简单，而在其他方面则远比吉恩的时代更难。

无须怀疑，广告是一种艺术，把大盘当成媒介炒作是一种广告艺术。看盘者渴望看到的事情，才是大盘应该表现出来的。故事的真实性可以增加说服力，进而提高广告效果。事实上，如今的作手要让一只股票表现得非常有力，也要让这只股票确实变得有力。健全的交易股是炒作的基础。吉恩刚开始就是一名非常优秀的交易者，之后变成奇才作手。

有必要给炒作另起一个名字，因为它听起来已经有些贬义。我觉得，假如卖出大量股票就是炒作的目的，炒作的过程将没有神秘可言，也不会变得不正当。不能散布误导性消息，这是炒作的前提条件。作手无疑要在投机客中寻求买主。他求助的对象是这样的人：希望用自己的钱赚很多钱，为此，甘愿承担高于正常的商业风险。我不会同情那些明白这一点，却把自己无法轻松赚钱归罪于别人的人。这类人在赚钱时觉得自己非常聪明，在赔钱时觉得别人是德行不好的作手。此时，这类人在说炒作，其实就是在暗示有人在纸牌上留记号作弊。事实上，并不是这样。

发展市场往往是炒作的目标，也就是说，可以随时将大量股票以某一个价位卖出。也许，市场大势会出现反转，让内线集团觉得不能将股票卖出，不然就要付出很大代价，超出自己的承受范围。此时，也许他们觉得专家的技术和经验，可以让他避免那种令人畏惧的失败，推动一种井然有序的撤退，所以决定聘用一名专家。

有些炒作是为了把价格压低，然后将大量股票吸进。如今，这种炒作很少出现，所以我并没有谈论，你应该能注意这一点。将股票买进，以此获得控制权，就属于此类。

多年来，华盛顿·康纳（Washington E.Gonnor）始终没有在证券交易所交易大厅现身。当古尔德打算大量买进西联汇款（Western

Union），将它的控制权掌握在自己手中时，华盛顿·康纳突然在交易所的西联汇款股票交易处出现，开始买进西联汇款股票。看到华盛顿·康纳把他们想得那么单纯，每一个场内交易员都耻笑他，觉得他很笨，于是非常愉快地将每一股西联汇款股票卖给他，满足他的需求。他们觉得这是一种非常笨的方法，竟然希望假扮古尔德先生买进西联汇款，以这种方式抬高这只股票的价格。这种方式是否可以被称作炒作？我的回答是，它是炒作，也不是炒作。

我曾经说，通常情况下，把价格抬到最高，向普通大众出售大量股票，才是炒作的目的。它与卖出有关，但又不仅限于此，还与分散出货存在联系。不管怎么说，相比一个人持有一只股票，1000个人同时持有一只股票明显更好，这对市场有利。作手不得不考虑股票分散的特点，而不能只考虑将股票以特别高的价格卖出。

只把股票的价格抬高，却无法诱导大众买进你的股票，是一件不合情理的事情。缺乏经验的作手试着在头部将股票卖出，却以失败告终，此时，老前辈会表现出非常睿智的模样，对你说：你有权把一匹马牵到水边，但是没有任何权利逼它喝水。这个家伙！满脑子新奇想法。你最好不要忘记，其实炒作有一条规定，那就是尽可能把股票的价格炒到最高，再一路压低价格向大众出售。吉恩十分了解这条规定，那些能力突出的前辈也十分了解。

我从头开始说，如果一个人，或者一个承销机构，或者一个内线集团，掌握大量股票，计划把卖出的价格抬到最高。在纽约证券交易所，这只股票正常挂牌出售。公开市场应该是出售股票的最好场所，普通大众应该是股票最好的买主。公司当前的合作者，或以前的合作者，负责股票出售方面的谈判。他希望把这只股票放在证券交易所卖出，却以失败告终。对与股市相关的流程，他已经谙熟于心，或不久后就会谙熟于心。他明白要找一个做这件事情的人，他的经验要比自己丰富，才干要比自己高。或亲自得知，或从别人口中听闻，他发现许多人都曾经成功做过这种交易，所以希望借用他们的专业技能。生病时，就去找医生；缺乏工程技术时，就去找工程师。同样道理，他也要找一个人。

如果他听人说，我在股票操作方面是个行家，我觉得，他肯定会想方设法找出与我有关系的信息。不久后，他就会找个合适的时间，到办公室来见我。

也许，刚好这只股票是我熟悉的，我对它的价值非常了解，明白这些事情属于我的工作范畴，也是我生存的方式。客人把他和他的合作者的要求告诉我，希望我担负这项职责。

轮到我发言了，如果我觉得有需要，有助于搞清楚这项任务，就要求必把所有相关的资料提供给我。我对这只股票的价格进行预算，并推断它有多大概率可以在市场上销售。我得到这些事情的帮助，加上自己对当前大势的估算，更能推断这项任务操作成功的概率。

假如我能从自己的信息中得出令自己满意的推断，肯定接受这个建议，告诉他我提供服务的先决条件。假如我提出的条件和要求的报酬都被他认可，我将立即展开工作。

一般情况下，我会提出要求，让他给我大量股票的认购权，这个要求往往可以得到满足。累进式认购权对对方公平，对我也公平，所以我坚持这种方式。开始时，认购权的价格比当前的市场价格稍微低一些，之后又一点点提升。比如，我拥有10万股认购权，如今，这只股票的价格是40美元。开始时，我认购几千股，其价格是35美元，又以37美元的价格认购另外几千股，然后是40美元、45美元、50美元，如此节节攀升，直到价格达到75美元或80美元。

假如这只股票受我的专业努力和炒作的影响，价格上涨到最高价位，需求量非常庞大，促使我有机会卖出大量股票，那时，我有认购这只股票的权利，而且一定会执行这项权利。应该出现的情况是，我和我的客户都获得利润。他们支付金钱，假如寻找的东西刚好是我的技术，那么他们从中得到利益是应该的。集团也有赔本的可能，不过，这种可能性非常小，因为我不会接受这种工作，除非发现能从中获利。今年，我有一两次没有赚到钱，很不走运。有很多因素导致这种局面，不过，我也许会留待以后再说，因为这是另外一件事情。

宣扬正在展开一个多头走势，是一只股票多头走势的第一步。这听起来非常可笑，实际上并非如此，你仔细想一下就会发现这一点。你真心实意让这只股票变得有力、活络，是最好的宣传方法。说完每一句该说的话，做完每一件该做的事，股价机器就成了世界上最强大的公关人员，大盘走势就成了最好的广告媒体。我无须帮客户推出任何宣传资料，无须把这只股票的价值告诉报纸，也无须催促财经记者报道这家公司对未来的计划。我不需要大众的追随，只需要把这只股票炒热，就可以得到自己非常想要的结果。如果股票交易非常火爆，肯定有人希望解读这种现象。无须我的任何帮助，媒体自然刊登那些有必要的理由。

交易火爆是场内交易员追求的唯一目标。如果存在一个自由市场，无论什么价位，他们将买进每一只股票。他们发现交易火爆时，将买进几千、几万股，联合起十分强大的力量。他们可以变成作手的第一批买盘，一直随着你交易。在操作的每一个阶段，他们都是非常大的推动力。我很清楚，吉恩经常借助交易最频繁的证券公司交易员，这样做的原因是掩盖发起炒作的初始地点。还有一个原因，他很清楚他们在扩张业务、散布明牌方面很有一套。他经常把认购权给交易员，认购价格比市场价格高，用口头许诺认购权的方式，使他们可以在获利落袋前向他提供帮助。他们应该得到的利润，他肯定给他们。如果我能得到这些业内人士的鼎力相助，就只需要让一只股票变得火爆起来，不用亲自做其他任何事情，交易员不会提出更多要求。赚钱后就卖出，这是在证券交易所大厅的场内买进股票的目的，请不要忘记这一点。他们希望迅速赚到钱，而不是一定要赚很多钱。

我意欲将投机客的注意力吸引过来，所以炒热一只股票。至于原因，我已经向你讲述过。我买进一只股票，又将其卖出，交易会随着我这样做，就像我一样以投机为目的大量持有股票。既然如此，拿认购权把它限制住后，往往不会出现太有力的卖压。买盘常常超过卖盘就是因为这一点。大众主要的引领者是证券公司交易员，而不是作手。大众将进入场内，变成买方。这种需要很让人满意，我会满足他们。也可以说，我大概会把股票卖出。假如需要是应该出现的那一种，相比开始炒作时不得不吸进的股数，我吸纳的数量将更高。当这种情况出现时，我会将这只股票放空。这种放空属于技术性的。也可以说，相比我持有的股票，我卖出的股票更多。我卖出的依据是自己的认购权，所以，我觉得这样非常安全。大众没有那么多需求，这将导致股票价格上涨的趋势停止下来。此时，我正在等待。

如果这只股票的上涨趋势已经停下，大盘走势疲软的那天，整个大盘都将出现回档现象。也许，一些眼光锐利的交易员能发现，我这只股票没有任何买盘，所以，他会选择把这只股票放空，大众也会照着他的样子做。无论是什么原因，我这只股票都将出现下跌。正如一只股票受到它自己公司的欢迎表现出的那种支撑，我开始买进这只股票，支撑它。我支撑这只股票时，无须吸进股票，这才是最妙之处。也可以说，为了防止以后不得不卖出，我不用增加持有的股票总数。如此支撑股价并不能缩减我的资金，请不要忘记这一点。我要做的是，回补之前用非常高的价位放空的股票。到那时，大众的需要，交易者的需要，都能保障我用非常高的价位放空。这只股票的价格下跌，肯定能吸引交易者的购买，你应该把这一点向交易者和一般大众做个清晰明了的说明。如此一来，业内人士往往不再莽撞地放空，心存忧虑的股东也不会将股票全部卖出。当一只股票的走势非常无力时，你往往可以看到这种卖压，缺乏支持的股票立即就会出现这种情况。我说的稳定程序，其中的一步就是回补买单。

随着市场交易量的扩大，我一直抬高价格，把股票卖出，不过不会大到阻止上涨的趋势。我这样做，充分考虑了自己的稳定计划。当上涨趋势合情合理，遵循一定的秩序时，卖出股票的量越大，就能促使保守的投机客远比莽撞的证券公司交易员更多。股票价格肯定有无力的那一天，随着我卖出数量的增加，能为这只股票提供的支持将更加有力。我一直希望放空头寸，可以支撑股票，同时又丝毫不损害自己的利益。一般情况下，我在能赚到钱时就会卖出。为了强化自己的买进实力，在不赚钱时，我也常常卖出。我说的没有任何风险的买进力量就是这样的。我要为自己创造盈利，而不是只抬高价格，或者帮顾客将大量股票卖出。就是因为这个原因，我才不要求客户拿出交易资金。是否获得成功，直接影响我的资金。

我刚才说的办法是可以改变的。我缺乏一种固定系统，操作时也不依据这种系统。情况有变时，我时刻准备更正自己的条件。

要尽量把一只股票炒作到最高价格，然后卖出，把它散布到市场上去。一方面，这是基本原则，另一方面，大众一致认为每一个卖压都出现在头部，所以我又强调了一遍。有时，一只股票会行动缓慢，在这种情况下，股票价格不会上涨，这就是最好的卖出机会。股票价格会因为你的卖压而下跌，下跌程度超过你的想象，一般情况下，你可以把股票的价格压下。我下单子买进，只要我炒作的股票价格上升，就能意识到自己是安全的。如果有需要，我会坚定地用自己的钱买进，正如买进其他拥有良好表现的股票。这条路线的阻力最小。我曾讲过和这条路线相关的交易理论，不知道你是否还能想起？确立阻力最小的价格路线后，我前进的方向就按照这个路线。我一直都是那只股票的操作者，而不是只在特定时刻，才炒作那只股票。

当买盘不能抬高股票价格时，我不再买进，反而卖出。就算我没有炒作这只股票，也会做这种事情。你应该明白，一直下压股票价格是出脱一只股票的重要手段。竟然在股票价格下跌的情况下将这么多股票出脱，确实会令人惊讶。

在炒作时，我遇到交易时遇到的问题，所以始终没在炒作时忘记自己是名股票交易者，我已经再三强调这一点。当股票的波动没按照你的想法时，作手要终结所有炒作。不要和大盘争辩，只要你炒作的股票脱离正常的波动轨迹，立即把所有股票卖出。能便宜出脱就尽早脱身，别想着挽回利润。

第二十一章

火爆市场会让人赚很多钱，但只是账面上的钱

我非常清楚，粗略的介绍不会给人留下太深的印象。这种现象很少见。我可以通过一个例子清晰地表述出来。我将一只股票的价格提高30点，买进7000股就能开拓出一个市场，几乎能吸纳一切大数额股票，如何做到的？请听我说。

它就是被看成是资产股的帝国钢铁（Imperial Steel），被一些名声很响亮的人推出上市，宣传工作做得非常好。华尔街上的几家公司把大概30%的股票卖给普通大众。不过，这只股票挂牌上市后，交易量非常小。当有人问起时，一两位内线人士——原先属于这只股票承销团里的工作人员——宣扬这家公司的前景非常好，比预期更赚钱。这话说得没错，事实就是非常好，但无法令人特别高兴，也缺少投机的动力。站在投资的角度分析，还没有十足的把握稳定价格，也不能保证可以持续配股。这是一只非常温和的股票，出现的波动始终不足以引起人们的关注。内线人士把真实的情况讲出来，依然没能引起价格上涨，不过价格也没有下跌。

没有人称赞帝国钢铁，也没有人肯报明牌，它的名气始终很小，这种状态一直持续。大家都不卖这只股票，所以它的价格没有下跌。这只股票不够分散，大家都不愿意放空这样的股票，所以没人肯卖出。持有大量股票的内线集团可以随意控制这只股票的空头，它的空头所处的地位非常低。大家没有买进这只股票的动力。帝国钢铁在投资人手里是投机股，在投机

客手里却缺乏生机。每当你买进做多时，它很可能进入套牢状态，让你不再产生继续买进的想法。这只股票成了一具尸体，一个人若被它拖一两年，相比最初的成本，损失会更高，等遇到更好的机会时，却发现自己被套牢。

一天，帝国钢铁公司的一位重要工作人员以自己的名义，也以他同事们的名义来看我。他们把这只没有散出去的股票的70%控制住，旨在为这只股票开拓市场。他们手中持有股票，希望我帮他们卖出，价格要高于他们想办法在公开市场卖出的价格。他们很想搞清楚我接受这份工作的前提条件是什么。

我对他说，几天内会把我的条件告诉他。我开始调查这只股票，把一些专家邀请过来，把这家公司的生产部、业务部和财务部都调查一遍。他们向我提交一份准确的报告。我只想寻找事情真相，不想找出优点，也不想找出缺点。

报告说这只股票的价值非常高。假如投资人愿意等待一段时间，公司的前景会让他们知道，当前的市场行情非常适合买进这只股票。单说此种情况下的各种市场波动，股价上涨是很常见的，也是合情合理的。我的意思是，应该抬高股价，这依据的是公司的前景。我有充分的理由接受帝国钢铁的多头炒作工作，这个决定做得很慎重。

我让那人来我的办公室商量细节内容，对他说，我接受这份工作的条件是，以70～100美元的价格给我10万股帝国钢铁的认购权，别的什么都不要。有些人会觉得，这笔钱数额巨大，不过，他们应该想到，这是一只没有市场的股票，以70美元的价格卖出10万股，内线人士根本无力做到，甚至没能力卖出5万股。获得的一切利益，还有那些非常优秀的宣传，都没能引起太大的买盘。我必须让委托人先赚几百万美元，才能得到报酬。相比高得不合情理的销售佣金，由我能否成功赚到这笔钱决定比较公平。

我很清楚，这只股票的确有它的价值，大盘价格将上涨，进而抬高每一只优秀股票的价格。我相信自己能做好这件事情。在我提出建议后，客户得到很大鼓励，立即答应我的要求。从最初阶段开始，这就是一个让人非常开心的交易。

我想尽办法,让自己的利益得到充分保证。70%的流通股本都掌握在公司手中,我担心被大股东看成垃圾场,所以要求他们把70%的股本都存进一个信托合约下。我把大多数股票牢牢地掌握在自己手中,还有30%的股票散布在四处。我不得不承担这种风险。没有任何风险的操作,经验丰富的投机客从来不敢奢望。其实每一只股票都可能进入市场,概率不会高于人寿保险公司的每一个顾客于同一天的同一个小时死亡。人的寿命是没经过刊登的精算表,股票市场也是如此。

我已经做好防护工作,躲避这类股市交易中的风险,避免自身受到侵害,计划展开行动。我的目的是把自己的认购权变得值钱。首先要抬高价格,开拓出一个市场,供我卖出10万股,才能实现这个目标。这里说的10万股,也就是我拥有认购权的股票。

我要做的第一件事情是,在股票价格上涨时查清楚进入市场的股票会有多少股。我的经纪商很容易就完成了这件事情,他们不费吹灰之力就告诉我,有多少股票希望以比当前市场行情稍高一点的价位卖出。他们这个消息是否来自场内的中间人,我一无所知。在场内,账户中的买单有哪些?当前的市场价格表面是70美元,不过,我用这个价格甚至无法卖出1000股。在这个价位,或者比这稍微低一点的价位,我甚至找不到有任何人愿意买进的证据。行动时,一定要依据经纪商提供给的资料。市场希望卖出的股票究竟有多少?我无法从这些资料中得知答案。

我刚获得这些资料,就悄无声息地以70美元,或略微高一些的价格,把每一股挂出的股票买进。你应该明白,我所谓的"我"其实是在说我的经纪商。我的顾客把自己的筹码掌握在手中以前,已经将他们可能发出的所有卖单取消,所以,这些卖单的来源是那些小股东。

对我而言,买进太多股票是毫无必要的。另外,我还明白,股票价格上涨,买单和卖单都会增加。

帝国钢铁将上涨,我没有把这个消息告诉任何人,因为毫无必要。以最有效的宣传提升人气，就是我的工作。我的意思并不是多头宣传毫无必要。正如宣传羊毛制品、鞋子或汽车的价值那样，宣传新股票的价值也合情合理，这一点是必要的。理当让大众得到精准、靠谱的消息。我想说的是，大盘已经实现了我需要的一切条件。信誉比较好的报纸常常想办法刊登文章，解释市场的波动，新闻就是这样形成的，我在前面已经说过。读者想知道股市发生了哪些事情，更想知道为什么会发生这种事情。由于这个原因，作手很容易就能让财经记者刊登所有可以采访到的信息和谣言，还会分析盈利报告、产业情况和前景。说得简单一些，财经记者会指出每一个新解释，协助股价上涨。假如记者或朋友询问我对某只股票怎么看，我会立即将心中想的股票说出来。我根本无须主动提出建议，也始终没报过明牌，秘密操作对我没有任何好处。我很清楚，对每一个报明牌的人和业务代表而言，大盘走势最有效，最能说服人。

那些意欲以70美元或稍高一些价格卖出的股票都被我买进，市场上的压力因此被解除。从交易目的的角度看，向上是帝国钢铁阻力最小的路线。在交易大厅中，那些观察灵敏的交易员发现这种情况后，自然能推断出这只股票将要涨价，尽管他们不知道涨价的幅度是多少，完全可以依据这个信息买进。帝国钢铁股价明显上涨，所以他们希望买进这只股票。大盘走势传递出多头信息，这是不会出错的。我立即满足大众的需求。我不希望看到上涨太快的局面，不想把自己的股票在市场上强力卖出。开始就把10万股中的半数卖出，肯定会受到损失。我应该做的事情是，开创一个市场，将手中的所有股票卖出。

截至当前时刻，我一直营造一种稳定的买盘，就算卖出的数量是交易员想买进的数量，我的买盘在市场上依然会失去一段时间。交易员会在合适时机停止买进，价格也就不再上涨。一旦出现这种情况，令人失望的多头便开始卖出。我已经做好应对这种卖压的准备，在股价下跌时从交易员手中买回股票。之前，我已经以高出几美元的价格卖给他们。我很清楚，以这种方式把股票买回，可以制止下跌趋势，等价格不再下跌时，也就不再挂出卖单。

我故技重施，买进所有希望卖出的股票。它们的数量有限，价格会再一次上涨，起涨点比 70 美元略高。你应该知道，下跌时，很多股东后悔没早点卖掉股票，不过，他们卖出时，不肯选择在头部以下三四点的价位。这类投机客常常信誓旦旦地说，再遇到反弹，一定选择卖出。股票价格上涨时，他们把卖单挂出，想法却随着股票价格走势的改变而改变。有一些快枪手，他们选择尽量稳妥，赚钱后就卖出，觉得落袋的钱才是真正赚到手的钱。

自此以后，我重复这种操作就可以，买进和卖出循环往复，不过，我总是把股票的价格抬到更高的价位。

有时，你把每一股希望卖出的股票买进之后，再把价格抬高，这样对你有利，经你炒作的股票会迅速上涨。股票上涨会引发大众讨论，还能把专业交易者和频繁交易的投机者拉来，所以这种广告非常好。在我看来，这种人特别多。在帝国钢铁公司这只股票上，我就是这样做的，快速上涨带来需要时，我会充分供应。我的卖单经常在一定程度上限制上涨的幅度和速度，向下买进，又向上卖出，不仅把价格抬高，还为帝国钢铁开拓出市场。

我开始炒作这只股票，从此以后，所有人都可以无拘无束地做这只股票的交易。也就是说，就算交易的数量非常大，股价波动的幅度也不会太大。再也不会出现买进后被抛弃的现象，也不会出现卖出后被轧得不堪忍受的悲惨现象。人们相信，帝国钢铁一直都会有市场，专家和普通大众逐渐开始买进这只股票，这都是因为股票价格的波动使人们信心大增。交易变得火热，很多其他困难都一一消失。我交易几千、几万股后，顺利把这只股票的价格抬高到面值以上。帝国钢铁的价格一直很低廉，以前是这样，现在也是这样。这是一只非常优秀的股票，每一股的售价是 100 美元，让所有人都希望买进。因为没有不这样做的道理，依据就是它的上涨走势。许多人都觉得，既然一只股票可以从 70 美元上涨 30 点，自然也可以从面值 100 美元再上涨 30 点。

把价格抬高 30 点的过程中，我以均价大概 85 美元的价格买进 7000 股，也就是说，每一股能赚 15 美元。我已经开创出一个市场，可以保证自己将持有的所有股票卖出，所以，相比账面上已经赚的钱，能赚到远比这些钱更多、更可靠的钱。合理的炒作不断抬高这只股票的价格，我的认购权有 10 万股，认购价位从 70 美元一直上升到 100 美元。

随着形势的发展，我的计划并没有实施，也没有把账面利润变成现金。假如不反对我自己赞美自己，我要说，这次炒作是一种非常明智的行为，没有与法律相违背，必然可以走向成功。就算股票的价位比较高，也不算太贵，因为这家公司的资产非常值钱。在以前的承销集团中，有一些成员希望掌握这只股票的控制权。这家银行财力充足，由它控制如帝国钢铁公司这种生意特别好、渐趋发展的公司，比让投资散户控制更好。这家银行向我提出要求，希望我把这只股票的所有认购权都交出来。这说明我能赚很多钱，所以我立即同意。有大量卖出的机会，我非常愿意全部卖出，只要它的利润非常高。这只股票给我带来很大利润，我很知足。

我在将自己的 10 万股认购权卖掉之前，听说这家银行想对这个公司做个更深入的了解，聘用了经验丰富的专家。这家银行可以依据他们的报告，把关于收购的建议告诉我。我非常信赖帝国钢铁股票，手中掌握着几千股。

我在炒作帝国钢铁的过程中，没有遇到任何不正常的地方，一切都很健全。我买进股票，如果价格因此上涨，我就明白它没有任何问题。有时，一些股票的价格无法抬高，这只股票始终没有出现徘徊不前的现象。你买进后，如果发现股票没有相应的反应，就要把股票卖出，无须等待更好的明牌。你要明白，如果是一只有价值的股票，市场形势也非常合适，股价的下跌常常可以被抬高，下跌 20 点也能被抬高。我无须在帝国钢铁这只股票上做此类事情。

我始终没有在炒作股票时忘记基本的交易原则。反复说这一点，多次告诉你我不与大盘争辩，不会因为市场的表现与大盘置气，也许会引起你的好奇。你肯定觉得，一个在自己的事业上获得几百万美元利润，还常常在华尔街上获得胜利的人，肯定明白冷静操作的道理，难道不是这样吗？公司里有一些非常成功的炒作人员，市场背离他们的意愿时，他们常常表现得像个焦躁的女人那样，假如你知道这一点，肯定感到非常震惊。发生这种事情后，他们会觉得是一种侮辱，所以变得脾气暴躁，进而给自己带来经济上的损失。

外面有很多谣言盛传，说我和伯兰蒂有矛盾。大众被蒙蔽，觉得发生一件有关股票操作的事情，操作以失败告终，就能引发我们两个激烈地争执，或者因为一些欺骗行为，让我或他损失几百万美元，也可能是相似的损失。事实上，真实情况并非如此。

我与伯兰蒂是多年好友。他多次向我提供信息，我每次都能从这些信息中赚钱。我也向他提出一些建议，至于他是否听从，就不知道了。如果他听从我的建议，肯定可以节省一笔钱。

在石油产品公司（Petroleum Products Company）上市和发行股票方面，他都是负责人。这只新股票基本成功上市，但是它的表现没有伯兰蒂和他的同伴想的那么好，整体大势比较糟糕。伯兰蒂在基本形势好转后组建一个操作小组，对石油产品公司开始操作。

我无法告诉你他的技巧怎么样。他没把自己的操作方法告诉我，我也没有询问他。在华尔街上，他拥有丰富的经验，也具有超出一般人的智慧，虽然如此，他做的所有事情明显没有任何价值。不久后，这个集团发现，他们无法将大量股票卖出。集团操盘手只有在觉得自己无法胜任的情况下，才愿意让别人替代自己，普通人最怕承认这一点，所以，每一种他知道的方法，他肯定都尝试过。他找到我，友好地客套一阵子，建议我做石油产品公司股票的负责人，把这个集团中稍微高于10万股的持股散布出去。那时，这只股票的售价是102～103美元。

我婉言拒绝了他的建议，因为我觉得这件事情不够清晰。他站在个人角度，重新提出这件事情，坚持让我接受。最终，我答应了他的请求。做事情时，如果没有成功的把握，我就本能地希望推掉，不过，我觉得人要为自己的亲朋好友负一定责任。我对他说，我将竭尽全力，但是，我还对他说，这件事情并不能让我感到骄傲。我向他举了几个例子，告诉他我将受到哪些不利影响。伯兰蒂却告诉我，他不强求我承诺帮这个集团赚几百万美元。他坚信，只要我接受这项工作，我做出的结果，肯定可以得到所有聪明人的认可。

我同意做一件和我的判断相违背的事情，这就是当时我的情况。我意识到，形势很严峻。我的担忧果然应验，帮这个集团炒作这只股票时，伯兰蒂犯下一些错误，这是最主要的原因。时间是对我危害最大的因素。我坚信，多头市场的尾声正在快速向我们走来，所以，就算市场情况有些改进，给伯兰蒂很大激励，最后肯定会发现，这不过是昙花一现的反弹而已。在给石油产品公司带来利益之前，我担心市场又一次变成空头市场。我已经做出承诺，所以，我决心全力以赴。

我开始抬高价格，但是收效甚微。计划把股票价格抬高到大概107美元，这是一个很好的结果，也许能帮我卖出一些股票。我没有增加这个集团的持股数量，这也很令自己满意。这个集团之外的许多人都在等待小幅度上涨，希望把他们持有的股票卖出，他们把我看成上天恩赐的机会。如果整体形势好转一些，我的表现也应该不错。真不走运！他们应该早点让我操作大盘。想方设法让这个集团把持有的股票卖出，还要保证它的损失最少，我认为这就是我目前应该做的。

我把伯兰蒂请来，把自己的观点告诉他，却遭到他的反对。随后，我把自己产生这个观点的原因告诉他："伯兰蒂，我有能力清晰地感觉到市场的脉动，不使用任何技巧，就能发现普通大众如何看待我的炒作。大家都没有买进你的股票。我要告诉你的是，你全力以赴，把石油产品公司股票变成一只非常有诱惑力的股票，还时刻准备向它提供每一项支持，但是，最后无人问津。你应该明白出了什么问题，出问题的是市场，而不是这只股票，不要背离市场大势，这样毫无用处。假如你这样做，会毫无悬念地走向失败。操盘经理应该在有人买进时买进自己的股票，假如市场上只有他一个人买进，再买进只能说明他愚蠢。我不能成为唯一买进的人，普通大众愿意买进5000股，或有买进5000股的能力时，我才肯买进5000股。否则，我手中都是那些做多的股票，这些是我不需要的，因此只能做一件事情，那就是把它卖出。卖出是唯一选择。"

伯兰蒂问："你的意思是，不考虑价格因素，都选择卖出？"

我说："没错！"我已经发现，他准备否决我的回答，因此继续说，"假如我把集团的股票卖出，有一点可以肯定，那就是它的价格一定会跌破面值，还有一点是……"

他大声叫嚷，似乎我在建议他成为自杀俱乐部中的一员。他说："不能这样做，万万不能这样做。"

我对他说："伯兰蒂，把股票价格抬高，以便卖出，这是炒作股票的基本原则。不过，你不能在股票价格上涨时大量卖出，否则就无法实现这个目标。股票价格从头部一直下跌时，你才能大量卖出。我很愿意把你的股票价格抬高到125美元或130美元，但是我没这个实力，所以做不到。我觉得每一只股票的价格都会下跌，石油产品公司也不例外，所以，你不得不从现在起就选择卖出。如今，集团卖出会让股价下跌，不过下跌已经是无力改变的趋势，总好过下个月因为别人卖出而导致更大幅度的下跌。"

我不知道自己讲的话哪里让人觉得心痛，却听到他悲鸣的声音，就算在遥远的中国，依然可以听到。他不肯接受我这种建议，这会导致这只股票陷入万劫不复的处境，绝对不能这样做。另外，贷款时，已经把这只股票放在银行作为抵押物，也许会造成很多麻烦。

我又一次对他说，整个市场都已经下跌15点或20点，所以我觉得石油产品公司肯定也要下跌这么多，世界上的任何力量都无法阻挡。我还告诉他说，希望他的股票是那个例外，成为一个奇闻，让众人大吃一惊。他没有接受我的建议，继续坚持自己的观点，希望我支持这只股票。

站在我面前的这名股票作手，曾经取得很大的成功，在华尔街的交易中获得几百万美元的利润，是个很有头脑的生意人，远比普通人更熟悉股票投机方面的知识。不过，刚进入空头市场，他竟然坚持支持一只股票。即便股票的主人是他，但已经注定会失败，不能这样做。这样做完全没道理。我再次和他争辩，依然没有效果。他还是坚持自己的观点，希望我下发买单，保护股票的价格。

大盘走势疲弱时，股票价格开始下跌，正如其他股票那样，石油产品公司也会随着跌落。其实我没有卖出，反而听从伯兰蒂的命令，替这个内线集团买进股票。

伯兰蒂不相信空头市场即将来临，这是唯一的解释。我坚信，已经没有多头市场。我用石油产品公司和其他股票都测验过，表明原先的推断没有任何错误。我开始放空股票，并没有等到空头市场宣布到来时才放空，把别的股票放空，只持有石油产品公司。

我的猜想没错，石油产品公司炒作集团持有大量股票，开始时，他们就已经持有这些股票。他们手中还有一些股票，是为了抬高股价特意买进的，却没有起到任何效果。最终，他们不得不把股票卖出，相比我建议卖出，伯兰蒂却反对卖出的价格，他们卖出的价格已经下跌很大幅度。不会有其他结果出现。不过，伯兰蒂还是觉得自己的判断没有任何错误。我把其他股票放空，大盘走势依然上升，他说这就是我向他提那种建议的原因，我明白这一点。他的暗语是，不把这个集团持有的股票限定价格全部卖出，会导致石油产品公司的股票大幅度下跌，如此一来，将有利于我在其他股票中的空头头寸。

这完全是他信口雌黄。我推断大盘走势，知道自己会在翻空做多时放空股票，我看淡后势就是这个原因，而不是因为我放空股票。方向选择错误，就无法获得很多利润，特别是在股票市场。二十年的经验让我明白，实际上把这个集团的股票卖出是最聪明的做法，也是唯一可以施行的做法，所以，我打算把这个集团的股票放空。那时，做什么都已经晚了。作为一名很有头脑的交易者，伯兰蒂应该像我一样做出正确的预测。

我觉得，正如成千上万的门外汉那样，伯兰蒂也有一种错误认识，把作手看成可以做任何事情的人。作手根本没这种能力，绝对做不到这一点。1901年春天，吉恩炒作美国钢铁公司普通股和特别股，这是他最大的成绩。他头脑灵活、资金充足，有一大帮美国最富裕的人做后盾，但是，这些只是他获得成功的一部分因素。最重要的原因是，当时大盘走势和大众的心态都有助于他走向成功。

不遵循经验的教训，执行时背离常识，都不是什么好事情。在华尔街，并非每一个傻瓜都是门外汉。刚才，我已经对你说过，伯兰蒂为什么对我有意见。我炒作时，只听从他的要求，没有遵循自己的意愿，最终导致他败北。

卖出大量股票是炒作的目的，假如没有故意歪曲事实，就没有一点儿神秘的地方，也没有不公平和欺瞒的手段。有了健全的交易原则，才有健全的炒作。大众都非常明白洗盘之类的旧时手法是什么样。我敢说，技巧性的东西起不了太大作用。与在柜台卖股票和债券相比，炒作股票的不同之处不在于诉求，而在于顾客的性质。摩根公司向大众出售债券，它的目标群体是投资人。作手向大众卖出大量股票，它的目标群体是投机客。投资人帮投资的资本寻觅持续的脱脂报酬率，他想要的是稳妥，投机客想要的却是迅速赚钱。

遇到合适的机会时，投机客宁肯冒着比往常更高的商业风险，让自己的资金为自己赚很多钱，所以，作手应该把主要的目标定位在投机客身上。我始终不信任盲目的赌博。我的交易量有时特别大，有时仅买进100股。无论是什么情况，都不得不为自己做的事情找一个合理的解释。

对如何开始炒作的，我依然记忆犹新，那时，我帮别人卖出股票。这件事非常巧妙地表现出华尔街专家如何看待股市操作。想起这件事情，我感到非常高兴。当时是1915年，那时，我正在交易伯利恒钢铁股票，逐渐弥补曾经失去的财产，已经找回昔日的辉煌。

我很走运,交易特别稳定。我始终不会追求在报纸上曝光,不过,也不会故意逃避。你应该明白,如果有一名作手,交易非常频繁,华尔街的专家都会夸大他们的事迹,他们成功时如此,失败时也是如此。报纸会获得作手的消息,顺带把一些谣言也刊登出来。谣言说我曾经多次破产,还有一些很有威信的人说,我获得过千百万美元的利润。这些千奇百怪的报道来自何处?如何传出的?这是我对这种报道唯一的反应。谣言为什么会传得这么厉害?我感到非常惊讶。此类故事接连不断地从我那些交易员朋友口中传来,每一次都有一些不同,多一些新的材料,也比以前更加翔实。

我告诉你这么多事情的目的是,希望你知道我是如何开始帮别人炒作的。报纸报道,我已将欠的几百万美元全部还清,它起了一定的效果。庞大的交易量带来很多钱,这件事被报纸极力吹嘘,因此,华尔街上到处都是议论我的声音。作手仅炒作20万股,就想把市场掌控在自己手中,这种日子已经一去不复返。你应该明白,人们总想找一个人,由他代替旧时代的领军人物。吉恩是一位高超的股票作手,他凭借自己的实力获得成千上百万美元的利润,因此声名大振。承销商和银行都请求他操纵大盘,帮他们把大量股票卖出。说得简单一点儿,华尔街上传扬着他曾经交易成功的故事,他的炒作的确有一定价值。

吉恩已经与世长辞,后来又出现两三个人,连续几个月创下股市的奇迹,这几个人已经很久没有操作,所以名声逐渐消失。我说的是那几个西部人,他们的交易量很大,于1901年来到华尔街,凭借手中持有的美国钢铁股票,获得几千万美元的利益。其实,他们并非吉恩那样的作手,而是很有实力的承销商。他们能力出众、资金雄厚,非常成功地推销他们和朋友掌控的公司证券。事实上,他们不同于吉恩和弗劳尔州长,并非十分优秀的作手。华尔街仍旧认为,他们身上还有许多事情可以谈论,许多专业人士和频繁交易的证券商都是他们的信徒。他们频繁的交易停止后,华尔街上便没有任何作手可以谈论,最起码在报纸上,和作手有关系的消息已经消失。

1915年，证券交易所的交易重新启动，多头市场持续了很长一段时间，你应该还能想起这件事情。市场规模扩大，协约国从美国购买的物资高达几十亿美元，美国的前景一片大好。把"战争新娘"炒热，为它开创毫无限制的市场，每一个炒作者都可以轻易做到。合约以及能获得合约的诺言，让许多人获得几百万美元的利润。凭借友好的银行家的帮助，或者将自己的公司放在没有上市的市场上交易，他们都顺利成为股票承销商中的赢家。经过一定宣传的任何一样东西，都会赢得大众的青睐。

火爆的市场高峰消失后，承销商意识到，他们需要专家在销售股票方面提供援助。当大众喜欢买各种各样的证券时，总有人花高价购买。没被市场验证过的股票，是不容易卖出的。火爆的市场高峰消失后，大众发现，所有东西的价格都不可能再上涨。这是因为盲目买进已经消失，而不是因为买方的头脑变得更加灵活。大众的心态已经有了变化。不需要价格下跌，大众就会变得恐慌。市场长时间保持疲软状态，就足以造成这种结果。

总有一些公司在市场火爆时成立，利用大众看好各种股票的时机也许不是他们所有的目的，但一定是他们的主要目的。还有一些人，他们很久才拿出股票承销。承销公司也是人，不肯看到这种火爆的市场就此结束，所有才犯下这种错误。如果能获得很大利益，那么冒险也是值得的。当希望搅扰幻想时，不可能发现股价峰值。普通大众会发现，当一只股票的售价是12或14美元时，却无人问津，当它猛然上涨到30美元时，本以为已经到头了，但是又上涨到60或70美元，最后上涨到75美元。几周之前，这只股票的售价还没有15美元，如今的行情不可能继续上涨。然而，这只股票的售价又上涨到80美元，最后又上涨到85美元。那些只想到价格，却始终没想过价值的普通大众，此时会使用非常简单的方法，觉得股票也许不会上涨到峰值。恐慌决定了他们的行动，而非形势。一些头脑灵活的外行人，不在头部买进，也不能最终获利，就是因为这一点。大众经常在火爆市场赚很多账面上的钱，但这些钱只限于在账面上。

第二十二章

如果处于空头市场，抛售股票时要不计代价

一天，我的主要经纪商和我的好朋友吉姆·巴恩斯（Jim Barnes）来看我。他告诉我说想请我帮他一个大忙。以前，他从没有这样说过。于是我问他到底是什么大忙。我非常想回报他，所以希望有帮他的能力。他对我说，他的公司承销一只股票，是主要承销商，买进大量股票。如今情况有变，他们被迫大量卖出。吉姆指的是联合炉具公司（Consolidated Stove）的股票，希望我帮他做推广。

我有许多不想插手这件事情的理由，但是在人情上亏欠吉姆，他又以个人的名义请求我的帮助，单凭这一点就不能拒绝。吉姆是我的朋友，也是一个好人。我觉得他的公司肯定和这件事情关系密切，于是告诉他说我会全力以赴。

我常常觉得，在股市中，青年银行家扮演的新角色，是战争前景和其他前景之间最突出的差别。

这是一次自然形成的前景，所有人都明白它形成的原因。与此同时，美国最大的银行和信托公司全力以赴，向各种各样的承销公司和军火制造商提供援助，只用一夜时间，就让他们变成百万富翁。情况已经到了令人震惊的地步。如果有人声称他的一位朋友在联军委员会就职，立马会有人把他需要的钱送来，订立他根本没有看到的合约。我听到了一些千奇百怪的事情，一位小职员得到信托公司的信任，从中借了一笔钱，凭借人与人

之间互相转、人人都受益的合约，他最终成为公司的总裁，做的交易高达几百万美元。从欧洲运来大量黄金，进入美国。如何把这些黄金储存起来？银行一定能找到一种方法。

那些老前辈也许厌恶这种做生意的方法，不过，如今老前辈已经非常少。满头白发的人是和平时期银行总裁的最佳人选，不过，在这个充满压力的时期年轻人更适合。很明显，银行能获得令人震惊的利润。

巴恩斯，以及公司合伙人，与马歇尔国民银行（Marshall National Bank）年轻的总裁关系密切，很受信赖，下决心把3家著名的炉具公司合并，再向大众出售新公司的股票。几个月来，从市场反应看，大众愿意买进任何股票。

炉具的业务非常好，其实3家公司的普通股都是成立后首次赚到钱。大股东希望继续把控制权掌控在自己手中。这些股票在没有上市的市场中具有非常好的销路，大股东统一卖出的股票，已经卖得一干二净，这令他们非常满意。3家公司的资金都非常少，甚至没能力引起太大的市场波动。此时，巴恩斯的公司加入进来。巴恩斯说，这3家公司合并后，它的规模能达到在证券交易所挂牌上市的地步，到那时，相比旧股，新股的价值会更高。在华尔街，这是惯用的招数，变换股票的颜色，进而让股票的价值更高。以面额价格卖出股票，如果很难做到，有时会把1股拆分成4股，以30或35美元的价格卖出新股票。如此一来，旧股票的价格相当于120或140美元，原来的旧股票根本无法达到这种价位。

巴恩斯和合伙人劝说一些朋友参与合并，看来有了效果。这些朋友掌握着大量葛瑞炉具公司（Gray Stove Company）的股票，目的是投机。葛瑞炉具规模很大，1股兑换4股联合炉具股票，这是他们合并的条件。紧随其后，中部和西部两家炉具公司也合并进来，它们的条件是1股兑换1股。在没有上市的市场上，这两家公司股票的价格从25美元到30美元。葛瑞炉具名气比较大，还分配股利，价格大概是125美元。

把那些想要用股票换成现金的股东手中的股票买断，以便筹集资金；

同时也想提供多余的运行资金，使业务更完善，他们要筹集几百万美元，才能供承销花费。巴恩斯约见马歇尔国民银行总裁时，总裁出于好心，把350万美元借给他，让他用10万股新公司的股票做抵押。我听说公司方和总裁许诺，不会让股价比50美元更低。它的价值非常大，所以，这种交易能赚很多钱。

时机是公司遇到的首个问题。市场已经饱和，无法继续吸收新股票，他们应该意识到这一点。就算是这样，假如他们不去模仿别的公司，在市场最火爆时赚那些令人震惊的不合理利益，也许，他们依然能赚很多钱。

你千万不能把巴恩斯和他的伙伴们当成傻瓜，或缺乏经验的小孩子，这样做是非常草率的。这是一群头脑灵活的成年人。华尔街的每一种方法，他们都了然于胸，一些人甚至是取得过突出成就的交易者。在没做测试之前，他们无法判断购买力的大小，其行为不只是过高地评估了大众的购买力。他们希望多头市场实际上能延续更长时间，这是一个非常严重的错误。我认为这些人以前取得过突出成就，尤其是在快速交易获得利益上，成就更大，所以他们坚信自己可以在多头市场转变前结束这笔交易。这就是其中的原因。这是一些很有名气的人，许多专业交易者和证券经纪商都是这些人的信徒。

宣传工作做得非常到位。报纸不惜使用大幅版块，报道说，这3家公司原先都是美国炉具工业出身，产品在世界上都非常有名。日报上很多文章都讲述了他们占领世界市场的事迹，将亚洲、非洲和南美洲的市场占为己有，说这3家公司的合并是一种爱国行为。

那些经常看报纸财经版的读者，对这家公司的董事都非常了解。公关工作做得非常到位，股票价格如何表现，内线人士做出的承诺态度非常坚决，也非常令人信服，使新股票的需求量骤然猛增。这只股票公开销售，价格是50美元，等申购结束时，认购量超过计划的25%。

你可以想象一下，许多星期的努力之后，公司把股票价格抬高，使其超过75美元，平均股价超过50美元，以这个价位把新股票卖出，是计划中的最好结果。用这种价格把股票卖出，意味着相比原先的价格，合并公司股票的价格大概高出一倍。这可以说是一次危机，他们本应该做出回应，但却并没有这样做。由此可见，所有行业都有特殊情况。平庸之辈对价格的认识，不像专业人士那样理性。公司方发现，大众的买进量超过预期，所以非常高兴，认为大众将大量买进，不会考虑这只股票的价格是多么高昂，也不会考虑有多少股。他们的头脑不够聪明，竟然没有准备充足数额的股票，向大众出售。在贪婪之前，公司方应该更聪明一些。

他们应该准备好充足的预售股票。如今，他们向大众发售原计划公开承销的总数后，数量还差25%。如果有需要，这种不足可以抬高股票价格，还不需要公司方破费。从战略角度考虑，公司方不费一点儿劲，就可以让自己处于优势地位。炒作股票时，我常常想办法寻找的就是这种优势。股票价格下跌时，他们本可以制止，鼓励大家，让大家坚信新股非常稳定，对这只股票背后的公司方充满信赖。他们应该明白，向大众出售配售的股票后，还有一些工作要做。在行销的过程中，这不过是其中的一个必要部分。

他们自认为非常成功，却在不久后暴露出自身存在的两个致命错误。整个市场都出现回档趋势，所以大众停止买进这只新上市的股票。内线人士开始担忧，不再支持联合炉具公司股票。回档时，假如内线人士也停止买进自己的股票，其他人怎么可能买进呢？内线人士支持，往往被人认为是非常明显的利空消息。

不需要在这里提详尽的统计数字。其他股票的价格在市场上不断波动，联合炉具的股票价格也随着不断变化。刚上市时，联合炉具的股票价格稍微比50美元高一点儿，如今再也没有超过那个价格。巴恩斯和他的伙伴希望这只股票的价格不低于40美元，最后不得不自己进场买进。刚上市时没有支持这只股票，太让人遗憾了。更倒霉的是，没有把大众认购的股票全部卖出。

在纽约证券交易所，这只股票成功挂牌上市，股票价格理所当然一直下跌，一直下跌到37美元才停止下来。巴恩斯和他的合伙人不得不维持这个价位，于是使这只股票在这个价位停下。借钱给他们的银行，把10万股以35美元的价格作为抵押。假如银行把股票断头，将贷款追回，股票价格会跌落到什么程度，真是难以想象。股票价格在50美元时，大众着急买进，如今价格下跌到37美元，大众已经不热衷于这只股票。也许，当它的价格下跌到27美元时，大众依然不肯买进。

在很长一段时间后，大家开始考虑银行过度放款的事情。青年银行家的时代终结。好像银行业已经走到紧要关头，要往保守主义转化。与银行家关系紧密的那些朋友们，如今被银行家追债，似乎银行总裁没有与他们一块打过高尔夫球。

放款方不需要胁迫他人，贷款方也不用苦求多宽限一些时间，这对双方都没有任何好处。比如，和我的朋友巴恩斯合作的银行还是一副态度友善的样子。但是它的情况已经改变，成了"必须把贷款还清，不然大家一起完蛋"。

面对这种窘境，以及陷入悲惨境地的可能性，巴恩斯找到我，请求代替他卖出10万股，用这笔钱偿还欠银行的350万美元贷款。如果这些股票可以减少他们公司的亏损，巴恩斯会觉得特别感激，他都没奢望用这些股票赚钱。

这好像是一个没有任何希望的任务。大盘没有出现火爆或强有力的现象，偶尔的几次反弹使所有人都为之振奋，希望不久后再次看到多头走势。

我回答巴恩斯说先研究一下，再把接受这份工作的条件告诉他。我的确研究了这项工作，不过研究范围只是股市位于什么阶段，不包括分析这家公司最新的年报。我推销并抬高这只股票的价格，目的是更好地卖出。当时，我没有想利用公司的盈余，也没有想利用公司的前景，而是计划把这只股票在公开市场中处理掉。做这项工作时，有什么东西会给我带来帮助，有什么东西会给我带来阻碍，这才是我考虑的事情。

比如，我意识到，很多股票都被一小部分人掌控。我的意思是，这一小部分人控制着大量股票，因此，大家都没有安全感，觉得非常焦虑。7

万股都掌握在克利夫顿·凯恩公司（Clifton P.Kane&Co）手中。这家公司是纽约证券交易所的会员，也是巴恩斯的好友，经营内容还包括投资银行以及经纪业务。多年来，他们非常擅长炉具股票方面的业务，有力地推动了这3家炉具公司的合并，还诱导他们的客户对这只股票的未来十分信赖。塞缪尔·戈登（Samuel Gordon）是前参议员，他将第二笔7万股买进。戈登兄弟公司是他侄儿开办的，他成了这家公司的合伙人。还有一点，约书亚·伍尔夫（Joshua Wolff）声名显赫，他控制了6万股。在华尔街上，这几个都是经验丰富的人，他们联合操控20万股联合炉具股票。什么时候应该买进股票？他们无须任何好心人的指导。假如我通过炒作引导大家买进，把这只股票做得有力、火爆，就能发现凯恩、戈登和伍尔夫开始大量倒货。他们往市场投入20万股，那种场景就像尼亚加拉瀑布。想起这一点，同样让人感到开心。请不要忘记，多头市场的最火热阶段已经消失，就算我的操作有很多技巧，也无法让需求变得大起来。巴恩斯把这项工作交给我，他对这项工作不抱任何希望，只希望尽量减少损失。多头市场快要结束时，他给我提供一只大量灌水的股票，建议我卖出。多头市场就要结束，报纸上却没有任何相关的报道，不过我和巴恩斯都已经知道，银行肯定也非常清楚。

我已经接受巴恩斯的请求，所以找人把凯恩·戈登和伍尔夫请来。国王邀请达摩克利斯（Damocles）参加宴会时，用头发吊起一把利剑，放在他头顶上，这20万股就像那把利剑。我觉得，应该用铁链代替头发，这样才能提高安全系数。我想和他们签订一份对彼此都有利的协议，才是最好的方法。他们不情愿帮我，假如他们在我把银行的10万股卖出时，克制住自己，不去出货，我会主动帮助他们，创造出一个市场，让所有人都能出货。本身就是这种情况，他们希望把手中1/10的股票卖出，又不想看到联合炉具公司的股票价格大幅度下跌，这是不现实的。他们没有想过试着去卖出，因为他们对这一点有清晰的认识。我对他们的要求只有一点，希望他们知道什么时候才适合卖出。为了防止自私的决定变得愚蠢，要求他们做出不自私的决定,那才是聪明的选择。有一定的资源却不去利用,在华尔街和其他任何地方这样做都不会有什么好处。时间特别紧急,我计划劝他们早点倒货,毫无计划地胡乱倒货最后只能导致积存。

在华尔街,他们都是具有丰富经验的老手,不会对联合炉具股票的实际需要抱一点儿幻想。我向他们提出的建议,希望他们可以接受。凯恩设立的证券公司生意非常火爆,拥有几百名顾客,开设的分公司遍布11个城市。他的公司曾多次担任炒作集团的操盘方。

戈登参议员资金雄厚,把7万股都掌控在自己手中。在纽约大都会的报纸上,一名16岁的美甲师曾控诉戈登违背信义,所以读者都非常熟悉他的名字。那位美甲师拿出了她的证物:一件价值5000美元的貂皮大衣,以及被告写给她的132封信件。在戈登的帮助下,几位侄子都已经开创经纪商的事业,戈登变成这些公司的特别合作伙伴。戈登加入的炒作集团高达几十个。他继承了大量中部炉具公司的股票,拿这些股票兑换了10万股联合炉具公司的股票。巴恩斯提供了一个滑稽的利多明牌。由于戈登手中有大量股票,对此完全可以不管不顾,所以能在市场逐步消失前把3万股卖出以将利润变为现金。他对一位老朋友说,和他关系非常好的那些大股东朋友希望他不要卖出太多,他停止卖出的目的是照顾他们,不然会卖得更多。刚才,我已经说过,刨除这个因素,还有一个因素,那就是他没有可供自己出货的市场。

伍尔夫是第三个人,在所有交易者中,也许他是最有名气的。连续20年,他在交易大厅中是大赌客之一。他觉得两三万股和两三百股性质是一样的,所以能在抬高或掼压股价上超过他的人寥寥无几。还没到纽约时,我就已经知道他是一名大赌客。当时,他加入一个小集团,那个集团热衷赌博,对赌注的大小没有任何限制,在赛马场和股票市场都如此。

大家觉得他只是个赌徒,常常认为他一无是处。其实他是个能力出众的人,对股票投机的态度也非常好。他对追求知识毫无兴趣,因此被大家熟知,变成许多绯闻的主角。

有一个笑话,传播范围最大。据说,一次,伍尔夫参加他自认为是上流社会的宴会,大意的女主人没有阻拦宾客们探讨文学。最后,谈论非常热烈。以至于女主人根本无力阻拦。伍尔夫身旁坐着一名女孩,她不知道伍尔夫的嘴巴只是用来吃饭的,转过头去和他交谈,十分着急地想听一下这位富豪有什么高见。她问伍尔夫道:"伍尔夫先生,你怎么看巴尔扎克?"伍尔夫把东西咽下,很有礼貌地停下吃东西的嘴,回答道:"没有上市的股票,我不会去交易。"

在联合炉具公司,这三位都是最大的股东。当他们前来看我时,我对他们说,假如他们成立一个筹集资金的小队,用比市场价格稍高的价格买进期权,我会全力开创市场。他们立即向我询问要用多少资金。

我回答道:"这只股票被你们长期掌控在手中,但是,你们对它无可奈何。你们三个手中总共有20万股。不开创市场就找不到出脱这只股票的机会,你们都很明白这一点。想要让市场吸收你们放空的股票,市场的规模必须要大,最好现金充足,保证开始时可以买进不得不买进的股票。资金不充足时,刚开始就要停下,起不了任何作用。我提议,你们成立一个小队,筹集600万美元现金,以每股40美元的价格把20万股的买进期权给这个小队,将每一股股票都放进信托账户中保存。假如没什么意外,你们能把手中的股票出脱,为这个小队带来一些利润。"

我已经对你说过,有很多谣言在市场上流传,说我在股市中赚了钱。我觉得,此时谣言起了一定的作用。因为成功最有吸引力,能带来新的成功。概括地说,对我而言,向这些人解释太多是毫无必要的,我不想废话。他们非常明白,独立操作不会有什么效果。他们觉得我的计划非常好,离开时告诉我,他们将立即组建一个集团。

他们轻易说服了许多朋友加入。据我推测,谈起这个集团的利润时,他们比我更有信心。很多传言传进我的耳朵里,都说他们对盈利非常肯定,所以,他们的明牌并非没有任何道理。总的来说,这个集团没几天就建立好了。凯恩、戈登和伍尔夫向我提供了20万美元的买进期权,价格是40

美元。在我的亲自监督下，这些股票的信托顺利成立。如此一来，假如我把股票价格抬高，任何股票都不可能流入市场。我一定要维护自己的利益。在集团之中，各个成员缺乏信赖，很多有能力成功的交易员并不如预想中的那样。华尔街上的狗不会有反对咬狗的愚笨偏见。当时，第二家美国钢铁钢缆公司(American Steel and Wire Company)上市，内部人士互相指责，说对方背信弃义，想办法倒货。约翰·盖茨和他的朋友，塞利格曼家族(the Seligmans)和他们的银行界同行，都曾经签订过君子协议。在经纪商那儿，我竟然听到一些人朗诵下面这首四行诗，据说这首诗的作者是盖茨。

毒蜘蛛跃上蜈蚣的背，
兴奋又无情地大笑不止，
我要把这只刽子手毒死，
假如我不毒死它，它就要毒死我。

在交易股票时，华尔街的那些朋友曾经欺骗我，但是你不要忘记，我说这些的目的并不是要暗示这一点。有一个非常简单的常识，那就是，原则上你要做好准备，应对任何突发事件。

伍尔夫、凯恩和戈登对我说，他们已经设立集团，打算筹集600万美金现金，于是，我变得无所事事，一心等待赚到这笔钱。我催他们加快速度，因为这非常重要。我觉得，这些钱也许要分成四五次，逐渐到位。我不知道原因是什么？只知道我曾经向伍尔夫、凯恩和戈登发紧急信号，希望他们救援。

我于当天下午得到一些大面值支票，手中的现金已经高达400万美元，有人保证说只需要一两天时间，其余的钱就会给我。如今可以看到，这个集团也许会在多头市场结束前取得一些成绩。形势最好时也不能确信这种事情，开始的时间越早越好。冷门股票猛然间出现新波动，这并不能引起大众强烈的好奇心。不过，你手中掌握400万美元现金，许多事情都可以去做，来引起大家对所有股票的强烈的好奇心。有了这笔钱，任何可能卖出的股票都可以被吸收。假如如我所言，时机非常紧迫，就不需要非得继续等待其余的200万了，我可以更快地把股票价格抬高到50美元，明显对这个集团更有利。

第二天早上开盘时，联合炉具公司的成交量非常大，这种情况很少见，我感到特别吃惊。刚才，我已经对你说过，连月来，这只股票的价格始终没有上涨过，一直徘徊在37美元。巴恩斯为了抑制这只股票下跌的趋势，耗费很大力气，他从银行借了很多钱，把这只股票以35美元的价格做抵押。相比在直布罗陀海峡看到直布罗陀岩石漂移，他想看到联合炉具的股票价格上涨更不容易。

当天早上，这只股票的需求量非常大，价格上涨到39美元。开始交易的第一个小时中的成交量更大，相当于过去半年的总成交量。那天，这只股票最火爆，整个市场都因此变成多头市场。后来，据说在证券公司中所有人只谈论这只股票，都不再谈论别的事情。

我不清楚这是什么意思，不过不会因为看见联合炉具股价回到以前的价格而觉得伤感。在交易大厅中，那些帮我做交易的朋友，还有那些在证券公司中的朋友，都会把所有不常见的股票价格波动告诉我，因此，我往往不需要主动探听。他们觉得，假如我想知道，他们会给我打电话，把他们听闻的所有消息或谣言都对我说。当天，我听说联合炉具确实有内线买盘。你在大盘中什么洗盘的迹象都无法看到，看到的的确都是买盘。股票价格位于37美元和39美元之间时，把所有卖出的股票买进。有人希望买方解释原因，或传出一点儿消息，但是都被他们一口回绝。根据这个信息，那些头脑灵活、野心勃勃的交易者坚信，肯定有什么事情在发生，也许是股票价格的大波动。受内线人士买进的影响，股票价格上涨，当内线人士不鼓励其他人买进时，对股票痴迷的人就会到处询问，希望知道什么时候下发正式的通知。

我没做任何事情，就仔细观察，发现事情很奇怪，于是对交易情况也进行追查。第二天,买进股票的数量变得非常大,也更加有力。在业内账单中,连月来,比37美元更高的求售卖单,都已经被轻易地吸收,没有充足的新卖单促成股价上涨。股票价格自然要不断上涨,开始时,价格突破40美元,很快又上涨到42美元。

股票价格刚上涨到42美元时,我意识到应该把抵押在银行中的股票卖出。我不觉得股票价格会因为自己的卖压下跌,假如手中所有股票买进的平均价格是37美元,任何人都无法指出我的缺点。我非常清楚这只股票有多大价值,几个月来,冷淡的市场交易已经让我对这只股票在市场上的表现有所了解。我小心翼翼地向他们出售股票,最终把3万股全部卖出,上涨趋势依然没有被压下。

有人在当天下午问我为何会出现这种及时又神奇的上涨趋势?好像在前一天晚上收盘之后,在当天早上开盘之前,有人给场内交易员传达信息。那人说我看好联合炉具公司,就像烈火那样,他们打算模仿我的习惯,把价格抬高15～20点,中间没有任何间歇。那些没研究过我的记录的人,才有"我的习惯"这种说法。伍尔夫主持散布明牌,他的背景很深。他的内线买进促使价格从前一天开始上涨。他对许多内幕都非常清楚,向自己的追随者提供的内幕消息错误的概率非常低,所以,他的场内交易员好友很乐于听信他的明牌。

我原先担忧进入市场的股票太多,实际上并没有这么多。我已经控制了30万股,假如你想起这一点,就会明白我以前的恐惧是合情合理的,如今抬高股票价格变得十分容易。弗劳尔州长说得不错,他的公司负责芝加哥瓦斯(Chicag Gas)、联邦钢铁(Federal Steel)等股票的撮合工作,当有人指责他炒作他的公司时,他常常说:"我很清楚,买进是抬高股票价格的唯一方式。"场内交易员抬高股票价格时,也只有这一种方式可以使用,价格将随着买盘而上涨。

第二天,还没吃早饭前,我在日报看到一则消息说,拉利·利维斯顿就要大量做多联合炉具这只股票。这则消息肯定会通过电报的方式发给几百家证券公司的分公司和外埠的证券公司，被几千个人看到。在报道细节方面，各大报纸都非常相似。其中有一则报道，声称我已经组建内线集团，准备教训大量放空的空头。还有一则消息说，公司将在近期内宣布配股。有一则消息提醒大家注意我在看好的股票上表现出什么样的操作成绩。还有一则消息指责这家公司隐藏资产，希望内线人士买进足够的股票。每一则报道都显示上涨趋势才刚刚开始。

当天早上开盘之前，我还没有去办公室阅读自己的信件，就发现，华尔街上到处都是火热的明牌，建议大众立即买进联合炉具。当天早上，我的电话铃声一直在响，各种电话打到工作人员那里，多达上百个，事实上，他们问的问题没什么区别，都是联合炉具的价格是否会上涨。不得不说，伍尔夫、凯恩和戈登（也许还有巴恩斯）十分巧妙地处理了通报消息这类小事情。

我一直都不知道自己的信徒竟然这么多。当天早上，美国各处传来很多买单，都是买进几千股的单子，他们要买进的股票3天前价格十分低廉，但是当时没人愿意买进。你要知道，我的大赌徒名声其实是从报纸上被大众看到的。那一两位记者的想象力真丰富，我不得不表示感谢。

这种现象促使股票价格在第三日上涨，我则把联合炉具卖出，第四日和第五日继续卖出。此时，我突然发现，巴恩斯在马歇尔国民银行换来350美元的10万股抵押股已经被我卖得一干二净。作手以最小的花费达到炒作目标，假如这就算最成功的炒作，那么我在华尔街进行的所有炒作中，本次联合炉具炒作肯定是最成功的一次。我什么股票都没有买进。为了便于今后卖出，不需要先买进。我并没有把股票价格抬到最高之后才卖出。我在价格一直上涨时卖出，而不是在价格一直下跌时卖出。正如乐园里美好的梦幻，很容易就能发现别人帮你创造的充足买盘，特别是在你想要出脱时，更是这样。弗劳尔州长的一个朋友告诉过我，一次，这位优秀的多头领袖帮一个集团获利卖出5万股，不过弗劳尔的公司获得的交易手续费高于25万股。汉弥尔顿（W.P.Hamilton）曾经说，詹姆斯·吉恩必须在重要的炒作中交易 70 万股以上，才能出脱 22 万股联合铜矿公司的股票。这种手续费十分高昂。想一下这些事情和我支付的手续费用。单说一件事情，我帮巴恩斯卖出 10 万股，替他节省很大一笔手续费。

我向我的好友巴恩斯承诺，会把帮他卖出股票，如今已经兑现。炒作小组答应筹集的资金没有全部到位，我也不愿意把已经卖出的股票重新买回，所以，我认为自己应该找个地方，度过一个短暂的假期。我的记忆已经模糊，不过有一件事记得非常清楚：我任由这只股票自生自灭，它的价格很快就出现下跌。一天，整个市场都变得疲软，一位多头丧失希望，希望尽快把手中联合炉具的股票卖出，他的卖压导致股票价格下跌到 40 美元以下，我买进期权的价格就是 40 美元。好像大家都不愿意买下这只股票。正如我之前说过的那样，我对整体市场行情并不看好，这让我对那场奇迹更加期盼。我并没有像某些善意的传播者预言的那样，在一周之内将股票价格推升 20～30 点，而是轻松卖出了 10 万股联合炉具的股票。

这只股票缺乏支持者，所以价格一直下跌，一天，它竟然下跌到 32 美元。这只股票从来没有下跌到这种地步。巴恩斯和以前的炒作集团担忧银行把他们的 10 万股拿到市场中断头，所以尽力把价格维持在 37 美元。

一天，我待在办公室平静地研究大盘，有人对我说伍尔夫想见我，我回答说把他请进来。他的身材不算特别高大，十分气愤地闯进来，我立即看到，他似乎浑身都要膨胀。

我站在股票机旁边，他朝我走过来，冲我大喊道："嗨！你在玩什么花招？"

我非常礼貌地对他说："伍尔夫先生，您请坐！"我坐下来，希望可以让他说话时平静一些。

他尽量抬高自己的声音，高喊："我不坐！只想让你告诉我你究竟是怎么想的。"

"什么怎么想的？"

"你究竟对它干了些什么？"

"我对什么干了些什么?"

"对那只股票,就是那只股票!"

我问他说:"股票?哪一只?"

他听了我的话,非常气愤,大喊道:"你对联合炉具干了些什么?"

我对他说:"我没做任何事情,真的没做任何事情,难道有什么不对的地方?"

他一直死死地盯了我五秒,然后狂怒地大喊道:"你看一下价格!"他的确非常气愤,因此,我站起身,看了看价格。

我对他说:"此时的价位是 $31\frac{1}{4}$ 美元。"

"的确是 $31\frac{1}{4}$ 美元,我竟然持有这么多。"

"你持有6万股,我很清楚。这些股票已经在你手中很长时间,因为当时你买进葛瑞炉具时——"

我还没来得及说完,他就打断我的话,说:"我竟然再次买进大量股票,一部分买进的价格竟然高达40美元,如今它们依然在我手中。"

他十分生气,死死地盯着我。我告诉他:"我没有建议你买进。"

"你没有怎么着?"

"我没有建议你买进大量股票。"

"我没有埋怨你建议我买进,我的意思是你竟然没有抬高股价。"

我打断他的话,对他说:"我有什么理由这么做?"

他非常气愤地看着我,话都说不出来,费了很大劲才开口说:"你计划把这只股票的价格抬高,而且你有买进这只股票的资金。"

我对他说:"没错,不过我一股都没有买进。"

这像是最终的进攻。

"你的资金超过400万美元,竟然一股都没有买进这只股票?"

我重复道:"的确一股都没有买进!"

此时,他非常气愤,甚至话都说不利索。最终,他艰难地说道:"你这样做是要耍什么花招?"

他心中已经为我罗织了各种歹毒的罪名。许多罪名都从他的眼神中透露出来,所以,我对他说:"我为何不花费高于 50 美元的价格,把你以 40 美元以下的价格买进的股票买走?伍尔夫,这才是你想问的吧!"

"并非如此。你的现金高达 400 万美元,拥有的股票期权买进价格只有 40 美元,完全可以把价格抬高。"

"的确如此,不过我没有动用那笔资金,也没因为自己的操作给这个集团带来任何损失。"

他说道:"利维斯顿先生,请听我说。"

我没有给他继续说下去的机会。

"伍尔夫,请听我说。我明白,你、戈登和凯恩拥有 20 万股,已经被套牢,我还明白,假如我把股票价格抬高,并不会出现大量股票拥进市场的现象。我必须把股票价格抬高,原因有两点:其一,为这只股票开创市场;其二,让 40 美元的期权为我带来利益。你的 6 万股已经持有好几个月,如今只能以 40 美元的价格出售,这无法令你感到满足,从这个集团中赚到的每一笔钱都不能让你满足。因此,你打算用比 40 美元更低的价格买进更多股票,等我利用集团的资金抬高股价时就把它们卖给我。你很清楚我一定会这么做,希望赶在我前面买进,并赶在我前面出货。一言以蔽之,你就是打算把这些股票卖给我。据我猜测,你肯定觉得我要把价格抬高到 60 美元。很明显,也许你已经买进 1 万股,你的想法只有一个,那就是把它们卖给我。假如我不上你的当,你将把这只股票的明牌告诉给美国、加拿大和墨西哥的每一个人,根本没想过会让我的处境变得更加艰难,只希望找个背黑锅的人。我计划如何做,你的每一位朋友都很清楚。我和他们买进会让你觉得非常开心。你向自己的好朋友提供明牌,他们首先买进股票,然后卖给他们的朋友,他们的朋友再卖给另外一些人,最后是第四层、第五层,也许还要卖给第六层的傻子。如此一来,最终,我打算向一些投机客卖出股票时,却发现自己面对的是几千个头脑灵活的家伙。伍尔夫,你的如意算盘打得不错。我还没打算买进股票,联合炉具的价格已经上涨，我多么震惊，你应该可以想象得到。我是什么样的感觉，你应该也能想象得到。我以 40 美元的价格向这个集团卖出 10 万股，却被那些家伙以 50 或 60 美元的价格将同一批股票转头卖给我们。我的 400 万美元没能为这个集团带来任何利益，这样确实非常愚蠢，难道不是吗？我确实要动用那笔资金为自己购买股票，不过，我只能在合适的时机购买。现在，我觉得时机还没到。"

在华尔街，伍尔夫已经历练很长时间，可以压制自己的怒火，不让它影响自己的重要事情。我说话时，他保持平静。我的话讲完之后，他和善地说："拉利，老伙计，请让我说句话，我们该做些什么？"

"你们想做什么就做什么。"

"你应该大度一些，假如你面对我当前的处境，你会怎么做？"

我非常坦诚地说："假如我面对你当前的处境，我怎么做，你知道吗？"

"怎么做？"

我对他说："我会卖出所有股票。"

他盯着我看了一会儿，什么话都没说，转过身去，从我的办公室中离开，从此以后再没来过。

这件事情还没发生多长时间，戈登参议员也来找我。他十分着急，责怪我给他们带来麻烦。紧接着，凯恩也开始责怪我。刚成立炒作小组时，他们根本不可能大量出脱手中的股票。他们已经忘记这一点，只记得这个小组的几百万美元都掌握在我的手中。他们想的是，股票价格是 44 美元时，市场非常火爆，但是我没有帮他们把手中的股票卖出，如今价格已经下跌到 30 美元，像一潭死水那样死气沉沉。他们的意思是，我要帮他们把股票卖出，赚很多钱。

一段时间后，他们的内心终于恢复平静。这个小组没赔任何钱，主要的问题还是把他们的股票卖出。他们于一两日后返回，希望我帮他们解决问题，特别是戈登，他的态度最坚决。最终，我建议他们以 $25\frac{1}{2}$ 美元的价格锁定共同持股。我向他们提供服务，以这个价位卖出股票，他们赚的钱，我要拿走一半作为服务费用。最终，这只股票的售价大概是 30 美元。

此时，我再次帮他们把股票卖出。受大盘和联合炉具股票的股性共同影响，卖出这只股票的方法只有一个，那就是不提前抬高股票价格，一直向下卖出。我保证，假如为了出脱一直抬高股票价格，肯定会得到大量股票。把股票价格压低，我能找一些买主，因为他们常常觉得，股票从一个高价位下跌 15 或 20 美元之后，其价格就变得十分低廉，近期刚出现这个高价位，所以更符合这个规律。在他们看来，反弹就要来临。联合炉具先是上涨到 44 美元，然后又下跌到 30 美元以下，看起来应该是一只不错的股票。

正如往日那样，这种卖法完成得非常顺利。贪图便宜的人大量买进，因此，我有机会把这个集团持有的股票卖出。假如你觉得戈登、伍尔夫或凯恩会因此感谢我，那你就错了，他们对我没有丝毫感谢，依旧埋怨我，最起码，他们的朋友是这样告诉我的。他们常常向别人抱怨，说我如何教训他们。我没遵照他们的想法，自己抬高股票的价格，所以他们不肯原谅我。

假如伍尔夫等人没把那些火热的利多明牌散出去，我不可能有机会把银行的 10 万股卖出。假如我按照往常的做法，依然使用合理、自然的方式操作，卖出的任何价位，我都不得不接受。我曾经对你说，我们已经迈进空头市场。在这种市场中卖出，无所顾忌并非是唯一一种方式，不顾价格卖出却是必然要做的。除了这一点，找不出任何其他方式，不过，我觉得他们不可能相信这一点。他们依然气冲冲的，但是生气没有丝毫作用，所以我不会生气。许多经验告诉我，谁都没办法拯救一个气冲冲的投机客。在这件事情中，他们的抱怨没引发任何不良后果。我要向你讲述一件非常奇特的事情。一天，在别人的大力推荐下，我妻子去见了一位裁缝。这是一位具有很高水平的女裁缝，服务非常周到，性格也惹人喜爱。我妻子去了三四次后，女裁缝觉得彼此已经熟识，于是对我的妻子说："我们持有一些联合炉具的股票，所以希望利维斯顿先生赶快把这只股票的价格抬高。据我所知,他要把这只股票的价格抬高,听说,他每一场交易都非常成功。"

　　我想对你说的是,那个明牌让许多人赔钱,想到这一点,令人非常难受。我为何始终不向他人提供明牌?如今你应该已经明白。女裁缝让我明白,我应该对伍尔夫心存不满。

第二十三章
对所谓"内线人士"抛出的消息，要小心对待

无论什么时候，股票投机都会存在。没有人希望它消失。投机有危险，但是投机不会因此停止。就算人们能力出众、经验丰富，依然有判断错误的可能。不可预测的事情也许会发生，小心翼翼制订的计划也许会失效。自然灾害或气候条件都可能酿成悲剧，你自身的贪心、虚荣心、恐惧心理或无法控制的欲望，也都可能酿成悲剧。股票投机客要对抗那种被你称为敌人的东西，还要摒除一些做法，对抗那些无法在正常情况和商业状况下站住脚的罪行。

对比25年前我刚到华尔街时经常经历的一些事情，不得不说，现在许多地方已经好转。再也见不到老式的证券公司，不过，假冒的证券公司生意还是那么好，给那些希望迅速发家的人造成很大危害。证券交易所表现得非常好，把这些骗子揪出来，还责令每一个会员公司严格奉行规则。如今，那些健全的法令规则和限制已经得以被严格执行。不过，罪恶依然存在，还有许多可以改进之处，这并非因为道德水平不高，而是因为华尔街根深蒂固的保守习气。

想从股票投机中赚钱，一直都不是一件容易的事情，如今更是越来越难。不久前的交易者对挂牌上市的所有股票几乎掌握了一些操作性很强的知识。1901年，摩根在纽约证券交易所推出美国钢铁公司，是由一些比较小的联合公司合作组建的。当时，证券交易只有275只股票挂牌上市，

大概有100只没有上市的地下交易，其中有许多不需要你去弄明白的股价，这些都是非常小的股票，也可能是不重要的股票，或保证股，交易不够火爆，所以很难激发大众的投资兴趣。其实很多股票一年内都没有任何交易。如今，大概有900只股票正常挂牌，600只股票在当前这种火爆的市场中交易。另外，老式的类股分类更容易追踪。当初类股非常少，资金也非常少。交易者希望看到的新闻涵盖的范围也不够大。你可以交易所有股票，所有行业几乎都可以挂牌上市。只有耗费更多时间和更多精力，才能及时获得消息。对明智操作的人而言，这一点让投机变得困难重重。

有几千、几万人做股票投机，但是只有很少一部分人从中赚钱。大众常常沉迷于市场无法自拔，从这方面来看，可以肯定大众常常是赔钱的。无知、贪心、恐惧和奢望，这些都是投机客致命的敌人。这些敌人是人身上的兽性，世界上的每一个法规制度和每一家证券交易所的规则都不能将其消除。认真制订的计划会被突发事件打破，就连内心平和的经济学家或乐于助人者对这种事情也无可奈何。故意误导大众的信息，不同于直接的明牌，可是也会给人带来损失。这是一种更狡诈、更危险的敌人，因为这种消息经常用各不相同的伪装和遮掩传递给股票交易者。

普通大众的交易往往依据明牌或谣言，有时是语言形式，有时是文字形式，有时是直接的明牌，有时是间接的明牌。面对正常的明牌，你无力抵抗。比如，你的一位挚友真诚地对你说他做了什么，交易了哪些股票，好心建议你，希望你变得有钱。假如明牌是假的，你能做什么呢？正如不被假金块或假酒侵害，大众与报明牌的专家或骗子对抗，也得到相同程度的保护。有时大众与典型的华尔街谣言对抗时，根本得不到保护，也得不到补偿。在大量出售证券的自营商、作手、内线集团和个人各种方式的协助下，他们得以用最好的价位，把手中多余的股票卖出。多头消息通过报纸或大盘走势传播，这是最要命的东西。

阅读每一天的财经版，你都能惊讶地看到，报纸刊登了很多声明，许多都有半官方性质的暗示。大众普遍认为这是一些很有威信的人，因为他们有的是地位很高的内线人士，有的是声名显赫的董事，有的在公司担任高级职务，有的是权威人物。我从下面这些报纸中随便选一条，读给你听一下："银行业领袖声称，空头市场还没有到出现的时机。"

这句话果真是一位银行业领袖说的吗？如果真是，他这样说的目的是什么？为何不把自己的名字刊登出来？难道是因为担忧自己的名字刊登出来会赢得大众的信赖？

还有一条消息，关系到一家交易非常火爆的公司。这一次，提供明牌的是一位声名显赫的董事。假如真有这个人，那么在这家公司中，几十位董事中的哪一位说的？很明显，既然不知道姓名，造成的任何损失都不能推到任何一位董事身上。

股票交易者要研究各个地方的投机，还要考虑一些和股市游戏相关的事实。交易者要想出获得利润的方法，还要想出预防赔钱的方法。什么事情该做，什么事情不该做，这两样应该放到同等重要的位置。你最好牢牢记住，个股每一个上涨走势中都伴随着某种形态的炒作。内线人士发起这种上涨走势只有一个目的，那就是把股票以一种赚钱最多的方式卖出。证券公司中的顾客往往认为，假如他能找出某只股票上涨的根本原因，就算得上一个寻根究底的聪明人。作手肯定要故意寻找一种方便出货的方法，解释这种上涨趋势。我坚信，假如主管机关下发通知，严禁刊登任何不明人士发出的利多声明，会在很大程度上减少大众的损失。我所说的声明，是指那些故意引导大众买进或持有某种股票的声明。

那些使用不署名董事或内线人士权威的文章，大部分是在误导大众，向他们传播不值得信赖的消息。由于大众坚信这是半官方的声明，觉得它可以信赖，所以每年都要赔几千、几百万美元。

比如，一家公司的某种业务非常冷淡，它的股票无人问津。报价也许是这只股票真正价值的象征，也许意味着普通人对这只股票真正价值的态度。假如股票价格太过低廉，看到这一点的人会选择买进，促使价格上涨；假如股票价格太过昂贵，那些明白内情的人会选择把它卖掉，促使价格下跌。假如这两种情况都没有出现，它也就不会被人谈论，大众将不采取任何措施。

内线人士和普通大众，哪个在公司经营的业务出现转机时最先获得消息？肯定不是普通大众。紧接着将有什么事情发生？假如能维持这种转机后的局面，将带来更大利润，公司就找到恢复配股配息的机会；假如没有中断过配股配息，将抬高股利率，也就是说，抬高这只股票的价格。

如果情况持续变好，管理层会把这种令人喜悦的事实公之于众吗？总裁会向股东透露吗？不会出现一名心地善良的董事发出实名声明，给阅读报纸财经版或看通讯社报道的读者带来利益。也不会出现一些谦逊的内线人士如往常那样，匿名发出公司的未来十分美好的声明。在这种情况下，报纸和机器都不可能发表任何声明，所有人都将保持沉默。

他们会非常谨慎，不让大众得知这种价值增加的消息；与此同时，保持沉默的知名内线人士将偷偷进入会场，竭尽全力买进所有廉价股票。持续的买盘消息灵通，却保持低调，股价会随着上涨。阅读财经版的人觉得，内线人士应该知道股票价格为什么上涨，于是就去找他们问一些问题。不肯公布姓名的内线人士都表示，他们无法提供任何明牌，不知道股票价格为什么会上涨。有时甚至声称自己不关注股票市场中那些奇怪的现象，对投机客的举措也不感兴趣。

上涨的趋势依然在继续，时光变得令人愉快，对内情比较清楚的人，多次听说他们想要买进或有实力买进的股票。在华尔街，各种利多的传言又一次传来。权威机构通过电报向交易者发出声明，声称公司已经摆脱困境，迈上坦途。还是那位谦逊的董事长，依然不想让大家知道他的名字，他对大众说：他不明白为什么这只股票会上涨，人们引用他的话时，说"股东应该对公司的未来充满自信，他们有充足的理由这么做"。很明显，这次他依然没有透露姓名。

利多消息犹如洪水，让大众深受鼓舞，开始买进这只股票。在这些买盘的帮助下，股票价格涨到更高水平。时机成熟时，那些始终不肯透露姓名的董事们验证了自己的推断，公司再次分配股利，甚至会让股利增加。等传出这种消息后，到处都将是利多消息，数量会比往日更多，散布利多消息的人也比往日更加热情。有一位举足轻重的董事，大众请他直接说明情况；他会对全世界说，情况已经转好，不只是延续下去这么简单。在大众的极力请求下，以及通讯社的诱导下，一位举足轻重的董事终于坦诚相告，说能赚到令人震惊的钱。一位和公司业务有联系的知名银行家，应别人的请求指出，在这个行业中，从没有见过销售量扩增得这么厉害，就算没有别的订单，公司不分日夜地工作，完成当前这些业务都不知要用多少个月。报纸特别发表了一则消息，说大众惊讶于这只股票价格的上涨。一位财务委员会的成员对此非常震惊。因为原本这只股票价格上升的速度非常缓慢。公司的年报将要推出，所有对其做出分析的人，都能很容易地发现，相比市场价格，这只股票的实际价格要高很多。无论是什么情况，爱好交流的好心人都不愿意说出姓名。

只要赚的钱持续增加，内线人士没觉得公司的运势会下降，他们就一直持有低价买进的股票。所有因素都不能把股价压低，有什么理由卖出呢？假如公司的业务恶化，你知道将发生什么事情吗？他们出面发出声明、警示或微小暗示的可能性非常小。如今，价格持续下跌。公司的业务变好时，他们偷偷买进股票，如今也一样偷偷卖出。受这种内线卖压的影响，股票价格理所当然会下跌。一种熟悉的解释开始让大众听到。一位至关重要的内线人士坚信，所有事情都非常顺利，空头希望影响大势，掼压这只股票，所以这只股票的股价才一直下跌。市场比较景气时，假如股票价格先下跌一段时间，又出现大幅度下跌现象，将有更大的声音传出，希望有人解释为什么会这样。大众担忧出现最差的情况，只有一种情况除外，那就是有人做出解释。如今，新闻机构的机器发出以下消息："股票价格软弱无力，我们希望公司派出一名重要的董事，对这种现象产生的原因做出解释。他的回答是，当前的下跌只有一个解释，那就是空头掼压。基本形势依然是老样子。如今，公司的业务上升到顶峰，下次召开会议对股利进行讨论时，将把股利分配的比率抬高，除非发生什么令人无法想到的事情。在市场中，空头已经变得非常厉害。很明显，肯定是受损压影响，股票价格才疲软无力，这样做是为了把手中那些廉价股票卖出。"

新闻机构想提供大量新闻，也许会找补充性证据，以证明他们的消息值得信赖。股价下跌那天，大多数股票都由内线人士买进，空头意识到，受放空影响，自己已经陷入空头陷阱中，迟早要受到损害。

大众因相信利多声明而买进股票，进而赔钱，除此之外，还有一些人听信别人的话，因为没有坚持卖出而赔钱。促使大众买进重要的内线人士希望卖出的股票，还有一个好方法，那就是防止大众把他不希望卖出的股票卖出。重要董事的声明被看到后，大众肯定觉得这只股票的价格不可能下跌，当前这种局面都是因为空头卖出。空头停止卖出后，内线人士为了施以惩戒，将抬高股价，迫使空头用比较高的价格回补。假如跌势来自空头损压，后来的发展确实如此，所以大众对此毫不怀疑。

有很多威胁，也有很多承诺，声称会狠狠地轧过度放空的空头，但是股票价格依然下跌，这只股票的价格并没有出现反弹现象。内线人士向市场放出太多股票，市场已经没有消化的能力，所以股票价格下跌是必然的。

这批内线持股来自重要董事和重要内线人士的卖出，它就像专业交易者之间的足球。股票价格不停地下跌，好像始终看不到停止的那天。内线人士很清楚，公司未来获得的利润会受到产业状况很大程度的危害，除非公司的业务好转，否则无法支持这只股票。等好转时，内线人士就会偷偷地买进。

多年以来，我一直独自交易，虽然市场上刚传出消息就能知道，却说不出股票价格大幅度下跌是受哪次空头损压的影响。普通情况下，我们听到的空头损压，只是准确地了解真实的情况，然后卖出。不能说内线卖压或内线不支持导致股票价格下跌，否则所有人都会急忙放空。大家都不买进，一致放空，肯定是一种非常悲惨的场景。

空头损压不可能是造成股票价格长期下跌的原因，大众一定要深入透彻地明白这一点。一只股票不停地下跌，你能由此断定它肯定出了什么问题，也许是市场出了问题，或者是公司出了问题。假如下跌毫无道理，不久后，股价就会下降到比真正的价值更低的水平，买盘就会到来，股价下跌的趋势也会停止。股票价格太高时，其实是空头卖出股票唯一可以获得巨额利润的时候。你可以把自己的最后一分钱当作赌注，可以断定，内线人士不会把这个事实告诉大家。

很明显，纽黑文铁路公司是一个典型事例。当初只有个别人知道的事情，如今大家都已经知道。这只股票的价格在1902年时高达255美元。在新英格兰地区，它是最好的铁路投资。美国东北部地区的人判断自己在社区中受人尊重的程度和地位时，参考的就是是否持有这只股票。假如有人说这家公司将破产，他不会因这些话被投入监狱，却会被关进精神病院中，就像对待别的疯子那样。悲惨情况从摩根先生任命一名拥有进攻性的新总裁时开始。最初阶段，大家觉得这家铁路公司不会因为新政策而沦落到今日这种悲惨境地。这家联合铁路公司以膨胀的价格吸进一笔笔财产后，那些目光锐利的观察家对这种政策开始抱着怀疑的目光。电车系统的买进价格是200万美元，卖给纽黑文铁路公司的价格却是1000万美元。此时，一两位不顾后果的委员会成员，无礼地指责管理层做事太莽撞，暗指纽黑文这样的公司也无法经得起这样大手大脚的花费。类似于和直布罗陀巨岩的力量相抗衡，说这种话简直就是不自量力。

内线人士最先发现大灾难迫在眉睫。他们对公司的真实情况了解得越来越深入，手中持有的股票就越来越少。他们不支持这只股票，开始卖压。这家新英格兰铁路股票开始时价格昂贵，如今却开始变得无力。人们开始询问是什么原因造成的，希望像往常一样给一个解释，往日那样的解释立即涌现出来。重要的内线人士说，他们不知道哪个地方出了问题，莽撞的空头挤压造成股价持续下跌。因此，纽约-纽黑文-哈特福铁路公司的股票依然掌握在新英格兰地区的投资者手中。内线人士曾经宣称没有任何问题，说是空头放空，公司依然宣布发放股利，所以他们理所应当继续持有。

公司董事许下承诺，声称计划轧空，但是这个计划落空，股票价格下跌到最低点。内线卖压不断加大，也逐渐清晰。在波士顿，那些拥有公益精神的人，以及那些代表人民意愿的领导者，要求给一个合理的解释，告诉大家这只股票为何出现大幅度下跌的现象。在新英格兰，所有希望追求安全投资和稳定股利的人，都遭遇令人震惊的损害，大众却指责他们是股票投机客。

不可能是空头掼压导致这只原本售价是255美元的股票一路下跌到12美元。下跌趋势的出现和维持都不是源于空头打压。内线人士一直卖出，卖出的价格经常高于他们说明真相时的价格。内线人士很清楚，这只股票的价格一直很高，无论是250美元、200美元或150美元，还是100美元、50美元或25美元，但是大众并不明白这一点。大众希望交易一家公司的股票，以此获得利益，假如提前明白只有个别人清楚这家公司的业务，也许对他们会比较有利。

近二十年内下跌幅度最大的那些股票，下跌的原因并非因为空头掼压，不过大众宁愿相信这种解释，最终赔几千、几百万美元也是因为这一点。听了这种解释，对那种股价走势没有好感的人没有卖出，假如他们没有在空头停止掼压后立即抬高股票的价格，就应该把手中的股票出脱。我曾经听人责怪吉恩。他之前的查理·维里修佛（Charley Woerisc Offer）或爱迪生·柯马克（Addison Cammack）经常代为受过。一段时间后，我自己也代股市受过。

我还能想起山谷石油公司（Intervale Oil）的例子。在这只股票背后，一个内线集团把股票价格抬高。上涨过程中，他们找到一些买主。这些作手把股票价格抬高到50美元，然后把手中的股票卖出，股票价格迅速下跌。正如经常见到的那种情况，不久后，大家要求山谷石油给一个理由，这个理由毫无说服力。许多人询问是什么原因，答案成了非常重要的新闻。一个经纪商最清楚山谷石油上涨的内幕，同样道理，他也最清楚股票下跌的原因。一家财经通讯社向他咨询，访问这些隶属于多头炒作集团的经纪商，是希望他们给一个解释。这个解释要能够刊登出来，也要能够向全国传播。肯定是拉利·利维斯顿造成的，他在打压股市。这个解释还不够充分。他们接着说，他们打算教训一下他。山谷石油的内线集团没有停止卖出，当时，股票价格大概维持在 12 美元，就算他们的卖出价格低于 10 美元，依然能保证平均卖价高于成本价格。

内线人士把价格压低卖出，这是一种明智的选择，也是一种恰当的措施。那些不知道内幕的人买进的价格是 35 美元或 40 美元；对他们而言，事情就不一样了。看见新闻播出的消息之后，持有股票的外人没有采取任何措施，只希望被激怒的内线集团好好教训利维斯顿一顿。

开始时，大众都能在多头市场中赚钱，特别是在市场活跃时，不过，后来他们都把这些钱赔光，太过留恋多头市场是赔钱的唯一原因。对那种不署名的内线人士引导大众相信的明牌，大众最应该提高警惕。

第二十四章

当某只股票上涨时,没必要浪费精力去研究它为什么上涨

大众经常依赖别人的消息,所以报明牌和听明牌才这么普及。通过自己的市场通讯杂志和口头传播,经纪商向顾客提出恰当的交易建议。相比实际情况,市场走势往往提前6～9个月,所以不能太过详尽地说明实际情况。如今赚的钱无法促使经纪商向顾客提出买进股票的建议,除非有信心使业务水平在6～9个月之后保持同等利率。假如你的目光长远,看得非常清楚,看到当前的实际力量会被情势发展所改变,就不会说现在这种股票太便宜。目光长远是交易者必须具备的。能引起经纪商关注的只是今天赚到的手续费,所以证券商出版的杂志往往会判断错误,这是不可避免的。证券商的利润来自大众的手续费用,他们从内线人士或作手那儿得到卖单后,会想办法利用自己的杂志引导大众,促使他们买进同一只股票。

我们经常发现,内线人士前去拜访证券公司的老板,对他说:"我希望你帮我开创一个市场,能让我卖出5万股。"

证券商要求把细节性资料拿出来。假如这只股票的报价是50美元。内线人士会对他说:"我会给你5000股的买进期权,价格是45美元。每提高1点,我再给你5000股的买进期权。总共给你5万股,还能以市场价给你卖回5万股的期权。"

证券商只需要抓住许多追随者,不费吹灰之力就能赚到这笔钱。这些

追随者也正是内线人士希望得到的东西。假如一家证券商拥有一条线路，可以和分公司以及全美国各处的关系证券公司相通，往往可以在这种交易中寻找到很多追随者。不管怎么说，请不要忘记，卖回期权这一因素保障这家证券商立于不败之地。他只需要找到追随者，就可以把手中的所有股票卖出，从中赚一大笔钱，还有正常的手续费用。

我想起一种剥夺方法，它来自华尔街上一位很有名气的内线人士。

他会与某家大证券商的重量级交易员相会，有时甚至要见公司里的一位小股东，说下面这样的话：

"老哥，感谢你们多次协助，我要回报你们，给你们提供一个赚钱的机会。为了吸收和我们往来的一家公司的资产，我们正在组建一家新公司。这只股票会被我们炒高很大幅度。我计划向你们卖出 500 股雄鸡商店的股票，这只股票当前的售价是 72 美元，你们只需要支付 65 美元的价格。"

内线人士怀着感恩的心，向许多家证券商中的几十位重量级交易员传达这个消息。得到这位内线人士礼物的人都生活在华尔街，得到这只可以赚钱的股票后，他们会怎么做？肯定向所有能联系到的人提出建议，希望他们买进这只股票。发善心送礼的内线人士很清楚这一点。在这些人的帮助下，内线人士开创出一个市场，把自己的好东西高价卖给那些倒霉的大众。

应该严禁某些出脱股票的方法。把挂牌上市的股票卖给普通大众时，证券交易所不能允许采用分期付款的方法。无论对哪一种股票，正式挂牌报价都具有束缚作用。一只股票需要的所有诱导因素都已经具备，有正式证据加入自由市场，也有价格上的差距。

卖股票时，还有一种经常见到的方法，它就是根据市场的需要增加股本。这种方法一点儿也不违反法律，不会把任何人投入监狱，只会让那些不够聪明的大众损失千百万美元。相比改变股票的颜色，这种程序有很大的不同之处。

不管是用1股老股换2股、4股，还是10股，往往都是为了更容易销售旧股票。1磅装的股票很难卖到1美元，1/4磅装的股票卖25美分也许相对容易，甚至可以卖到27或30美分。

股票为何变得容易卖出？大众对此不管不顾，觉得这是华尔街的一个慈善行动。有头脑的交易者却不这样想，他们谨慎地对待这种与"特洛伊木马"颇为相像的东西。大众要警惕这些。但是他们对此不屑一顾，所以每年都要亏掉几百万美元。

想要造谣或散播谣言，损害个人、公司的信用或业务，将遭到法律的制裁。也就是说，故意误导大众卖出，对证券的价值进行打压，将遭到法律的制裁。形势严峻时，惩处每一个质疑银行支付能力的人，使挤兑恐慌的危险降低，这就是原先的目的。这样对大众也有保护作用，预防他们在低于真正价值时卖出股票。也就是说，对那些散布此类利空消息的人，美国的法律严惩不贷。

大众买进股票时，怎样才能预防在高于真正价值时下买进？那些散布利多消息的人，谁去惩治他们？任何人都不会担负这种责任。股价十分高昂时，大众听信不署名的内线人士的建议，因买进股票而受到损失。相比之下，大众在攒压时听信利空的建议，用比真正价值更低的价格把股票卖光，损失的资金更少一些。

正如当前用法律惩治散布空头谎言的人那样，假如可以用一部法律惩治散布多头谎言的人，我坚信，这样做可以让大众省下几百万美元。

承销机构、作手，以及那些因为不署名发表乐观言论而获利的人，都会对你说，听信谣言和不署名的声明做交易，假如赔钱，只能指责自己。如果这种说法合理，你完全可以说，那些因为愚蠢而吸毒上瘾的人，无权得到任何保障。

证券交易所理当协助大众免受不公平行为的损害。了解内幕的人要署名负责，才能让大众信赖自己对事实的声明，认可自己的意见。署名为利多消息负责，并不会把这些消息变成事实，却可以让内线人士和董事们更加小心。

　　大众不可忘记股票交易的要素。无须耗费精力在一只股票上涨时对其做出解释。不停地买进,股票价格也会不停地上涨。股票价格一直上涨,小幅度回档偶尔会出现,随着上涨而上涨,只要是这种情况,大概就是比较安全的。假如股票价格经过长时间稳定上升,又慢慢逐步下跌,时而出现反弹现象,很明显,价格向上走已经不再是阻力最小的路线,向下走才是。就是这种情况,有什么必要寻找其中的原因呢?也许有充分的理由使股票价格下跌,不过只有一小部分人知道这些理由。他们要么不让大众知道这种理由,要么告诉大众这是一只非常低廉的股票。大众应该明白,知道内幕的少数人不会把真相宣扬出来,这就是这种游戏的本质。

　　太多声明都是没有任何依据的,不管它是内线人士的声明,还是官员的声明。有时甚至找到不让内线人士发表声明的人。所谓的声明,不过是在市场上拥有很大利益的人编织出的故事。证券价格上涨的某一个阶段中,那些持有大量股票的内线人士允许专业人士给予帮助,这是为了更好地交易这只股票。也许,大赌客可以从内线人士那里得知什么时候应该买进,但是不一定能得知什么时候应该卖出。如此一来,大作手和大众处境相同,不过,他一定要有一个可供自己出货的大市场。此时放出的信息最能误导大众做出错误的判断。在这种游戏的每一个阶段,你都不能相信某些内线人士。一般情况下,也许一位大公司的老板会凭借内线消息在市场中交易。事实上,他们并没有撒谎,只是不愿意透露任何消息,觉得有时沉默是金。

　　几十年来,我一直从事股票交易。这些年的经验让我意识到,任何人都无法做股票市场的常胜将军,他只是能在一些情况下,在个股中获得利益。我已经这样说过很多遍,就算再说一遍,我依然不觉得是在啰唆。投机无法保证绝对安全,所以就算是经验丰富的交易者,也可能犯下错误,并因为错误给自己造成资金的损失。在华尔街,专家们很清楚,相比食物匮乏、瘟疫、收成少、政治改革，或一些常规性突发事件，在内线明牌的指导下交易更能让人迅速破产。在华尔街，或者在别的地方，谁也找不到一条直达成功的平坦大道。既然如此，为什么还要为自己增加路障呢？